国家社科基金教育学一般课题（BIA180183）资助研究成果

付淑琼 著

美国大学教师科研成果奖励制度研究

ZHEJIANG UNIVERSITY PRESS
浙江大学出版社
·杭州·

图书在版编目（CIP）数据

美国大学教师科研成果奖励制度研究／付淑琼著. —
杭州：浙江大学出版社，2024.5
ISBN 978-7-308-24739-9

Ⅰ. ①美… Ⅱ. ①付… Ⅲ. ①高等学校－科研管理－
研究－美国 Ⅳ. ①G649.712

中国国家版本馆 CIP 数据核字（2024）第 057222 号

美国大学教师科研成果奖励制度研究

付淑琼　著

责任编辑	马一萍（pym@zju.edu.cn）	
责任校对	陈逸行	
封面设计	周　灵	
出版发行	浙江大学出版社	
	（杭州市天目山路 148 号　邮政编码 310007）	
	（网址：http://www.zjupress.com）	
排　　版	杭州好友排版工作室	
印　　刷	广东虎彩云印刷有限公司绍兴分公司	
开　　本	710mm×1000mm　1/16	
印　　张	17.75	
字　　数	262 千	
版 印 次	2024 年 5 月第 1 版　2024 年 5 月第 1 次印刷	
书　　号	ISBN 978-7-308-24739-9	
定　　价	78.00 元	

序

　　《美国大学教师科研成果奖励制度》是我的第一个国家课题的结题成果。2018年,在全国哲学社会科学基金教育学课题立项名单里看到自己的名字和课题名称时,我的惊喜难以言表。接着,便是带着无比的欣喜马不停蹄地开展具体的研究工作:首先是查找资料,对于一个比较高等教育的选题而言,查找到系统且必要的资料太重要、太关键了,但是这个过程却十分困难,为此我还请了既会英语又会日语的比较教育学专业的研究生姜蕾、段慧英帮忙。中间一度因为资料不足,还直接向美国、英国、澳大利亚、日本等的协会、政府机构等相关组织写了很多邮件请求帮忙提供相关资料,虽然如同大海捞针,但所幸大都得到了支持,一封邮件从得到回复再到能得到一些可能相关的资料,多次的邮件往复都是半年、9个月甚至更长的时间,更别说还有大部分资料翻译出来发现是没有用的。在努力搜集资料的同时对大量纵横交错的资料进行翻译整理,然后努力撰写论文,论文投稿多次被拒,然后继续查找资料、整理资料,给论文补充新的资料,从修改到再投稿……到课题结题,前后花了近4年的时间。如今,书稿即将付梓,感慨万千,一直在努力,一直在努力立项,立项之后一直在努力将课题做到自己心目中的最好,不停地查找和补充资料,不停地撰写和修改学术论文、结题成果。这本专著是在经过上述所有努力和付出的积淀于反复构想和打磨并得到相关专家指点之后不断修改而呈现出来的最后成果,它有自己的特色,也仍有一些不足。

一是本研究的立论依据和理论框架主要来自科学学、社会学、教育学等,基于多学科交叉展开探讨。"当前的成果大都集中在美国'科技奖励'或'学术奖励',而非科研成果奖励;且从教育学视角展开研究的成果十分少",这是课题申报书里文献述评的第一条,当时撰写申请书的时候笔者发现从教育学角度探讨大学教师科研成果奖励制度的成果真的很少,即使有一些也都是对一两个奖励项目的零星描述。为此,笔者开始查阅其他学科的相关书籍和文献,发现科学学、社会学等已经对这一研究主题展开了一些探讨。默顿及其学派、朱克曼等对科学建制进行了详细的研究,从而提出了独创性和优先权、同行承认、积累优势、越轨行为等一系列有关科研成果奖励制度的理论,而这些也正是本研究的理论来源和理论框架。像社会上的其他制度一样,科学制度也是一个经过精心设计的系统,也要给那些以各种方式实现了其规范要求的人颁发奖励。科研成果奖励的基本形式是对科学贡献特别是对独创性成果的优先承认,所有别的奖励形式皆源于此。一个有效的奖励系统应该遵循普遍主义原则,即根据科学成果的数量和质量来分配承认,科学家个人的社会属性不应对承认分配产生影响。同行对独创性的承认与否决定了科学奖励的有无与等级,这种承认因不同的等级而形成不同的层级。积累优势,应用于科学领域中,通过这一过程科学研究的各种机会以及随之而来的对成果的象征性的和物质性的奖励,倾向于为某些科学家个人或科研组织所积累,其本质就是,"富者更富,穷者更穷"。科研成果奖励制度把原创性看得至为宝贵,间接地激发了一些科学家的越轨行为;正是因为对这一系统的过度信奉,所以带来了一系列的越轨行为。现实是否如理论所阐述得这样呢?通过对美国大学教师科研成果奖励制度进行项目内容、评选程序、获奖结果等方面的全面具体分析,笔者发现现实与理论大致吻合。

二是分层、抽样地呈现和绘制美国和世界其他主要国家纷繁多样的大学教师科研成果奖励制度图谱。本研究主要探讨美国大学教师科研成果奖励制度,但为了更好地理解美国大学教师科研成果的奖励制度,本研究还详细探究了中国、英国、日本、澳大利亚等国家的大学教师科研成果奖励制度,尽管各个国家各具特色,如中国以政府奖项主导、英国以社会奖项主导,美国、日本和澳大利亚以社会奖项为主政府奖项为辅,但不同国家的大学教师科研成果奖励制度基本在走向综合,中国越来越重视社会奖项,英国越来越重视政府奖项等。正因如此,世界各个国家的大学教师科研成果奖励制度均多元且庞杂:纵向有来自政府层面的科研奖项,横向有来自各个学会和协会组织、各个企业和基金会等的科研奖项,还有一些大学也设立自己的科研成果奖项。除了十分多元的颁奖主体以外,这些颁奖主体还颁发多个不同的科研奖项,例如2020年美国国家科学院颁发了33个科研成果奖项、英国皇家学会颁发了30个科研成果奖项,而且各个组织机构颁发的奖项数量和内容也不固定,有些经常停办、新办或者续办,或者改变颁奖规则等。面对这么多的颁奖主体和它们颁发的各类科研成果奖项,如何既呈现出美国和世界其他主要国家纷繁多样的大学教师科研成果奖励制度,但又不让最终的研究成果陷入冗长且仅仅描述性质的研究样态,本研究主要采用了分层抽样的呈现方式:首先,将美国、中国、日本、澳大利亚、英国的大学教师科研成果奖励制度分成政府层面、社会层面和大学层面。在政府层面主要选取中央政府和联邦政府,大学层面主要选取研究型大学,在社会层面则再次分层为学会、基金会等层面,将学会再次分成全国性协会和学科性的学会等,尽可能详尽又有序地绘制出美国和世界其他主要国家多元且庞杂、纵横交错的大学教师科研成果奖励制度图谱。

三是现实数据及其统计结果印证了理论,也揭示了大学教师科研成果奖励制度的发展之难。课题最初的设计是基于大量的数据来验证大学与科研成果奖励制度的关系,但无论是通过自己搜集还是托在美国的老师和熟人朋友搜集,抑或直接写信到相关机构咨询等多种方式,相关数据和资料依然太难获取,所以本研究选取了研究大学教师在科研成果奖励制度中的获奖情况来验明积累优势等是否存在。例如,选取美国联邦政府的国家技术奖和国家人文奖,民间学学会中美国数学学会的科尔代数奖和美国政治科学学会的拉尔夫 J. 邦奇奖,以及民间的美国卡弗里基金会的卡弗里奖五个不同层面和不同性质的科研奖项进行比较研究,发现它们一共有 501 位获奖者,其中有 192 名获奖者是大学教师。从职业分布来看,大学教师是最主要的获奖群体。博士毕业、均毕业于名校、均工作于名校是 192 名获奖大学教师的主要特征,这与前面的积累优势理论是相互印证的。正因为积累优势,也因为美国大学教师非终身教职的日益增多,导致大学科研越轨行为越来越多,1974—1981 年,美国各个研究机构中被披露的研究不端行为约 12 起。2016—2020 年的 5 年间,仅仅美国卫生和健康服务部一个部门发生和披露的大学科研不端行为就有 24 例。为此,美国从政府到大学都积极推行负责任的研究行为,但这也不能从根本上解决大学教师科研成果奖励制度所遇到的问题。结合现状与问题,本研究提出了三条发展建议:第一,公正是科研成果奖励制度的首要与核心原则,应以质量为导向,完善同行专家评议制度,严惩越轨行为。第二,学科平衡、形式多元、标准严格、全程监督是科研成果奖励制度的重要取向。第三,重视与发挥大学和大学教师在科研成果奖励制度中的角色与作用,确保"负责任的研究行为",促进科学研究事业的高质量发展。

本课题研究成果除了有上述特点和特色以外,在研究过程中也发现了一些在设计之初尚未意识到问题,例如关于科研奖励制度,莫顿学派给出的概念中包含了论文发表、课题立项、成果获奖等的大系统,而科研成果奖励制度则是具体指向科研成果获奖的制度。所以,本研究将研究范畴厘定在了科研成果奖励制度内。科研成果奖励制度还是科研成果奖励系统,不同的国家、不同的组织都有不同的叫法和名称,本研究在行文的时候有时候出于尊重原文的考虑,采用了不同的名称,但其实际上都指向科研成果奖励制度这一概念,制度与系统的清晰边界和差异还需要再厘清。另外,大学教师科研成果奖励制度,主要研究的是大学教师可以申请并获得的科研成果奖励项目,而不仅仅是只针对大学教师的科研成果奖励制度。尽管,本研究的遗憾是没能专门研究大学的发展与科研成果奖励制度之间的关系,但笔者切换视角,通过研究大学教师与科研成果奖励制度之间的关系——均是精英名校的毕业生且在精英名校工作的大学教师获得了各类科研成果奖励,从侧面证明了科研成果奖励制度与大学的关系,大学培养与造就了获奖者,反之,获奖者也反哺了大学和科研成果奖励制度,相互成就,良性健康发展。

本课题研究成果的呈现,只是一个课题研究的结束,但并非此类相关课题研究的结束,更可能是一个全新的开始。笔者努力研究,行文至此,感谢所有曾经给予过支持与帮助的专家、领导、老师和同学。最后,恳请大家批评指正。

目　录

第一章　绪　论

第一节　问题的提出

科研成果奖励制度的实质是具有独创性的科研成果通过科学共同体的评议从而能优先出版或发表出来，出版专著、发表论文、科研获奖等都是科研成果奖励制度的组成部分，这也就是大概念意义上的科研成果奖励制度。大概念意义上的科研成果奖励制度包含了科研工作的各个环节和不同内容，这样的科研成果奖励制度既具有工具性意义，也含有荣誉性意义。本书所集中研究的主要是科研成果奖励制度的荣誉性意义，也就是科研成果奖励制度中对已经发表或者出版的科研成果进行奖励的科研成果奖励制度。

一、科研成果奖励制度于科学研究的价值与意义何在？

科研成果奖励制度，是对科学研究成果如论文、专著、专利等的一种肯定与认同，更是对科学成果和科学研究的表彰与激励。科研工作者基于阅读文献、实验、调查等多种方法的努力，有了新的研究发现与结论，创造或发明了新的理论与技术，改进与完善了人类的生活，推动了人类社会的整体进步。科研成果奖励，作为一种荣誉制度，通过对科研做出了重大贡献的科研工作者进行褒奖,成为科研体系不可缺少的、重要的组成部分。科研成果奖励通过表彰科研工作者的努力及其所取得的研究成果来表达对其的肯定与认同,不管这种表彰是物质形式的经济奖励还是精神层面的荣誉奖励,这种来自外部的正面与积极的反馈,能在很大程度上激励科研工作者的科研热情,给予其继续努力的动力,从而发挥出良性的"马太效应"。越好的科研成果奖励制度越能更好地激发出这种良性的循环与推进效应。所以,应该重视科研成果奖励制度对科学研究的重要作用和它在科研体系中的重要价值,并努力建设、完善科研成果奖励体系,使之能发挥出更为积极有效的作用。科研成果奖励,一直以来都有并以各种形式存在着,但较少受到重视,因此应改变这种忽视科研成果奖励的现状,努力去研究、完善科研成果奖励制度与体系。

二、美国的科研相对发达,有什么样的科研成果奖励制度?

美国是世界上最为发达的科学研究大国和强国之一,其在科研创新、科技发明等领域的成就令世界瞩目。它的科研如此发达,是哪些因素促成的呢?科研成果奖励制度发挥了什么作用呢?或者说,在美国高度发达的科研体系中,是否存在着十分完善且高效的科研成果奖励制度?这似乎是一个较难回答的问题,因为没有一个标准来判断科研成果奖励制度在科学研究事业上到底发挥了多大的作用。但有一个毋庸置疑的前提是:完善且高效的科研成果奖励制度一定能激发科研工作者的科研热情和科研动力,由此来推动科研事业的发展,只不过无法确定它究竟能发挥多大的推进作用。也许在不同的国家、不同的历史时期,它所发挥的作用也有所不同。在这一前提与背景下,重要的问题不是科研成果奖励制度究竟能发挥多少作用,而是那些科研强国与大国究竟有什么样的科研成果奖励制度?这些科研成果奖励制度有什么样的特点、特色或者长处,又存有什么样的不足呢?那么,作为世界的科研大国——美国,它的科研成果奖励制度是如何的呢?经历了什么样的历史演进？政府、社会力量、大学等分别在其中扮演了什么样的角色？发挥了什么样的作用？有着什么样的奖励流程与标准？科研成果奖励制度下的主要获奖人群是谁？他们又有什么样的特点？这些问题，均值得进行深入探究与思考。

三、世界不同国家的科研成果奖励制度有何差别？该如何构建更完善更有效的科研成果奖励制度？

构建完善的、有效且高效的科研成果奖励制度，是每一个国家的追求。如何才能构建更完善、更有效的科研成果奖励系统呢？"博采众长""取长补短"等是这个极具开放性、国际化的大时代背景下所必需的。研究与探讨美国的科研成果奖励制度，最终一定是服务于我国的科研成果奖励和科研工作的，这是从事研究的基本目的，也是每一个比较教育研究者的根本责任与使命所在。美国的科研成果奖励制度有着什么样的特点和特色？有哪些长处与不足？我们又该如何看待美国的这些长处与不足呢？除了美国以外，世界上其他国家如英国、日本、澳大利亚、中国等不同国家又有着什么样的科研成果奖励制度呢？不同国家的科研成果奖励制度又有着什么样的长处与不足呢？这些不同的国家之间有什么样的差异点和共同点？又有什么可以相互学习和借鉴的地方呢？

科研成果奖励制度如此重要，应当引起重视，值得展开深入具体的研究。在科研成果奖励制度的研究上，应该先从科研大国如美国等入手，通过对其科研成果奖励制度进行全面系统的研究，探讨其历史演进、内容构成、获奖结果等，从而探究其特点与特色，提炼其长处与不足等。在此基础上，结合世界其他国家的科研成果奖励制度，参照相关理论，探索与研究较为优化与合理的科研成果奖励制度。

第二节　国内外研究综述

一、国内研究现状

（一）关于美国科研成果奖励制度的相关理论研究

美国卡耐基教育促进基金会前主席博耶于 1990 年提出大学教授的四种学术：发现的学术、综合的学术、应用的学术和教学的学术，这四类智力活动构成了学术这个有机且相互依赖的整体，并认为这四类活动给学术评议、学术认同、学术奖励等提供了重要的智力与理论基础。[①] 科研成果奖励的本质主要在于对科研人员及其创造性科研成果的承认，这种来自学术同行的承认使得科研工作者获得了精神上的满足与慰藉，满足了他们自我实现的需要。[②] 科研成果奖励作为对科研及其研究成果的承认，主要发挥了在学术群体中形成一种激励作用的功能，促进科研工作者的科研产出，并引导科研竞争以及后续研究的方向，从而促进科学研究的发展与繁荣。[③]

（二）关于美国科研成果奖励制度的整体研究

在美国科研成果奖励系统的构成上，不同的学者有不同的看法：有学者认为美国科研成果奖励包括两个层面的奖励，分别是国家层面和社会力量层面。[④] 国家层面的科研成果奖励包括国家科学奖、国家技术奖、费米奖、E.O. 劳伦斯奖和总统杰出青年学者奖等；社会层面的科研成果奖励包括美

[①]　魏嵘.基于博耶学术观的高校教师奖励制度初探[J].中国成人教育,2007(16):36-37.

[②]　阎光才.美国的学术体制：历史、结构与运行特征[M].北京：教育科学出版社,2011:123-162.

[③]　阎光才.美国的学术体制：历史、结构与运行特征[M].北京：教育科学出版社,2011:123-162.

[④]　刘淑青.中美科技奖励法制比较研究[D].太原：山西大学,2011.

国科学院奖、美国工程院奖、美国物理学会奖、美国化学学会奖等。[①] 有学者认为美国的科研成果奖励系统由三个层次构成：政府级的奖励、民间的奖励和大学的奖励。[②] 还有学者认为美国的科研成果奖励系统由四个层次构成：第一层次是以总统名义设立的科研成果奖励；第二层次是以国家部委和美国科学院、美国工程院、国家科学基金会和美国科学技术促进会等机构设立的科研成果奖励；第三层次是全国性自然科学学会和各州科学院设立的奖励；第四层次是学会的下属分会、个人等设立的奖励。[③]

具体到美国的科研成果奖励制度的特点，国家层面的科研成果奖励具有以下特点：各项国家科研奖章程都对奖励形式做出了规定，而且注重荣誉性与精神奖励；不分等级；在评审过程中没有设置异议环节，不要求征求社会各界的意见；奖项虽然是以美国总统的名义设立，但在评审过程中是由相关的评审组织进行，政府不参与，这主要是因为政府信任评审组织。社会力量设置的奖项具有以下特点：奖项种类繁多、但基本没有级别与高低之分；奖项多元、资金多元、渠道多元、运行方式差异化；有不少国际奖项。[④] 从整体来看，美国的科研成果奖励制度具有体制灵活、各种奖励之间没有级别和高低之分；涉及面广、种类和数量繁多，更注重自然科学奖和有发展前景成果的青年人才奖；精神奖励和物质奖励相结合，奖励强度大，有崇高的荣誉性；评审机构多为中立的科学学术团体，以其学术影响力塑造权威性。[⑤] 美国的科研成果奖励制度的整体效应包括正面效应和负面效应，正面效应主要在于促进了学术人员的产出和促进美国科学的发展，而负面效应在于造成了马太效应即大牌学者和来自名牌大学的学者更容易获得承认与奖励、

① 洪峡.美国科技奖励机制的研究[J].全球科技经济瞭望,2009(6):44-51.

② 阎光才.美国的学术体制:历史、结构与运行特征[M].北京:教育科学出版社,2011:123-162.

③ 姚昆仑.美国、印度科技奖励制度分析——兼与我国科技奖励制度的比较[J].中国科技论坛,2006(6):136-140.

④ 刘淑青.中美科技奖励法制比较研究[D].太原:山西大学,2011.

⑤ 王利东.美国科技奖励法制对我国的启示[J].沧桑,2010(10):54-55.

对同行评议存在质疑等。[①]

（三）关于美国单项科研成果奖励项目研究

美国最高的科学奖励是美国国家科学奖，该奖励于 1959 年由美国国会设立，主要是奖励那些在物理学、生物学、数学和工程学领域做出杰出贡献的科学工作者，由美国总统颁奖。[②] 1980 年美国国会设立了美国国家技术奖，该奖项主要奖励那些在技术创新、商品化和管理方面做出了突出贡献的个人或者小组等，由美国商务部负责评审，美国总统亲自颁奖。[③] 费米奖是 1956 年设立的，是美国联邦政府授予的历史最悠久、最具权威性的科学奖之一，它主要奖励在发展、使用、控制和生产能源方面（主要包括在核能、原子、分子与粒子的相互作用与影响方面）取得杰出成就的科学家、工程师等，由美国能源部评审，总统颁奖。[④] 1996 年，由美国总统克林顿设立的总统杰出青年学者奖，主要奖励杰出的青年科学家和工程师，要求获得者终身只能获得一次，五年内给予 50 万美元的科研资助奖励，由美国九个联邦政府部门——农业部、商务部、国防部、能源部、卫生部、退伍兵事务部、交通部、国家宇航局和国家科学基金会参与评审，由总统颁奖。[⑤] 除了这些来自联邦政府的科研成果奖励以外，美国一些民间组织也会颁发自己的科研成果奖励。1863 年成立的美国国家科学院（National Academy of Sciences）设立了航空工程奖、防止核战行为研究奖、化学奖、卡迪科学进步奖、伊利诺特奖、研究创新奖、数学奖、分子生物学奖、科学评论奖、史密斯藻类学奖、史密斯大气学奖、托兰德研究奖和公共福利奖等。[⑥] 美国国家工程院（National

---

① 叶小梁，汪凌勇.发达国家科技奖励制度分析[J].科学对社会的影响，2003(1):5-9.
② 洪峡.美国科技奖励机制的研究[J].全球科技经济瞭望，2009(6):44-51.
③ 高山.美国的科技奖励[J].全球科技经济瞭望，2002(6):45-48.
④ 姚昆仑.美国、印度科技奖励制度分析——兼与我国科技奖励制度的比较[J].中国科技论坛，2006(6):136-140.
⑤ 高洪善.美国的国家科技奖励及其特点[J].中国科技奖励，2002(4):72-75.
⑥ 高山.美国的科技奖励[J].全球科技经济瞭望，2002(6):45-48.

Academy of Engineering)主要设立了德雷珀奖、戈登奖、拉斯奖、创业者奖和鲍彻奖。美国科学促进会(American Association for the Advancement of Science)设立了国际科学合作奖、公众科学技术理解奖、良师奖、克利夫兰奖和阿贝尔逊奖、科学自由与责任奖和科学新闻出版奖等。[①] 这些不同性质、不同类别、不同层次的单一科研成果奖励在具体的运作上大体相似：设立评审小组、提交材料、评审与投票、公示结果等。[②]

二、国外研究现状

(一)关于美国科研成果奖励制度相关理论的研究

美国的各类科研成果奖励对于大学教师的科研生产力有着积极的、正面的促进作用,因此应重视对大学教师的科研成果奖励。[③] 对美国大学教师的奖励,既有教学方面的,也有科研方面的,还有社会服务方面的,但无论哪一所大学,科研方面的奖励是最多的,不管是奖励数量还是奖励力度,都远超教学奖励和社会服务方面的奖励。同时,花在科研上的时间与奖励成正比,而花在教学方面的时间则与奖励并非呈正相关。[④] 对于独创性的承认成了得到社会确认的证明,它证明一个人已经成功地达到了对一个科学家最严格的角色要求。科学家的个人形象在相当程度上取决于他所在的领域的科学界同仁对于他的评价,即他在什么程度上履行了这个高标准的、极

---

① 阎光才.美国的学术体制：历史、结构与运行特征[M].北京：教育科学出版社,2011：123-162.

② 姚昆仑.中国科学技术奖励制度研究[D].合肥：中国科学技术大学,2007.

③ O'Meara K A. Encouraging Multiple Forms of Scholarship in Faculty Reward Systems: Have Academic Cultures Really Changed? [J]. New Directions for Institutional Research, 2006 (129): 77-95.

④ Yao, James T P. Consequences of the Current Faculty Reward Systems[J]. Journal of Management in Engineering, 2000(6): 6-8.

为重要的角色。① 这证明了获得学术共同体的承认是对科研人员最高的、最重要的认同,而科研成果奖励则可以实现这种认同。科研成果奖励(无论是来自哪一个层面的奖励)对大学教师产生了积极的作用,对获奖教师的后续研究动力、生产力等均产生了积极的影响,但是也造成了所谓的"学阀"局面和马太效应,这也是科研成果奖励体系应预防与思虑周全的地方。②

(二)关于美国不同协会组织科研成果奖励项目的研究

美国不同的协会组织都会有不同的科研成果奖励,③当前较多集中在对医药学领域的协会组织所设立的科研成果奖励的研究上,如美国皮肤协会(American Skin Association)、美国心脏协会(American Heart Association)、美国脑瘤协会(American Brain Tumor Association)、美国癌症协会(American Cancer Society)、美国糖尿病协会(American Diabetes Association)、美国康复咨询协会(American Rehabilitation Counseling Association)④等每年奖励若干名在皮肤、心脏、大脑、癌症、糖尿病和康复咨询等领域做出创新性贡献的个人与团队,并提供一定的科研资助给获奖者,以供他们继续在此领域展开不懈的努力,从而取得更卓越的成果。⑤ 除了医药学领域以外,美国公共观点研究协会(American Association for Public Opinion Research)、美国植物协会(American Botanical Council)、美

---

① Tien F F. To What Degree Does the Promotion System Reward Faculty Research Productivity? [J]. British Journal of Sociology of Education,2007(1):105-123.

② O'Meara K A. Encouraging Multiple Forms of Scholarship in Faculty Reward Systems: Does It Make a Difference[J]. Research in Higher Education,2005(5):479-510.

③ Herdlein, R, Kukemelk H. A Survey of Academic Officers Regarding Performance Appraisal in Estonian and American Universities[J]. Journal of Higher Education Policy & Management,2008(4):387-399.

④ Keferl J E, Berven N L, Strohmer D C, et al. American Rehabilitation Counseling Association Research Awards[J]. Rehabilitation Counseling Bulletin,2008(1):4-6.

⑤ O'Meara K A. Encouraging Multiple Forms of Scholarship in Faculty Reward Systems: Does It Make a Difference[J]. Research in Higher Education,2005(5):479-510.

国水协会（American Water Association）、美国饮食协会（American Dietetic Association）^①等也都设立了相应的科研成果奖励，每年组织评审与颁奖，以激励相应领域的科研人员继续努力于科学研究工作，并取得更大的成绩。^②

（三）关于美国大学层面的科研成果奖励项目研究

对美国一些大学的科研成果奖励制度展开研究，是当前国外研究成果较为集中的研究领域。美国北卡罗来纳大学（The University of North Carolina）^③、得克萨斯大学（The University of Texas）、威斯康星大学（The University of Wisconsin）、西佛罗里达大学（The University of West Florida）等大学不仅有自己的科研成果奖励制度，还设立了学术研究合作奖励，以鼓励大学教师们跨校、跨学科的合作研究工作。^④ 哈佛大学（Harvard University）的科研成果奖励项目多，既有学校层面的，也有学院层面的，这些科研成果奖励对于哈佛成为世界顶尖大学发挥了较为积极的作用。^⑤ 斯坦福大学（Stanford University）的科研成果奖励制度规范、完善而且细致，斯坦福大学的教师们对其科研成果奖励制度的满意度相对较高，也正因为此，成就了斯坦福大学成为世界的创新基地与摇篮。^⑥

① M2PressWire. Ameircan Dietetic Association Foundation Awards Annual Scholarships[J]. Journal of the American Dietetic Association，2002(8)：1156-1157.

② Diamond M R. The Tough Task of Reforming the Faculty-rewards System[J]. Chronicle of Higher Education，1994(36)：B1-1.

③ The University of North Carolina. Silver Award higher education North Carolina State University[J]. American School & University，2015(4)：26.

④ Olszewska I，Aleksandra，Bondy E，et al. A Humanizing Pedagogy of Engagement：Beliefs and Practices of Award-winning Instructors at a U. S. University[J]. Teaching in Higher Education，2021(1)：1-17.

⑤ Bioscience. Harward University Bullard Fellowships in Forest Research[J]. Bioscience，1997(9)：574.

⑥ Mitten C，Ross D. Sustaining a Commitment to Teaching in a Research-intensive University：What We Learn from Award-winning Faculty[J]. Studies in Higher Education，2018(8)：1348-1361.

三、国内外研究现状评述

纵观国内外研究成果，主要呈现出以下几方面特点。

第一，当前的成果大都集中在美国"科技奖励"或"学术奖励"，而非科研成果奖励且从教育学视角展开研究的成果十分少。

第二，较多的是对美国某一单项科研成果奖励项目的呈现，但这些研究成果大都以描述与介绍为主。

第三，对大学教师的科研成果奖励制度和大学层面的科研成果奖励制度展开研究的成果不多。

第四，对美国大学教师科研成果奖励制度展开整体与系统的研究的成果甚少，接近空白。

第五，从美国某一单项或某一层面的科研成果奖励出发，进而对我国大学教师科研成果奖励提出借鉴与启示，其理论基础略显单薄，借鉴意义与启示作用较为薄弱，对于真正推进我国科研成果奖励制度的发展仍存在着较大的提升空间。

第六，除了对美国科研成果奖励制度展开研究的成果很少，对我国、英国、日本、澳大利亚等国家的大学教师科研成果奖励制度展开研究的成果几乎没有，对美国、中国、日本等国家的大学教师科研成果奖励制度展开全面深入的比较研究成果更是空白。

由此，科技奖励、学术奖励等都是科研成果奖励，既然美国的科研成果奖励制度对科研生产力有着巨大的推动作用，对其开展整体系统的研究十分必要；大学教师作为国家的科研主力军，应对其科研成果奖励制度展开深入全面的研究；应重视其科研成果奖励制度的历史变迁，从而更好地理解科研成果奖励制度在演进过程中所遇到的促进或者阻滞因素；应从政府、社会和大学等各个层面来层层剖析科研成果奖励制度，从而全面地把握纵横交错的美国大学教师科研成果奖励图谱；基于我国的大学教师科研成果奖励制度,展开美国、中国、日本等国家的科研成果奖励制度的比较研究,更好地为我国科研成果奖励制度的建设提供真正具有参考价值的意见。

第三节　研究范畴、研究目标与研究价值

一、研究范畴

基于国内外相关文献发现,每个国家科研成果奖励制度的颁奖主体和对象十分多元,具体由一个个的科研成果奖励项目构成了整体的科研成果奖励制度。而本研究所探讨的大学教师科研成果奖励制度,主要是指大学教师所能申请的科研成果奖励项目及这些项目所构成的科研成果奖励制度,而非只有大学教师可以申请的专门的大学教师科研成果奖励项目。

二、研究目标

本研究立足于系统论的整体视角来研究与探讨美国大学教师科研成果奖励制度,主要的研究目标如下。

第一,梳理科研成果奖励制度的相关理论,并探讨科研成果奖励制度的缘起、路径与影响。

第二,完整地呈现美国科研成果奖励制度的历史演进;系统描述美国政府、社会和大学等各层面的大学教师科研成果奖励制度,并厘清种类繁多的不同科研成果奖励之间的关系与异同。分析美国大学教师科研成果奖励制度的奖励结果,特别是获奖大学教师群体的特征分别是什么? 结合科研成果奖励制度的理论,探讨美国大学教师科研成果奖励制度的特点。

第三,描述中国、英国、日本、澳大利亚等国家的大学教师科研成果奖励

制度,展开美国、中国、英国、日本、澳大利亚等国家的大学教师科研成果奖励制度的比较,分析不同国家的大学教师科研成果奖励制度的特点。

第四,结合 21 世纪初期的时代背景、美国大学教师职业所遭遇的挑战和应对等,对大学教师科研成果奖励制度的完善展开思考,并探索具体可行的发展建议。

三、研究价值

（一）学术价值

本研究系统地研究美国大学教师科研成果奖励制度,主要有四个方面的学术价值。

第一,完善关于科研成果奖励制度的理论探索。

第二,丰富我国关于美国大学教师科研成果奖励制度的历史变迁、内容构成、获奖结果等的研究成果。

第三,丰富对美国、中国、英国、日本、澳大利亚等不同国家大学教师科研成果奖励制度的内容研究,并完善不同国家间的比较研究。

第四,对构建系统且完善的大学教师科研成果奖励制度具有重要的理论价值和学术贡献。

（二）应用价值

本研究通过对美国大学教师科研成果奖励制度展开全面深入的研究,进而为我国的大学教师科研成果奖励制度提供若干发展与完善建议,具有如下四个方面的应用价值。

第一,改进与优化我国各大学的科研成果奖励制度,从而实现"以奖促研"的目的。

第二,为相关行政部门提供若干有针对性的政策参考。

第三,为那些基于科研成果奖励来参与促进我国科研事业的民间组织、社会力量、各级各类学会等提供必要的发展与决策参考。

第四，为我国大学教师科研成果奖励制度的发展贡献力量，并为我国科学研究事业的繁荣发展做出一定的贡献。

第四节　研究对象、研究思路与研究方法

一、研究对象

本研究的研究对象主要为美国的大学教师科研成果奖励制度，主要包括对科研成果奖励制度的理论探讨，探讨与分析美国大学教师科研奖励制度的历史演进、内容构成、获奖结果等，并比较美国、中国、英国、日本、澳大利亚的大学教师科研成果奖励制度，提炼特点与分析特色，在此基础上，为构建负责任且卓越的大学教师科研成果奖励制度而努力。

二、研究思路

本研究按照"理论探讨—制度分析—比较研究—发展建议"的研究思路，遵循理论研究与实证研究、定性分析与定量分析相结合的原则开展研究（见图1-1）。从理论出发，探究科研成果奖励制度的缘起、路径与影响；从历史出发，挖掘美国大学教师科研成果奖励制度的变迁规律与内在因素；从制度构成出发，剖析美国大学教师科研成果奖励制度的具体构成与运作机制；从比较角度出发，比较分析美国、中国、英国、日本、澳大利亚等五国大学教师科研成果奖励制度的异同；最后，基于"如何建设一个完善且有效的科研成果奖励制度"这一目的，在上述内容的基础上展开理论的思考与实践策略的构建，以期为我国大学教师科研成果奖励制度提供发展与完善的建议。

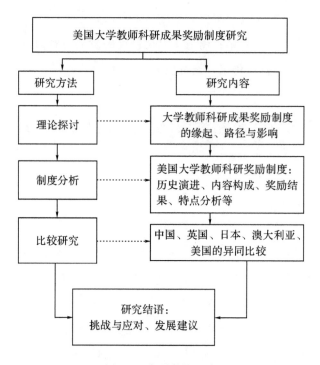

图 1-1　本研究的思路

三、研究方法

（一）文献分析法

本研究借助图书、杂志、报纸、论文、国内外数据库、国内外相关网站等，获取中外关于美国等不同国家大学教师科研成果奖励制度的相关文献，并对这些文献展开具体的分析，探索美国大学教师科研成果奖励制度的历史演进、制度的具体构成与运作机制等，并比较和分析美国、中国、英国、日本、澳大利亚等国家的大学教师科研成果奖励制度的异同。

（二）数据分析法

本研究拟收集与整理国内外特别是美国相关学者的研究数据和来自美

国政府、大学、社会组织等的相关数据，并采用 SPSS20.0 等统计工具对这些数据进行统计分析，全面探讨和深入分析美国政府、社会组织、大学等所提供的科研成果奖励的获奖结果，从而呈现美国不同层面的科研成果奖励的获奖情况，分析美国科研成果奖励的最大受益群体及其特征等。

（三）内容分析法

本研究收集和整理美国、中国、英国、日本、澳大利亚等国家的各类科研成果奖励制度及各个科研成果奖励项目。这些项目均有不同的奖励内容、奖励形式等，为了更好地呈现不同国家不同科研成果奖励项目的具体奖励内容，本研究拟采用 NVIVO12.0 内容分析软件，对这些科研成果奖励项目展开内容和频数分析，比较不同国家间的异同。除此之外，在分析美国大学教师的科研获奖结果上，也将采用 NVIVO12.0 软件对获奖大学教师的毕业院校、工作院校等进行频次分析。

（四）比较研究法

比较研究法是贯穿本课题十分重要的研究方法之一。从选题伊始即为了服务于我国的大学教师科研成果奖励制度，对美国政府、社会、大学等不同层面的科研成果奖励进行比较；并对政府、社会、大学等各层面内部的科研成果奖励进行比较。最后，还将美国、中国、英国、日本、澳大利亚等的大学教师科研成果奖励制度展开全面的比较，以提炼出真正有价值的研究结论。

（五）因素分析法

因素分析法是比较教育学科十分重要的研究方法之一，在分析历史背景、制度演进和形成、政策内容等多方面时都需要对国家或民族的政治、经济、文化等因素进行具体的分析。本课题研究美国的大学教师科研成果奖励制度，分析制度形成的历史、内容构成、特点等众多内容，都需要联系美国的政治、经济、文化等因素展开全面深入的分析。除此之外,美国、中国、英国、日本、澳大利亚的大学教师科研成果奖励制度的特点与异同,也都需要对这些国家的背景因素进行分析,这些分析不一定呈现在具体的文字中,但在分析时便已经了然于胸。

第二章　科研成果奖励制度的
缘起、路径和影响

　　普遍认为科研成果奖励制度就是对科研成果的奖励，但从科研成果奖励制度的缘起以及学术界的界定而言，科研成果奖励制度不仅包括对科研成果的奖励，也包括对论文发表、课题申报与立项等科研的奖励。那么，大概念意义上的科研成果奖励制度因何而起？其本质是什么？又依赖于什么路径去实现其本质？科研成果奖励制度自身会产生什么样的影响呢？

第一节　科研成果奖励制度的缘起：对独创性的承认

　　早在 17 世纪英国皇家学会成立的时候，罗切斯特大主教托马斯·斯普拉特就说过："如果说，对于那些到目前为止还无利可图并且不会得到别人喝彩的研究工作，人们并不非常热心的话，这也没有什么可奇怪的。倘若最终只会使他们被别人看不起，那么又能用什么来激励他们花费他们的时间和技艺为人类揭示那些科学之谜呢？将会有几个人愿意为了公共的利益而去受穷呢？当他们看到所有可能给他们的事业以活力的奖励从他们身边溜过而授予了那些千篇一律、较为容易的研究工作时，他们又会作何感想呢？"同样的话语，早在此半个世纪前培根也说过："只要人们在科学园地中的努力和劳动得不到报酬,那就足以阻遏科学的增长……因此,一项事物不被人尊崇就不会兴旺,也就没有什么可奇怪的了。"所以,科研需要被奖励,"像社会的其他制度一样,科学制度也发展了一种经过精心设计的系统,给那些以各种方式实现了其规范要求的人颁发奖励"。①

1665 年,英国的牛顿在对三大运动定律、万有引力定律和光学的研究过程中发现了"流数术"的微积分。1666 年,牛顿写了几篇关于流数术的短文但并没有公开发表,只是在英国科学家中流传。1675 年,德国哲学家莱布尼茨发现了微积分,并于 1684 年发表了他对微积分的发现。1696 年,莱布尼茨微积分的教科书出版并传遍了欧洲。1699 年,有一名瑞士人指责莱布尼茨的微积分剽窃了牛顿的流数术,后来也有人指责牛顿的流数术是剽窃莱布尼茨的微积分。究竟是谁发现了微积分?英国皇家学会组织了调查委员会对此科学公案展开调查,调查后认为牛顿是微积分的发现者,并发布了调查报告,但因为彼时牛顿担任英国皇家学会的主席,所以这份调查报告的客观性一直被质疑被否定。牛顿与莱布尼茨关于微积分优先权的纷争并未因此而停止,后来甚至演变成了英国科学界与德国科学界乃至与整个欧洲大陆科学界的对抗。因为这一纷争,关于优先权、独创性、科学制度的建设等成了科学界、学术界普遍关心的重要问题。著名的科学社会学家默顿在考察了优先权之争的系列案例和内涵之后提出了一种独特的社会学解释:优先权之争是科学的建制目标和科学的规范结构相互作用的结果。科学的建制目标是扩充知识,也就是要求科学家做出独创性的发现,而科学的规范结构则要求科学家为了科学的目的即无私利性,为了贡献出有独创性的知识而进行研究,并公开自己的发现,以接受科学共同体成员的检验,看其是否具有普遍性的要求,如通过检验,则该独创性的发现将成为人类的共同精神财富,为人类所共享(公有性)。而要保证这一点,就必须具有某种动

---

① 默顿.科学社会学(下册)[M].北京:商务印书馆,2016:400-401.

力机制和约束机制。这种动力机制和约束机制一方面既要能鼓励科学家去实现扩充知识的目标，做出独创性的发现；另一方面又要能对科学家的行为实行社会控制，使之不违反科学的行为规范。而科学奖励制度恰好可以解决这个问题，科学奖励制度基于独创性给予最先发现者荣誉，同时通过科学共同体的评价这种规范来承认和肯定其贡献，这便是科研成果奖励制度缘起和形成的真正原因。[①]

科研成果奖励制度的实质是独创性的科研成果通过科学共同体的评议从而能优先出版或发表出来，出版专著、发表论文、科研获奖等都是科研成果奖励制度的组成部分，这就是大概念意义上的科研成果奖励。所以，科研成果奖励的核心是：同行承认。出版专著、发表论文、科研获奖等的前提都是同行承认。"承认是科学王国中的基本通货""承认是财产的功能等价物"，承认问题是科学奖励系统的中心问题。[②] 科研成果奖励的基本形式是对科学贡献特别是对独创性成果的优先承认，所有别的奖励形式皆源于此。科学奖励系统的本质是科学共同体根据科学家的角色表现来分配承认和荣誉，承认又可以分为工具性承认和荣誉性承认。工具性承认是在于找到可揭示的潜在优异的方式，并尽早地使潜在性变为现实，这也就是承认的工具性含义：它要求对辨认天才的方法加以研究、消除阻碍天才发展的障碍以及提供实际的教育环境等。所以，大部分的研究工作都是从工具意义上探讨对优异的承认。而荣誉性承认主要指通过社会的公共机构或私人机构对已取得的成就所作的肯定评价，这种承认主要是对已取得的成就的奖励。[③]这类奖励主要有三种形式：以姓氏命名、授予科学奖章（及奖金）、赋予荣誉称号。首先是用姓氏命名，即用科学家的名字来命名科学家的科学发现：用伟大科学家的名字来命名其时代，如牛顿时代、达尔文时代和弗洛伊德时代

---

① 姚昆仑.中国科学技术奖励制度研究[D].合肥：中国科学技术大学，2007.

② 徐梦秋，欧阳锋.科学界的奖励系统及越轨行为——默顿学派对默顿科学规范论的丰富和发展[J].科学技术与辩证法，2007（2）：101-105.

③ 默顿.科学社会学（下册）[M].北京：商务印书馆，2016：579.

等;将科学家的名字尊为学科或分支学科之父,如居维叶——古生物学之父、法拉第——电学之父、列文虎克——原生动物学和细菌学之父等;用科学家的名字命名学科,如亚里士多德逻辑学、布尔代数、凯恩斯经济学等;用科学家的名字来命名科学的定律、理论、原理、假说、仪器、常数、物理单位、物种、星体等各种类型的发现和发明,如布朗运动、里德伯常数等。其次是用奖金、奖章、荣誉职位、荣誉称号的授予和科学史家的记载等。相对于命名法,这两类形式要普及得多,能够惠及更大面积的科学家。在各种各样的奖金、奖章或荣誉职位、荣誉称号里,有着不同的层次或等级,如奖金中,诺贝尔奖、菲尔兹奖等级较高;名誉职位和称号中,英国皇家学会会员、各国科学院院士以及某些国家的贵族爵位等较有影响。科学奖励的形式尽管种类不一、名目繁多,但无一例外地都以同行对独创性的承认作为核心和基础。尽管科学奖励也往往伴随着金钱和各种物质待遇的馈赠,但作为衡量科学奖励分量轻重的唯一尺度只能是同行对其独创性的承认和评价,而不可能是其他什么别的标准。金钱和各种物质待遇在科学奖励中所起到的作用只是象征性的。[①] 因此,"科学领域中的分级奖励,主要是根据科学同行对研究的承认这一通货来分配的,这种承认因等级不同而形成不同的层级"。

　　承认具有工具性含义和荣誉性含义,工具性含义使我们关注发掘优异成就的潜在可能性,关注机会的提供,使这种潜在可能性比在其他情况下更经常地成为现实。荣誉性含义则使我们关注突出和奖励得到证实的优异。荣誉性承认不但会为获得者带来荣誉,也会为提供者带来荣誉。它表现和证明授予者有正确的价值观,从这个意义上来说,授予荣誉比获得它更神圣。通过它对那些证实了优异的荣誉获得者的可能的影响,以及对那些还必须展示其素质的新手们的影响,荣誉性承认与工具性承认结合在了一起。一个并非不合理的但仍未证实的假定是:公开承认优异的机制会导致更多

---

　　① 马来平.科学发现优先权与科学奖励制度[J].齐鲁学刊,2003(6):63-67.

的有才能的年轻人追求卓越。把培根的名言变成充满希望的话就是：获得了荣誉的事业就会繁荣，这一点也不奇怪。①

第二节　科研成果奖励制度的路径：同行评议

对独创性的承认，应该由谁做出判断？谁来承认？是专家还是官员？公众还是出资者？这几个问题涉及科研成果奖励的路径问题。② 现今世界各个国家普遍采用的是同行评议和同行承认制度。一个有效的奖励系统应该遵循普遍主义原则，即根据科学成果的数量和质量来分配承认，科学家个人的社会属性不应对承认的分配产生影响。同行对独创性的承认决定了科学奖励的有无与等级，这种承认因不同的等级而形成不同的层级。同行评议分布在论文发表、课题评审、奖励评选等所有竞争性的科研活动中。但是，同行评议是否真的可靠呢？为了解答这一普遍存在的疑惑与焦虑，科学社会学家们展开了系列研究去验证在论文发表、课题评审、奖励评审等多项科研成果奖励事务中是否存在着"区别对待""老友系统"等现象与问题。

在论文发表中，默顿和朱克曼采集了83种杂志的稿件拒用率数据后发现，人文科学的稿件拒用率最高，社会科学和行为科学居中，物理学、化学和生物学的稿件拒用率最低，只有人文科学的三分之一。"学科领域之间及学科内部的差异模式，可用一个经验法则来描述：杂志越偏重于人文方面，稿件的拒用率越高；杂志越偏重实验和观察方面，越强调观察和分析的严密性，稿件的拒用率就越低"。拒用率高的杂志所偏好的决策原则是：当有疑问时，拒绝；而采用率高的杂志则相反：当有疑问时，采用。除了杂志容量的差别，稿件采用率高低区别的更大原因在于不同学科在学术标准上达成一

①　默顿.科学社会学（下册）[M].北京：商务印书馆，2016：581-582.
②　马来平.科学发现优先权与科学奖励制度[J].齐鲁学刊，2003(6)：63-67.

致制度的差异的大小。稿件拒用率越高,其学科对学术标准的共识度越低,缺乏共同标准。除了自然、人文和社会学科的学科差异以外,同一学科内在论文发表上是否存在普遍主义呢? 为了回答这一问题,默顿和朱克曼选取了拒用率低的《物理学评论》,并努力解答四个问题:第一,处于分层系统不同地位的投稿人投给《物理学评论》的稿件的采用率是否有差异? 第二,对处于不同地位等级的评议人是否存在着某种分配稿件的模式(如一般由学术地位高的科学家充当稿件的评议人,学术地位低的很少作为评议人)? 这些分配是否与作者的地位相关? 第三,稿件采用率是否依赖于投稿的物理学家的学术地位? 第四,采用率的这种差异是否与评议人和作者的相对地位有关? 从稿件的采用率来看,不同等级的物理学家之间存在着可察觉的差别:对第一、第二、第三等级的物理学家的稿件的采用率分别是 90%、86% 和 73%,一流大学物理系和普通大学物理系的论文采用率分别是 91% 和 72%,也许是高等级的物理学家所提交的论文平均质量比较好,也许是编辑和评议人根本就不想拒绝该领域杰出的科学家的论文,但不管如何,差别并不大。第二个问题的答案是专业能力和资格是指派稿件评议人的主要标准,与地位无关。为了回答第四个问题,朱克曼和默顿举出了 6 个假设,当评议人与作者地位相同的时候,有"地位联合"和"地位竞争",当作者地位超过评议人时有"地位遵从"和"地位妒忌",当作者地位低于评议人时有"地位保护"和"地位扶持"。数据表明,在被评议的 1083 篇稿件中,评议人的地位超过作者稿件的有 631 个,采用率是 58%;评议人地位与作者相同的为 350 个,采用率是 60%;作者地位超过评议人的为 102 个,采用率是 59%。为此他们指出:每一个等级的评议人对来自不同等级的作者的论文的采用率是几乎相等的。由此可见,评议人评议论文所运用的评议标准大致是相同的,无论它们的来源如何。①

　　① 欧阳锋,徐梦秋.默顿学派对"普遍主义"规范的经验性研究[J].自然辩证法通讯,2010(4):64-70.

除了论文发表采用的是同行评议以外，课题申请、科研成果奖励都采用的是同行评议制度。课题申请、科研成果奖励等的同行评议是否公正呢？20 世纪 70 年代，负责课题申请、奖励评价的美国国家科学基金会（National Sgence Foundation，简称 NSF）就受到了公开批判：从 NSF 提供的资料来看，这是一个"老友系统"（old boy's system），在这里，项目主任依赖他们学术圈中的可靠朋友来评价所提交的申请，这些朋友又推荐他们的朋友作为评审人……它是一个经常使新思想和科学突破窒息的乱伦的"密友"系统。[①] 为了回应这些批判以及推翻"老友假说"，NSF 资助科尔兄弟和鲁宾进行了为期一年的研究，主要着力于回答四个问题："著名科学家是否相互做出有利的评议""申请者的个人属性是否影响同行评议的等级""项目管理主任的最终决定是否依赖于同行专家的评议""在 NSF 的资助中是否存在积累优势效应"。为此，他们选择了 1975 财政年度的 10 个基础研究项目领域（占 NSF 总项目的八分之一）作为样本，对涉及同行评议各个层面的科学家如项目主任、通讯评议人、专门评议小组成员、NSF 的监督专员等进行了 70 余次的深度访谈，仔细查看了至少 250 份申请书，阅读了这些申请书所有同行评议人的评语，以及申请者与项目主任的通信，就相关问题与项目主任反复面谈，对 1975 年的 1200 个申请进行了量化分析。科尔兄弟等人一年的量化研究结论是：评议等级与获得资助之间存在着高度的联系；获得资助与科学家以前的业绩不存在高度联系；高声望系的评议人对高声望系的申请者的评价不存在倾向性；职业年龄对评议等级和给予资助的结果都没有明显影响；申请者的属性、特征（如所在系的声望等级、学术地位、职称、地理位置、近 5 年获 NSF 资助的经历、获博士学位所在的系）对评议等级和最终的资助只有低的或有限的影响。总的来说，论文发表、课题评审、奖励评

　　①　Cole S，Rubin L，Cole J R. Peer Review and the Support of Science[J]. Scientific American，1977(10)：34-41.

审等科研成果奖励制度所普遍采用的同行评议是公正的、可靠的。①

第三节　科研成果奖励制度的影响：

积累优势与越轨行为

一、积累优势

既然同行评议是可靠的,那么科学奖励制度自身会不会导致不公平的分配现象呢? 答案是肯定的。在这一制度中也存有不公平的分配现象,即马太效应:有些科学家已经有相当的声望和社会地位,这些科学家很容易得到与他们的科学贡献不成正比的更大的荣誉和报偿;然而那些不出名的科学家也得到了与他们的科学贡献不成比例的较小的荣誉与贡献。朱克曼在《科学界的精英》中关于诺贝尔奖的获得,谈到了获奖人的社会出身、师徒关系、跨进科学界的精英行列所形成的科学优势的积累都有利于获奖;相反没有进行这些优势积累的科学家可能做出了比诺贝尔奖获得者更大的贡献,反而位居于"第四十一位"。所谓"第四十一位现象",是指法国科学院较早就规定,只有 40 个人有资格成为法国科学院的 40 名定额院士。在数个世纪中,它对数目的这一限定自然不可避免地把许多有才能的人排斥在外。当然,这些人有些也赢得了自己不朽的地位,如笛卡儿、卢梭、司汤达等。②除了个人以外,那些被证明在科学方面非常出色的机构也会比那些尚不知名的机构分配到更多的研究资源,而且,其声望也能吸引超常比例的真正有前途的研究生。这还表现为一种特别极端的情况:6 所大学(哈佛、伯克利、

---

① 欧阳锋,徐梦秋.默顿学派对"普遍主义"规范的经验性研究[J].自然辩证法通讯,2010(4):64-70.

② 默顿.科学社会学(下册)[M].北京:商务印书馆,2016:607.

哥伦比亚、普林斯顿、约翰·霍普金斯和芝加哥）培养出了 24％的物理学和生物学博士，在所培养的全部博士中有 65％的人后来获得了诺贝尔奖。此外，12 所著名大学都设法尽早确认并尽其所能留住那些特别天才的科学家：他们中有 60％的人后来成了获奖者，与之相比，其他博士只占 35％。[①]在科研成果奖的获奖结果中，美国国家技术与创新奖（National Medal of Technology and Innovation）[②]、美国国家人文奖章（The National Humanities Medal）[③]、美国国家科学奖（National Medal of Science）[④]等的获奖者大都来自世界顶级名校，如哈佛大学、加州大学伯克利分校、斯坦福大学等。

　　在 20 世纪 40 年代至 90 年代的半个多世纪中，默顿等人基于马太效应等不断地开拓与深化，提出了科研成果奖励的积累优势理论。"积累优势，应用于科学领域中，是指一种社会选择过程，通过这一过程，科学研究的各种机会以及随之而来的对成果的象征性的和物质性的奖励，倾向于为某些科学家个人或科研组织所积累"，其本质就是，"富者更富，穷者更穷"。积累优势理论认为：其一，早期的资源获得对个人受益是非常重要的，一个人越早获得各种资源，他就越早占有先机并领先于同龄人，反之亦然。其二，积累优势是在奖励可以转化为用作取得进一步成就的资源的系统中运行，从而表现为一个成就与奖励互动的螺旋式上升。其三，就像现在的表现造就未来的机会一样，科学家在其职业生涯中的各个阶段所遇到的机会结构在一定程度上反映了他们过去的成就。其四，使过去的成就成为奖励和资源分配的主要标准，表面看来积累优势在任何给定的时候都是普遍主义的，但

　　①　默顿. 科学社会学（下册）[M]. 北京：商务印书馆，2016：631.

　　②　National Science Foundation. National Medal of Technology and Innovation[EB/OL]. (2020-01-10)[2020-02-13]. https://www.nsf.gov/od/nms/natl_medal_tech_innov.jsp.

　　③　The National Endowment for the Humanities. National Humanities Medal[EB/OL]. (2020-01-12)[2020-02-20]. https://www.neh.gov/whoweare/awards.html.

　　④　National Science Foundation. National Medal of Science[EB/OL]. (2020-010-03)[2020-02-13]. https://www.nsf.gov/od/nms/medal.jsp.

是最终它也是不经意的特殊主义的，因为它不断增大受惠者与非受惠者之间的成就差距和奖励差距，致使这一差距远远超过了开始时的程度。最后，积累优势唤起了人们关注奖励对成就的影响——不只是成就对奖励的影响，而且关注成就、奖励和获得科学生产的手段之间的持续互动。①

那么，积累优势的这种"加强效应"和"螺旋式上升"会一直延续下去吗？有没有限度？答案是：不会。在默顿看来，机构的积累优势会被"抵消过程"（Countervailing Processes）抵消掉：单独的一个学术部门或研究单位能够支撑多大程度的天才集中呢？在一个地方的某一个特别研究领域中多少个能人能够有效率地一起共事呢？天才也不一定喜欢在导师的影子下进行研究吧？而且，大学的总资源有限，但分配不一定是平等的，所以再强的大学也有比较弱的系，这就为那些资源相对集中的声望较小的机构提供了机会，所以，机构的积累优势会慢慢地消减。个人的积累优势也同样不会无限度地延续下去。朱克曼认为：一个人要长期持续维持高水平的角色表现，甚至要一年比一年做得更好是很困难的；成功使人满足，变得不那么积极进取，过多的荣誉使其机理效益呈递减之势；成功带来很多机会也有很多义务，这会干扰高水平的表现；人的精力是有限的，年龄增大会减退人的表现。所以，无论对于个人还是机构而言，积累优势都不会无限延续下去。也正因为积累优势不可能无限延续下去，这就造就了一批"大器晚成型"的学者，他们可以慢慢地、稳定地、平和地从事自己的科学研究，并取得令人振奋的科研成果。科学家的能力可以分为壁垒型能力——指迅速上升并较早地达到一个顶点，然后逐渐下降，即曾经快速辉煌跃起，却又骤然黯然跌落；高原型能力——迅速地达到顶峰地位，但能保持住；缓慢渐进型能力——在其一生中有平稳而缓慢的发展，开始较慢，既不会带来重大期望，也不会带来很大的失望，即老黄牛型；大器晚成型能力——由于能力表现太晚且没有被寄予期

---

① Zuckerman H. Sociology of Science: in Handbook of Sociology[M]. Newbury Park: Calif Sage Publications, 1988: 531.

望,不会令人振奋,因而几乎不会引起妒忌,也不会有什么追随者浪费他的时间。① 但不可否认的是,也有一些潜在的大器晚成型学者,因为早期没有受到科研成果奖励的激励与扶持,并没有取得成功,这也就是科研成果奖励积累优势的复杂所在。

二、越轨行为

"科学奖励系统的本质是科学共同体根据科学家的角色表现来分配承认和荣誉",主要是对科学贡献特别是原创性成果的承认。除了激励科学家做出原创性的贡献,促进知识的增长以外,奖励系统是社会控制、学术规范中不可缺少的必要组成部分。那么,科研成果奖励自身又会不会带来科研越轨行为呢? 又该如何应对或解决越轨行为呢?"我们已经注意到了,科学对于优先权和承认的高度强调,导致激烈竞争,在那些认为自己不能合法地实现其目标的人中,有人就转向了采用非法的方式……于是有机会时,一些科学家就伪造证据、窃取别人成果、隐瞒信息或指控他人剽窃,以使自己获得承认。这似乎有些自相矛盾,越轨行为的根源不在于对科学价值观的信奉的不足,而是对它的过度的信奉。"② 由此可见,"科研成果奖励制度把原创性看得至为宝贵,间接地激发了一些科学家的越轨行为"。正是因为对建立系统的过度信奉,所以带来一系列的越轨行为。

朱克曼认为越轨行为主要有两大类:违反认识规范的行为和违反社会规范的行为。认识规范既包括方法论的或技术性的基本准则——要求逻辑的一致性和经验上的可证实性或可证伪性,也包括特殊学科或专业的特定规范。在违反认识规范的行为方面,有些是遵循了科学的认识规范仍不可避免的(如斯塔尔的燃素学等)这类体面的错误,有些是无视或忽视认识规

---

① 默顿.科学社会学(下册)[M].北京:商务印书馆,2016:589.

② Zuckerman H. The Sociology of Science: in N. S. Smelser(Ed.), Handbook of Sociology [M]. Newbury Park: Sage Publication,1988: 522.

范而产生的疏忽大意的不体面的错误,如不适当的实验控制手段、不采取措施防止样品污染等。违反社会规范的行为包括:一是欺骗,如伪造、篡改和隐瞒资料;二是各种形式的剽窃;三是教条主义和学术垄断。违反认识规范的错误或科学上的疏忽大意的错误可能带来严重的后果,但在性质上与违反社会规范的伪造等不端行为是不同的。"当不体面的错误如聚化水之类的错误被曝光时,科学家们往往是欣然喝彩,并对那些越轨者示以嘲笑和轻视,视他们为拙劣的手艺人;但是,欺骗行为触犯的是有道德约束力的社会规范,科学家们对它的反应是,带着道德义愤的刺痛,谴责它是骗子和恶棍所为的一种犯罪行为,因为科学的道德秩序被侵害了。"①

这些越轨行为具有不同程度的危害性,必须对其加以合理地控制。所以,科学共同体应当努力防止越轨和鼓励遵从规范,并建立科学控制和调控系统。而且,社会控制应是在越轨行为发生之前施以威慑,在它发生之后及时发觉并施加惩罚的机制。科学中的社会控制系统,是一种非正式的控制系统,没有别的专门职业如法律、医疗等那么精密、发达,科学制度要有效地运行,有赖于外在控制(他律性的,对违规者的制裁)和内在控制(自律性的,包含对规范的认同和内化)的有效结合。"遵从社会规范永远不能只依靠社会控制(有组织的怀疑主义的施行)来担保,也不能仅靠规范的内化(科学家的道德品质)来担保……但把它们两者结合起来,加以应用,就会更加有效地减少越轨行为。"一个人自律的意识、能力和方法,是在长期实践中受他律制约的经验的积淀,因此,应该强调科学的社会控制作用。由于科学家对认识规范和社会规范的信奉与遵守程度是不相同的,因此社会控制对他们的作用也不尽相同。对于一个高度认同规范又高度具备科学能力的科学家而言,这种控制的作用可能是非常有限的,但对大部分科学家来说,它是必不可少、非常重要的机制。同时,科学中的竞争对社会控制具有双重效应,"为

---

① 徐梦秋,欧阳锋.科学界的奖励系统与越轨行为——默顿学派对默顿科学规范论的丰富和发展[J].科学技术与辩证法,2007(4):101-105.

了做出原创性贡献,或者说为了优先权、同行承认而产生的激烈竞争,带来种种压力而诱发越轨行为……但是,这种作为系统之特征的激烈竞争,也使科学家的注意力汇聚于特定的重要问题,加强在这些方面对别人工作的批评性审查,并更多地通过可重复性来检查重要的新成果"。这种双重效应表明:一方面,竞争的加剧,会给科学家们施加更大的压力,使他们滑向越轨行为;另一方面,竞争的加剧,会使同行监督得到强化,又使科学家们不敢轻易越轨。由于这种控制机制的存在,科学界的越轨行为不会随着竞争加剧而越来越多。由此,应对科学中的越轨行为,同行监督、同行审查是非常重要的一环,但同时,也离不开同行专家之间的相互信任、相互支持。所以,通过对遵从的激励和对违反的惩罚,奖励系统促使科学家忠于科学的认识规范和道德规范,[①]但这些最终都取决于同行,同行评议、同行审查、同行监督、同行信任和同行支持等不仅是科研成果奖励制度的核心,也是科研控制制度的关键所在。

---

① 徐梦秋,欧阳锋.科学界的奖励系统与越轨行为——默顿学派对默顿科学规范论的丰富和发展[J].科学技术与辩证法,2007(4):101-105.

第三章 美国大学教师科研成果奖励制度的历史演进

美国大学教师科研成果奖励是什么时候开始的呢？特别是制度化的科研成果奖励，又经历了怎样的历史变迁？其背后的社会背景、高等教育背景如何？本章基于对这些问题的思考，从社会、高等教育等相关背景出发，探寻美国大学教师科研成果奖励演进的历史脉络。

第一节　科研成果奖励制度的萌芽阶段：1790 年之前

一、社会背景

1492 年 8 月，哥伦布的航行从西班牙出发，向西航行至美洲大陆。这块陆地上的居民有着微红的肤色，哥伦布称其为印第安人。1493 年，欧洲对美洲大陆的殖民活动正式拉开序幕。15 世纪末，西班牙、荷兰等国开始向这里移民。17 世纪初，英国开始向北美殖民。最初的北美移民主要是一些失去土地的农民、生活艰苦的工人以及受宗教迫害的清教徒。1606 年，英国的一些大商人和大地主组织了"伦敦公司"和"普利茅斯公司"，在英国国王的"特许状"的支持下于 1607 年抵达北美东海岸的詹姆士敦。詹姆士敦后发展为弗吉尼亚殖民地。1620 年 9 月 23 日,载着 102 名以英国清教徒为主的"五月花号"的捕鱼帆船,在牧师布莱斯特的率领下,离开英国港口,驶向遥远的北美。上岸前,船上的 41 名成年男子讨论着如何管理未来的新世界的问题,究竟依靠什么:领袖的权威? 军队的威力? 还是国王的恩赐? 他们要将这个问题弄清楚之后再上岸。经过激烈的讨论,最后,为了建立一个大家都能受到约束的自治团体,他们决定共同签署一份公约,这份公约是新大陆移民重要的政治性契约,后世称之为《五月花号公约》。《五月花号公约》是美国历史上第一份政治性契约。这份写在粗糙羊皮纸上的《五月花号公约》作为美国历史上的第一个政治契约性文件,内容虽然很简单,却在美国政治思想史上占有重要地位,因为它预示了民主政治的许多理念:人民可以通过自己的公意决定集体行动,以自治的方式管理自己的生活;行使统治必须经过民众的同意;人民可以通过公议的契约建立秩序,而不是由人民之上的权威予以强加。《五月花号公约》奠定了美国自治政府的基础。同年 11 月 21 日,清教徒们在北美的普利茅斯上岸,后来发展为马萨诸塞殖民地。[①]

从 1607 建立弗吉尼亚殖民地到 1733 年,英国在北美洲大西洋沿岸陆续建立了 13 块殖民地:弗吉尼亚、马萨诸塞、马里兰、罗得岛、康涅狄格、北卡罗来纳、纽约、新泽西、南卡罗来纳,新罕布什尔、宾夕法尼亚、特拉华和佐治亚等。随着 13 个殖民地的建立,大批移民来到北美大陆。这些移民中,因圈地运动而丧失家园的农民最多;其次是作为清教徒[②]的中产阶级商人、小厂主和手工业者,他们大多是为逃避宗教迫害迁移而来的;还有为逃避英国资产阶级革命迁移来的旧教徒贵族地主。贫苦的劳动人民是北美殖民地

---

①　许爱军.《五月花号公约》和美国精神[J]. 国际关系学院学报,2012(1):112-117.

②　1565 年,英国伦敦市有 140 名神父拒绝向大主教宣誓,这批不服从英国国教的人被视为"分离者",即后来的"清教徒"。他们的宗教信仰来源于加尔文主义,他们认为《圣经》才是唯一最高权威,推崇共和制度,与罗马天主教会所宣扬的"赎罪观"及其等级森严的主教体系形成了明显的分歧。引自张斌贤. 美国高等教育史(上)[M]. 北京:教育科学出版社,2019:105.

经济发展最主要的劳动力来源,他们主要由自由人和契约奴组成。自由人是英国的平民百姓,他们是那段时间内美洲尤其是北美洲土地开垦的主力;契约奴主要是无力支付去美洲旅费的贫困白人,他们被迫与运送他们的船主或移民经纪人订约:由船主或移民经纪人出钱送他们去美洲,到达目的地后用4~7年的无偿劳动抵偿旅费,期满之后才能恢复自由,这些人叫"自愿契约奴"。英国殖民者为了把更多的人送去美洲补充劳动力之不足,曾采用过轻罪重罚的措施,把大批的罪犯、战俘、政治犯和异教徒押往美洲,这些人叫"强制契约奴",必须服役7~10年。据估计,到独立战争之前,13个殖民地中有三分之二的移民都出身于契约奴。除了白人移民外,殖民者为了填补劳动力的不足,还从非洲运来大批黑人奴隶,到独立战争之前,13个殖民地的黑人奴隶已达50万人,占全部人口的20%。殖民地时期,在这些自由人、契约奴、黑奴等的共同建设下,殖民地发展了以农业为主的经济。但由于地理、自然条件等不同,北部殖民地发展了工商业、中部殖民地发展为农业区、南部则发展了以黑奴为主的种植园经济。

　　随着北美殖民地经济的日益发展,宗主国英国逐渐加强了对它的控制。英国通过设立总督来加强对北美殖民地政治的管制,同时颁布一系列航海法、贸易法、工业法等来限制北美殖民地经济的发展。此时,北美殖民地内部也有一系列的矛盾,如白人移民与土著印第安人的冲突、契约奴和黑奴的反压迫斗争、市民小农们争取土地和政治权利的斗争等,这些斗争与反对英国殖民统治及其代理人的斗争交织在一起,已经具有了反英的性质,但这些基本都被殖民地统治者给镇压了下去。北美殖民地与英国矛盾的真正激化,以英法七年战争(1756—1763)结束、英国获得胜利为转折点。在英国处于战争无暇顾及北美殖民地的时候,美国的经济甚至出现了早期的商业繁荣。战争结束后,英国因为战争耗费浩大而债台高筑,从而对北美殖民地加紧了经济掠夺和压榨。1765年,英国颁布印花税法,严令各种印刷品都要交印花税,后引发了殖民地人民强烈的抗议示威运动,英国不得不废除该税法。1767—1768 年,英国又三次颁布唐森德税法,企图征收 4 万英镑的税,后来遭到了激烈的反抗,1770 年,英国被迫废止该税法。1770 年 3 月,英国军队以保护执行关税条例的英国官员为由,在北美殖民地波士顿杀害了 5 名民众,引发波士顿惨案,之后英国军队被迫撤出波士顿。1773 年,为倾销东印度公司的积存茶叶,英国操纵北美殖民地的茶叶价格,导致殖民地的茶叶销售受到影响;12 月 16 日,波士顿 8000 多人集会抗议,将东印度公司 3 条船上的 342 箱茶叶全部倾倒入海。波士顿倾茶事件以后,英国政府认为这是对殖民当局正常统治的恶意挑衅,为压制殖民地民众的反抗,1774 年 3 月英国议会通过了惩罚性的法令,即《波士顿港口法》《马萨诸塞政府法》《司法法》和《驻营法》。这四项法令通称为"强制法令",规定英军可强行进入殖民地民宅搜查,取消马萨诸塞的自治地位,封闭北美最大的港口波士顿港。这些法令明显地剥夺了殖民地人民的政治和司法权利,激起了他们的联合反抗,直接导致了第一届大陆会议的召开,拟就呈交英皇的请愿书和抵制英货的法案。① 1775 年 4 月 19 日,北美独立战争在列克星敦打响了第一枪。1776 年 7 月 4 日,大陆会议通过了由托马斯·杰斐逊执笔起草的《独立宣言》,宣告了美国的诞生。1783 年,美国独立战争结束,英国承认美国独立,美国正式成为一个独立的国家。

为了自由、为了财富、为了更圣洁的信仰、为了更美好的生活……英国移民怀揣着各式各样的目的来到北美大陆,通过辛勤劳动,他们让这片土地愈发的富饶与繁荣。宗主国的压榨、掠夺与控制等随着这片土地的愈发繁荣也变得越来越高压,最后引发了宗主国与殖民地之间的战争,最终殖民地得以独立。自由、财富和控制、努力、掠夺、反抗等诸多因素在北美的殖民地时期交糅并进。那么,殖民地时期的高等教育情况如何呢?

---

① 崔毅.一本书读懂美国史[M].北京:金城出版社,2010:8.

二、高等教育背景

　　早在 1618 年,弗吉尼亚公司就计划在弗吉尼亚殖民地的亨利克城建立一所学院,后来因为弗吉尼亚殖民地与公司总部有矛盾以及当时的英国国王詹姆斯一世对公司不满,导致了先前建设亨利克学院的计划和所有努力都付诸东流,但这也为后来的威廉玛丽学院的创立奠定了十分重要的基础。1636 年 8 月 23 日,马萨诸塞海湾公司大议会通过了一项法案,决定拨款 400 英镑在马萨诸塞州的剑桥开办一所学校或学院,但这 400 英镑未兑现,导致该学院并未招生。1638 年 9 月 14 日,哈佛牧师留下了 779 英镑 17 先令 2 便士的遗产,遗嘱要求把其中一半的财产以及所有书籍(400 本)捐献给这所新建学院。1639 年的 3 月 13 日,大议会决定将这所位于剑桥镇的"剑桥学院"更名为"哈佛学院",以永远地纪念哈佛的义举。哈佛学院的正式成立与招生,是美国历史上十分重要的事件,标志着"先有哈佛,后有美国",不仅意味着美国人民对于教育的重视,也是清教徒们在荒野的马萨诸塞里定居仅仅六年便创办的第一所世界闻名遐迩的学院,更是这些早期殖民者的坚定信念,以及对于无知、野蛮以及欧洲文明在北美失落的深刻恐惧。[①] 1637 年,马萨诸塞海湾公司大议会任命了总督、副总督以及司库在内的六名行政官员和六名牧师组成的一个委员会来负责管理哈佛学院,其中七人是剑桥大学的校友、一人是牛津大学的毕业生、其余四人的父亲或兄弟是剑桥大学的校友,可见当时的哈佛带着较为浓重的英国特色,他们或多或少地以英国的剑桥或牛津为蓝本来管理哈佛。1707 年,经过多年艰难的博弈与努力,哈佛作为北美殖民地的第一所学院终于确立了其法律地位,成了北美地区第一个学术法人。1693 年 2 月,英国王室颁发特许状,批准在弗吉尼亚成立一所学院,即威廉玛丽学院。它是英国国教会最早成立的北美

---

　　① 张斌贤.美国高等教育史(上)[M].北京:教育科学出版社,2019:107.

殖民地高等学府,也是美国第一个拥有王室特许状的学术法人。之后,耶鲁学院、新泽西学院等九所殖民地学院陆续建立(见表 3-1)。

表 3-1　美国殖民地时期九所学院的情况

创办年份	初创名称	现在名称	办学地点	隶属教派
1636	哈佛学院	哈佛大学	马萨诸塞湾	公理会
1693	威廉玛丽学院	威廉玛丽学院	弗吉尼亚	圣公会
1701	耶鲁学院	耶鲁大学	康涅狄格	公理会
1740	费城学院	宾夕法尼亚大学	宾夕法尼亚	—
1746	新泽西学院	普林斯顿大学	新泽西	长老会
1754	国王学院	哥伦比亚大学	纽约	圣公会(为主)
1764	罗德岛学院	布朗大学	罗得岛	浸礼会
1766	皇后学院	罗格斯大学	新泽西	归正会
1769	达特茅斯学院	达特茅斯学院	新罕布什尔	公理会

尽管九所殖民地学院在创校理念、办学宗旨上各不相同,但造就品德高尚、学识渊博的教会和社会的领袖是这些学院的共同目的。基于这个目的,这些学院在殖民地时期构建的基本都是"百科全书式"的教育体系,课程开始于理性思想的艺术——辩证法,交流的艺术——演讲和修辞学,有生命的和无生命的被创造领域——数学、物理,结束于非被创造的——神学,而上帝是这一教育体系的中心[①]。这一课程体系基本继承了英国的大学特别是牛津大学、剑桥大学的课程体系,从传统的"七艺"课程——文法、修辞、辩证法、算术、几何、天文和音乐等到后来日益世俗化的课程,如提高数学、物理学等课程的比重,均是美国殖民地学院的课程蓝本。以哈佛大学 1652 年四个年级的课程为例:一年级的课程有拉丁语、希腊语、逻辑学、希伯来语和修辞学;二年级的课程除继续学习一年级的课程之外,还要学习自然哲学;三年级的课程有物理学、知识哲学和道德哲学;四年级的课程在复习前面课程

---

① 张斌贤.美国高等教育史(上)[M].北京:教育科学出版社,2019:273.

的基础上学习数学等。18世纪中后期,受到启蒙运动、英国大学课程设置世俗化、北美地区特殊的社会风气等的影响,殖民地学院开始增设一些实用性的课程,如18世纪50年代,耶鲁学院开设了线性代数学、几何学、微积分等课程;1754年,国王学院增设了航海学、测量学、矿物学、地理学和家政学等课程。①

16—17世纪的牛津大学和剑桥大学,教师由三类人员构成:导师(tutor)、讲师(lecturer)和教授(professor)。导师负责个别化教学,并为学生的日常学习生活和宗教活动提供指导;讲师负责开设公共讲座,讲师和导师都在学院内工作;教授席位则是大学层次的,提供特定学科的专门讲座,面向整个大学。美国殖民地学院的创建者们曾试图将这一模式移植过来,甚至连教师的称谓和类型都直接效仿,但他们发现无法完全复制,因为殖民地时期饱学之士的数量实在太少了。殖民地学院早期一般是校长和两三名导师构成的教师队伍,校长几乎承担了所有的教学任务,导师主要监督学生的日常生活和学业,并负责学生的道德和宗教信仰的养成。导师们基本也没有受过系统的学术训练,只把这个行当当作打发时光的一种方式,一旦有机会获得神职,他们就马上辞去导师的工作。② 1721年,哈佛学院仿效牛津大学和剑桥大学的做法,接受了英国商人霍利斯(Hollis)的捐赠,设立了霍利斯神学教授席位;1727年,哈佛学院再次接受了霍利斯的捐赠,设立了霍利斯自然哲学和数学教授席位;1746年,耶鲁学院开始设立教授席位;1767年,新泽西学院也设立了三个教授席位。尽管在殖民地时期美国各学院尚未形成系统完善的教师职业阶梯,但形成了教授和导师两种教师类型并存的局面。通常情况下,一所殖民地学院都拥有一两名教授和三四名导师,教授负责教学,导师负责教学辅导和监督,且教授席位具有永久性。到18世纪后期,随着学科日益分化与细化,新学科不断被纳入学院,教授在学院中

　　① 张斌贤.美国高等教育史(上)[M].北京:教育科学出版社,2019:89.
　　② 张斌贤.美国高等教育史(上)[M].北京:教育科学出版社,2019:329.

的数量不断增多、地位也不断上升,这表明了殖民地学院的教师开始从临时职位向长期、稳定的工作升级转变,教师朝着职业化和专业化方向迈出了重要的一步。

正如英国牛津大学和剑桥大学的建立和发展与中世纪欧洲大陆的大学有着密切的联系一样,美国殖民地学院也直接影响了哈佛学院,而哈佛学院又促进了美国殖民地学院的发展。在学习、继承、效仿的基础上,北美殖民地学院也有所改变与创新,正如塞林所说,"殖民地时期美国的学院都是卓尔不群和错综复杂的,是传统、移植、缜密计划和无意识改造综合而成的混血儿"[①]。既然,殖民地时期的高等教育如此,那么其科研成果奖励的情况又如何呢?

三、科学奖励制度的萌芽

14—17 世纪,英国经历了文艺复兴运动,人文主义精神渗透到了英国社会的各个层面。个人作为世界的主体被重新发现,知识领域也发生了变化,传统学科开始走向世俗化,而作为自然科学的前身的自然哲学也开始突破神学的禁锢,在英国逐渐流行起来。此后,自然科学脱离自然哲学,经验主义、归纳逻辑和实验法等都得到了较大的发展,并涌现出了威廉·吉尔伯特(William Gibert 1540—1603)、弗朗西斯·培根(Francis Bacon 1561—1626)等优秀的自然科学家和实验家。越来越多的人开始对自然科学感兴趣,贵族、王室成员和商人阶层等开始资助自然科学的研究与实验,学者们开始聚会讨论科学的发展等。[②] 约在 1645 年,包含约翰·威尔金斯(John Wilkins)等在内的 12 名科学家聚在伦敦格雷山姆学院讨论培根在《新亚特兰提斯》中所提出的新科学,之后他们不定期举办讨论新哲学和自然科学问

---

① 张斌贤.美国高等教育史(上)[M].北京:教育科学出版社,2019:90.
② 姚远.近代早期英国皇家学会社团法人的兴起(1660—1669)[D].长春:吉林大学,2008:9-10.

题的各类聚会,参与讨论的成员也越来越多。因为不定期等原因,他们这个团体被称为"无形学会"。1658 年,因护国主克伦威尔时期的军事独裁,"无形学会"被迫解散。1660 年,查理二世复辟之后,伦敦重新成为英国科学活动的主要中心,对科学感兴趣的人数大大增加,人们觉得应当成立一个正式的科学机构。1660 年 11 月 28 日,"无形学会"的 12 名核心成员在格雷山姆学院商议将这个发展了近 15 年的聚会实体化后,该组织向国王提交了请求获得特许成为法人的请愿书。1662 年 7 月 15 日,查理二世颁布特许状,授予这个自发成立的固定科学小组社团法人资格书,并以"皇家"(Royal)命名,正式宣告了英国皇家学会(The Royal Society)成立。自成立至今,该学会一直是英国资助科学发展的最重要组织,在英国发挥着全国科学院的作用。它在世界上享有盛誉,也是当今世界上最古老且从未中断过的唯一科学学会,其宗旨一直是:承认、促进和支持科学的卓越,鼓励科学的发展和利用,以造福人类。① 英国皇家学会是一个独立的、自治的会员制的社团,不受政府的管辖与控制,而且制定章程等时无需取得任何形式的政府批准。但它与政府的关系又是密切的,因为它没有自己的科研实体,所以政府为其提供财政资助,支持其经营科学工作,包括:发掘科学精英,支持重要的科学研究及其应用;促进国际交流,推进强化科学、工程及技术在社会生活中的作用;促进教育及普及公众的科学知识,在科学、工程及技术领域提供独立且权威性的建议;鼓励科学发展史的研究,出版书刊传播科学研究的成果等。除了占其年度总收入的 79% 的政府拨款以外,该学会还有另外 21% 的收入来源是学会自己的投资、来自会员和社会的捐赠、出版物收入和工业界的研究合同等收入。② 1731 年,学会的会员杰弗里·科普利爵士(Sir Geoffrey Copley)的遗嘱捐赠设立科普利奖章(Copley Medal),主要奖励在

---

　① The Royal Society. Misson and Priortities[EB/OL]. (2019-07-01)[2020-02-03]. https://royalsociety. org/about-us/mission-priorities/.

　② 陈江洪,厉衍飞.英国皇家学会的科学文化传播[J].科普研究,2020(1):62-65.

物理学和生物学领域的杰出研究成果,这是学会最早的科学奖励,开创了科学奖励的先河,也是世界历史上最悠久的、最负盛名的科学奖励。当时,科普利奖章每年颁发一次,授予获奖者一枚镀金银质奖章,同时还奖励获奖者100 英镑的奖金。

随着英国人移民到北美大陆,自然科学兴起的浪潮也在美国殖民地兴起。18 世纪上半叶,北美大陆的 9 所殖民地学院陆续建成,教授职位得以设立,课程体系日益走向实用化和世俗化……北美殖民地的科学主义和实用主义精神也日益生长。在这样的背景下,美国的开国元勋本杰明·富兰克林(Benjamin Franklin)看到了科学的价值与意义以及北美殖民地对科学的需求,建立了美国历史上第一个学术团体——美国哲学学会(American Philosophical Society)。富兰克林不仅是美国政治家、《独立宣言》的起草和签署人,更是出版商、印刷商、记者、作家和发明家等,他曾经进行多项关于电的实验,发明了避雷针,还提出了电荷守恒定律等,被选为英国皇家学会院士。他受到当时自然科学浪潮和英国皇家学会对于科学的尊崇以及为推进科学发展所进行的努力的共同影响,认为美国也应该存在一个这样的自治组织,努力去推进科学和有用的知识,从而为北美殖民地的发展做出贡献。1743 年,他以英国皇家学会为蓝本创建了哲学学会,并于 1769 年将其改名为“美国哲学学会”,这是美国历史最早和最悠久的国家级学术团体,多年充当着相当于美国全国科学院的角色。这里的“哲学”并非当今普遍意义上的“哲学”,而是采用“哲学”一词“爱智”的原始意义表示热爱智慧、尊崇智力等,所有与“智慧、智力”等相关的领域均是美国哲学学会的范畴,而非仅仅限于“哲学”这一领域。当时美国哲学学会主要面向数学、物理、地理、生物科学和医学研究、社会科学、人文科学等领域,今天的美国哲学学会将上述领域划分为五个学术领域,即数学与物理、生物、社会科学、人文科学、技艺与公私领域。美国哲学学会并不教学,而是通过各项活动支持研究与发现,从而为学者服务。其主要的宗旨是“促进有用的知识”,以提升北美殖民地的科学知识水平。与英国皇家学会一样,美国哲学学会也实行会员制,通过投票选举将本国和国外各领域的优秀学者吸纳为会员。①

　　1785 年 9 月 17 日,英国人让·海辛斯·麦哲伦(Jean-Hyacinthe Magellan)致信美国哲学学会,询问该学会是否愿意接受 200 几内亚(Guinée,英国旧时金币)的捐赠以设立年度科学奖,预计向航海或自然哲学领域的最佳发明或有用的改进发放奖励,奖品是一块纯金的椭圆形盘子,上面刻有日期、获奖者名字、协会主席名字等,其他装饰是协会的印章和丝绸丝带。如果协会同意,他将托他的朋友塞缪尔·沃恩(美国哲学学会 1784 年的会员)发放这 200 几内亚。1786 年 1 月 24 日,协会的创始人和时任美国总统本杰明·富兰克林致信麦哲伦,"感激地接受"这一捐赠,并成立一个委员会专门根据他的意图制订该奖项的规则,只是在获奖的范围内增加了天文学。同年,美国哲学学会便设立了麦哲伦奖(Magellanic Premium of the American Philosophical Society),主要奖励航海、自然哲学、天文学等领域的研究者,并于 1790 年首次颁奖,奖励金质奖章一枚,该奖成为美国历史上最古老的科学成就奖。1790 年的获奖者是弗朗西斯·霍普金森(Francis Hopkinson),获奖原因是他设计了一个协助航行的弹簧座。1792 年的获奖者是罗伯特·帕特森(Robert Patterson),获奖原因是他进行了金属导体或避雷针的改进。1795 年的获奖者是尼古拉斯·柯林(Nicholas Collin),获奖原因是他发表了一篇关于快速电梯的文章。② 在美国哲学学会的引领下,1780 年 5 月 4 日,美国人文和科学院(American Academy of Arts and Sciences,又称美国文理科学院、美国艺术科学院,翻译的不同)在马萨诸塞州成立。该组织"鼓励和推进古典知识和自然史知识,决定各种自

---

　　①　American Philosophical Society. About the APS[EB/OL]. (2019-07-01)[2020-02-01]. https://www. amphilsoc. org/about.

　　②　American Philosophical Society. The Magellanic Premium of the American Philosophical Society[EB/OL]. (2019-07-01)[2020-02-11]. https://www. amphilsoc. org/prizes/magellanic-premium-american-philosophical-society.

然事物在这个国家中该如何得到运用,鼓励和推进医学发现、数学研究、哲学探索和实验,天文、气象和地理学的观察,农工商业的改进。总之,要推动每一门能够促进一个自由、独立和有道德的民族的利益、荣誉、尊严的科学和艺术的发展……"①

麦哲伦奖,作为美国最古老的科学奖励,是面向美国哲学学会成员的。当时美国哲学学会的成员主要以美国各个科学领域的顶尖学者为主,既有来自殖民地学院的教授,也有社会相关机构或组织的研究者。鉴于缺乏历史资料,无法考证到它早期的获奖者来自什么机构。但当时,北美社会的学术职业尚不成熟,可以大胆猜测的是,大学教师成为主要获奖群体的概率并不高。当前,尚无资料直接阐述麦哲伦向美国哲学学会捐赠设立麦哲伦奖的直接动机,但无论如何,科学特别是自然科学在当时社会的兴起并受到人们的尊崇、英国社会和宗教的捐赠传统、学术职业的逐渐形成和英国皇家学会的科普利奖等都是麦哲伦奖得以设立的重要背景和原因所在。由此可见,美国科学奖励的萌芽或者起源既是学习与借鉴英国的结果,又是北美社会发展的需要,它不是一个偶然的历史产物,而是社会发展、科学进步、宗教传统等多方面因素的综合产物。麦哲伦奖的设立,不仅是对科学家、发明者们的极大肯定与鼓舞,也说明了科学研究真正进入了社会的视野,人们看到了科学研究的价值与意义,愿意通过肯定与激励科学家的努力与成果等形式来投入科学事业,以促进科学和社会的进步。与此同时,科学奖项的设立与颁发,也是促进学术团体、科研组织日趋成熟的一个重要因素,同时刺激与促进了学术团体、科研组织等得到更好的发展,进而吸纳更多优秀的会员以及更多对科学奖项的捐赠等,以实现良性发展。

①　张斌贤.美国高等教育史(上)[M].北京:教育科学出版社,2019:253-254.

第二节 科研成果奖励制度的扩张阶段：
1791—1944 年

一、社会背景

在独立战争期间，美国大陆会议制订了邦联条例，1781—1787 年 13 州组成了邦联国会，宣布成立美利坚合众国。1787 年，费城召开制宪会议，大州和小州的代表经过争论，同意每州均选出两名参议员；在蓄奴制问题上，北部对南部做出了重大妥协，默认奴隶制存在，在征税及分配众议员席位方面，南部黑奴均以五分之三的人口计算。大陆会议最后制定了宪法草案，这是世界上第一部成文宪法。该法案于 1791 年 12 月，经 11 个州批准后生效。根据宪法，美国成立了立法、行政、司法三权分立、相互制衡的联邦制国家，1788 年，乔治·华盛顿当选美国第一任总统。但是英国一直不甘心丧失北美殖民地，英舰在公海上继续拦截美国船只，强制征用美国海员。为了维护航海自由，1812—1814 年美国掀起了第二次对英战争，1814 年 8 月，英国一度占上风，曾攻占首府华盛顿、焚烧总统府及国会，但在美国人民艰苦卓绝的努力下美国取得了最终胜利。1814 年 12 月，英美在今比利时的根特签订和约，至此，美国摆脱了英国对其政治的控制和经济的渗透，成为一个完全独立的民族主权国家。

随着第二次对英战争的胜利，美国由反抗殖民地侵略一步步变成新的殖民者，开始蚕食周边地区，其领土逐渐由大西洋沿岸扩张到太平洋沿岸。在领土扩张的同时经济也发生了显著的变化：北部和南部的经济沿着不同方向发展。南部以黑人奴隶劳动制为主的棉花种植园经济不断扩大，由大西洋沿岸各州扩张到了得克萨斯境内。北部早在 1790 年就在罗德岛建立了美国的第一座棉纺厂,随后陆续出现了其他工厂,工业生产得以发展;并大力引进西欧的科学技术,鼓励创造发明。19 世纪 50 年代其工业化迅速推进,1860 年美国工业生产居世界第四位。随着美国领土的扩张和经济的发展,西欧移民大量涌入,并向西迁移,为其发展经济提供了自由雇佣劳动力。那么,在西北新开辟的地区,到底是推广自由劳动力制度还是南部的奴隶制呢? 美国南北部代言人争执不休,1820 年北部作出让步,达成《密苏里妥协案》。1854 年,反对奴隶制的共和党成立。1856 年,代表奴隶主利益的民主党(1828 年成立)人布坎南当选美国总统。1857 年,美国最高法院作出斯科特案判决,其法律含义就是将奴隶制推向全美。1860 年,共和党人林肯当选总统,蓄谋已久的南部 11 个州于 1861 年 4 月宣布脱离联邦,并占领了沙姆特炮台,美国历史上最大规模的内战——南北战争爆发,当时美国北方表示:为了统一将不惜一切代价。战争初期,北方实力大大超过南方,主要体现在人口、工业、铁路和粮食等方面,但南方有充分的军事准备、拥有精良的军队和装备等,所以在内战的最初阶段,北方接连失败且损失惨重。在这种情况下,林肯总统意识到了解放奴隶的重要性与必要性。1862 年 5 月,林肯颁布了《宅地法》,站在了废奴的一边,孤立了南部;1863 年 1 月 1 日,再次林肯颁布了《解放宣言》,将黑人奴隶视为自由人,允许参军,短期内有 18.6 万名黑人参加了联邦的军队。之后,随着 7 月 1 日的葛底斯堡大捷,南北战争发生转折,北方在军事上出现了转机。1864 年 9 月,在谢尔曼将军的指挥下的北军一举攻下亚特兰大,两个月后开始了著名的"向海洋进军",进而使南方的经济陷于瘫痪。1865 年初,南方奴隶纷纷逃亡,南方经济濒临瓦解。1865 年 4 月 9 日,南部同盟军总司令投降,南北战争以北方即联邦的胜利宣告结束,从此,全美各地不再实施奴隶制度。

为了战后南部的重建,早在 1863 年 12 月 8 日林肯总统在《大赦与重建宣言》中就提出了宽大和解的重建纲领,并于 1864 年到 1865 年间,在路易斯安那、弗吉尼亚、阿肯色、田纳西 4 个州开始实施。1865 年 4 月 14 日,林肯总统遇刺,副总统约翰逊继任总统,同年发布《大赦宣言》,之后北卡罗来纳、南卡罗来纳、佐治亚、密西西比、亚拉巴马、得克萨斯和佛罗里达7个州进入重建。但在重建过程中,南部各州的前同盟政府官员和奴隶主们操纵了各州的议会和政府机关,采取了一系列反动措施,并组建了"三K党""白人兄弟会"等组织,剥夺黑人的选举权、实施各种暴力恐怖活动。随后,联邦将之前叛乱的10个南部州(其中田纳西州已被国会接纳)划分为5个军区,由联邦实施军管。在军事当局的领导下,南部各州先后确认了黑人的选举权、建立了黑白人混合的民主政府、废除奴隶制度、承认联邦的统一等,美国进入真正的统一。真正统一后的美国,经济进入了快速发展阶段,从内战到第一次世界大战的近半个世纪里,美国从一个农村化的共和国变成了一个城市化的国家:机器代替了手工,产品大量增加;全国性的铁道网,增进了商品流通;许多新的发明创造应运上市,以满足大众的需要;工商业经营不断扩大等。1914年第一次世界大战开始后,美国宣布中立,并向交战双方提供军火,还对协约国进行贷款等,经济日益繁荣。1917年,德国潜艇击沉美国船只,美国于1917年4月6日发布通知对德宣战,1918年11月停战。第一次世界大战之后,美国成了贷出了100亿美元的债权国,一跃成为世界上最富有的国家。20世纪20年代,美国经济经历了萧条、稳定、新高涨等的反复与发展,并于1929年在全世界首先爆发了经济危机,进而导致了1929—1933年全世界性的经济危机。1932年,罗斯福当选美国总统,实施了一系列由国家对经济进行广泛干预和调节的"新政",通过整顿金融、复兴工农业、举办救济事业、成立众多的机构来改革经济和银行体系等,从经济危机的深渊中挽救了美国。1939年9月,德国进攻波兰,第二次世界大战全面爆发,二战初期美国奉行中立立场,并在1941年3月签署《租借法案》,向德意日作战国提供物资。1941年12月7日,日本偷袭美国珍珠港并重创了太平洋舰队;12月8日,美国对日宣战;1942年5月,美国在瓜达尔卡纳尔岛战役中击败日军,太平洋战争出现转折。1943年9月意大利投降、

1945 年 5 月德国宣布无条件投降、1945 年 9 月日本宣布无条件投降，第二次世界大战结束。第二次世界大战结束时，美国作为唯一一个本土未遭受战争破坏的资本主义大国，还生产和输出了大量的军备物资，使其经济得以迅速繁荣，成了当时世界上唯一的超级大国。

独立之后，美国不断西进，疆域不断扩大。在经历了内战、废奴之后，美国实现了真正意义上的统一，随后进入了经济快速发展、领土不断扩张的历史发展阶段，迅速推进工业化和城市化的进程。第一次世界大战、第二次世界大战又使得美国愈发的繁荣富强，成为世界超级大国。在这样扩张、大发展的社会背景之下，美国的高等教育发展情况如何呢？

二、高等教育背景

18 世纪下半叶以来，美国开国元勋、第三任总统杰斐逊为了使殖民地学院尽快摆脱与大英帝国和特定教会的控制，使殖民地学院从效忠大英帝国、服从教会转为为美利坚合众国和公共利益服务，一直在努力改革威廉玛丽学院，但该学院的改革进展缓慢，与他的期望相距甚远。1800 年 1 月 18 日，杰斐逊给普里斯特利（Priestley）写的信中表达了他对威廉玛丽学院的失望，并表明自己想在弗吉尼亚建立一所公立大学，以教授所有有用的科学学科，为共和国和各州培养才智精英。之后，经过杰斐逊多年的努力，1818 年 8 月 1 日，弗吉尼亚大学的第一次筹备会议举行，当时已经不再是总统且已经 75 岁高龄的杰斐逊作为会议主席，在这次会议上牵头讨论了关于建立这所大学的五个重要问题：大学的选址、建筑的建设规划、教授的学科、教授席位的数量和类别、管理和组织大学以及州应该提供的资助等。当年 12 月，州议会讨论通过创办弗吉尼亚大学的提议；1819 年 1 月 5 日，州参议院审议通过该筹划，美国第一所公立的高等院校——弗吉尼亚大学通过立法，但该校在 1825 年 9 月 30 日才正式开学，第一次招收了 116 名学生。现在普遍的看法是弗吉尼亚大学是美国第一所公立大学，也是美国第一所真正意义上的州立大学,它的创立耗时近 40 年——自 1779 年威廉玛丽学院公立化改革失败到 1800 年第一次提出设想,到 1819 年设想通过立法,再到 1825 年招生等,这是一个十分艰难的过程。在杰斐逊精心谋划和创办弗吉尼亚大学的过程中,东部的北卡罗来纳、佐治亚等也在努力创办自己的公立高等教育机构:1795 年北卡罗来纳大学正式开学、1801 年佐治亚大学正式开学;西部自颁布《1785 年土地法令》之后也开始了公立高等教育机构的创设:1804 年西部第一所公立高校俄亥俄大学创立、1809 年迈阿密大学建立。不同的大学在提议创办大学、通过州议会和州立法、开学、招生等的时间和过程上各有不同。为什么弗吉尼亚大学是美国第一所公立大学呢?究竟哪所大学才是美国第一所州立大学呢?这样的争论一直都存在,但并没有确切的结果,结果也许不重要,重要的是当时的美国有识之士都看到了高等教育的重要性,以及区别于殖民地学院的新型公立高等教育机构的现实需要和必然性。这些大学的创办也标志着美国开启了属于自己"美国式"的高等教育道路,在西方高等教育史上,美国公立大学的实践走在了世界的前列。

南北战争不仅让美国迅速地推进工业化和城市化的进程,使美国社会财富急剧增加,更为其高等教育的迅速发展奠定了必要的物质基础,也催生了旺盛和多样的高等教育需求。南北战争前,美国高等院校以九所殖民地时期建立的学院、少量的州立大学和州立学院为主要阵地,以精英教育为宗旨且主要培养本科层次的人才。1862 年,美国颁布了高等教育历史上最重要的法案——著名的《莫雷尔法案》(Morrill Land-Grant Act),其最重要的规定为:按各州的国会众议院人数的多少分配给各州国有土地,各州应当将这类土地的出售或投资所得收入,在 5 年内建立至少一所"讲授与农业和机械工业有关的知识"的学院。后来这类学院被称为"农工学院"或"赠地学院"。基于该法案,有些州直接建立新的赠地学院,1848 年建成的倡导高等教育为民主社会的所有需要服务的威斯康星大学是典型代表;有些州则在原有州立大学的基础上增加农业和机械教育的功能;还有些州则将已有的学院改建成赠地学院或大学。这不仅直接推动了美国高等农业教育的快速发展和高等农业教育体系的初步形成,促进了工业教育和技术教育在高等院校的扎根与发展,而且从根本上改变了美国高等教育的定位、结构和功能,成为美国高等教育历史发展的分水岭。该法案颁布之后,美国从仅有几所赠地学院,到 1871 年发展到了 29 所,到 1896 年发展到了 69 所。除了赠地学院的大量兴建,初级学院(即社区学院)的兴起与发展是美国高等教育的另一个特色,标志着美国高等教育的结构日益完善并形成了一个完整的系统。1892 年,哈珀(William R. Harper)担任新成立的芝加哥大学的校长,他将大学四年制从中间分开,前两年称为基础学院(academic college),后两年称为大学学院(university college),那些不适合继续学习的学生在二年级结束时可以选择终止学习,从而保障大学可以集中力量于高一级的教学和科研;1896 年,他将这两个学院改为初级学院和高级学院。1907 年,加利福尼亚州率先以立法的形式批准创立了初级学院。初级学院可以提供大学前两年的学术课程,也可以开展农业、手工、家政等领域的职业技能教育,既可以是学习两年便结业的终结教育,也可以是为大学三年级做准备的转学教育。初级学院这种形式很快在美国其他州先后建立,并得到了大学的正式认可。1915 年,美国有 74 所独立的初级学院;1922 年,全美有 207 所初级学院;20 世纪 30 年代,美国初级学院已经有 450 所。随着赠地学院或赠地大学、初级学院等新型高等教育机构的相继建立,美国高等教育迅速扩张,这主要体现在美国学院和大学的数量与规模上[1](见表 3-2)。

---

① 张斌贤.美国高等教育史(中)[M].北京:教育科学出版社,2019:4.

表 3-2　1870 年、1945 年美国高等教育情况

规模	1870 年	1945 年
美国人口/人	39818449	139924000
注册大学生数/人	63000	1677000
教师数/人	5553	150000
学院数/所	250	1768
授予学位(本科、硕士、博士)数/个	9372	157349
年收入/千美元	14000	1169394

除了数量和规模的大扩张以外,在这段历史时期,美国高等教育的另一个重要变化是"转型"。如果说殖民地时期到 19 世纪后期学院时代,美国高等教育的发展外部动力是英国的话,那么德国大学则是美国学院向现代大学转型的重要外部动力。1810 年 10 月,亚历山大·冯·在洪堡(Wilhelm von Humboldt)等的努力下,洪堡大学得以建立,该大学最主要的原则是尊重自由的学术研究,并以增进知识为最终目的,并以科学研究为主要任务。在洪堡大学建立之前,欧洲和美国的大学大都沿袭修道院式的教育传统,以培养牧师和公职人员为目标,洪堡大学建立之后,增进知识、教学与科研相结合等理念在欧美各大学传播,美国成为最大的受益者。在整个 19 世纪,美国出现了大批德国大学的忠实追随者,赴德留学的美国学者或按照德国模式对传统学院进行改革,或思考创建美国自己的研究型大学,进而完成了美国的学院到大学的转型。具体的转型方式有三种:第一种是仿效德国大学,直接创建美国的研究型大学,约翰·霍普金斯大学是这一类的典型代表。1873 年,美国巴尔的摩市富商约翰·霍普金斯(John Hopkins)去世时捐赠 700 万美元的遗产用于创建一所医院和一所大学,并要求医院成为大学医学院的一部分。1874 年,约翰·霍普金斯大学董事会邀请时任加利福尼亚大学校长的丹尼尔·吉尔曼(Daniel C. Gilman)担任校长。1876 年,吉尔曼担任霍普金斯大学校长。同年秋天,霍普金斯大学正式开学,其目标是

成为美国第一所真正意义上的研究型大学：以"增进高深学问"为目标、重视研究生教育、聘请一流学者为师资、高度重视科学研究等。第二种是改革传统的学院成为研究型大学，其中查尔斯·埃利奥特（Charles W. Eliot）领导的哈佛学院是这一类的典型代表：改革哈佛学院（本科生院），充实和健全本科生教育；创建研究生院，发展研究生教育；改革和发展专业学院，进一步健全和完善大学的组织机构与职能，使哈佛大学转变为一个组织健全、功能完备的现代大学。第三种是在约翰·霍普金斯大学的启发下，创建更具美国特质的新型研究型大学，如 1887 年由富翁克拉克捐资创建的克拉克大学、1890 年由石油大王洛克菲勒捐赠创立的芝加哥大学、1891 年由痛失爱子的富商斯坦福捐资创立的斯坦福大学等。这类大学既不像哈佛大学和耶鲁大学那样在古老的学院体系基础上除旧布新，也不像约翰·霍普金斯大学那样着力效仿德国，而是在美国高等教育自 19 世纪以来不断学习和积累改革经验的基础上创建的全新的大学，如斯坦福大学就将德国大学的科研理念和美国实用主义精神完美融合。一些赠地学院，如加利福尼亚大学、密歇根大学和威斯康星大学等相继改革和转变成为研究型大学。在兴建或转型成为研究型大学的热浪背后，还有一部分殖民地学院，也就是当今被誉为"美国本科教育最佳典范"的文理学院，它们作为美国高等教育的先驱，一直致力于提供优质的本科教育从而备受瞩目。迄今为止，它们始终以本科教育为最核心事务，具有"小规模、寄宿制、低师生比、关注学生全面发展、致力于培养富有教养和思想健全的公民"等特征。[①] 1900 年，在哈佛大学、哥伦比亚大学、约翰·霍普金斯大学、芝加哥大学、加利福尼亚大学五所大学校长的倡议下美国大学联合会（Association of American Universities，简称 AAU）成立了。美国大学联合会致力于建立大学的统一标准，它的成立标志着研究型大学和现代大学制度在美国的建立。美国基本形成了以初级学

---

① 张斌贤. 美国高等教育史（中）[M]. 北京：教育科学出版社，2019：210.

院、文理学院、州立学院或大学、研究型大学等为层级的高等教育系统,也基本形成了由副学士、学士、硕士和博士构成的学位体系。

　　在独立战争后,美国各大学的课程已经有了科学课程、专业课程等的萌芽,但古典课程等依然占最主要的位置。随着美国经济、社会等的不断发展,对于实用性课程、专业课程等的需要和呼声越来越高。尽管有著名的《1828年耶鲁报告》(The Yale Report of 1828)为古典课程发声,但依然没能阻挡住古典语言课程、自由教育课程和道德哲学课程等在大学的减少,以及专业教育课程在大学课程中数量的增加及其地位的上升。1869年,埃利奥特就任哈佛大学校长,他担任哈佛校长四十年里的主要功绩之一便是成功推行了选修制。随着选修制在哈佛大学的成功推行,美国其他高等教育机构纷纷开始实施选修制。选修制使人们普遍认同学院和大学的所有科目具有同等的价值,从根本上动摇了以往古典人文课程高于其他学科课程的思想,为现代语言、自然科学、社会科学等知识领域在高校课程体系中取得合法地位提供了制度保障,并加速了科学课程和实用课程的发展,科学教育和专业教育取代了古典课程为主的自由教育。20世纪初期,赫钦斯在芝加哥大学推行了"芝加哥计划",即名著阅读计划,对美国高校的课程设置产生了一定的影响。受到赫钦斯名著课程的影响,以及二战的冲击等,美国高等教育的领导人士开始着力于思考"大学应该扮演什么角色""大学教育的功能是什么"以及"大学应设置什么样的课程来实现教育功能"等问题。1943年,哈佛大学校长柯南特组建了通识教育(非专业非职业的、面向所有学生的、与历史上的自由教育同义的一种教育概念)委员会,以研究大学的通识教育和课程设置问题。历时两年的调查研究,1945年该委员会发布了名为《自由社会的通识教育》(General Education in A Free Society)的调查报告,这是大学课程发展史上最为重要和最具影响力的调查报告之一,它真正确立了通识教育在大学课程中的地位,也厘清了通识教育和专业教育在大学课程中各自的作用与地位。此后,"通识教育＋专业教育"的课程体系在全美各高等教育机构逐渐得以成形,美国高等教育机构的课程体系在课程数量大量增加的背景下也日益完善和成熟。

独立之前,美国各高等教育机构的导师和教授分别处于两个完全不同、互不交叉的职业轨道,很少有导师能够成为教授,因为导师一般由大学刚毕业的年轻人担任,而教授则一般从学院外聘请。1825年,哈佛大学开始在学院内建立学系,随后很多大学也跟着建立学系。学系通常包括本质上相似或相近的学科,由一位教授负责学系的各项工作,教授拥有提名教师、监督和管理的权利。随着学系的建立,推动了教授数量的大量增长。据不完全统计,1841年,全美院校的教授已经达到374名,人数是1800年的近四倍。在教授数量增长的同时,导师在不断减少乃至最终消失。与此同时,讲师和助理教授作为新兴的初级教师类型开始出现,且都是在哈佛大学率先出现,但与导师不同的是,讲师和助理教授通常是接受过特定学科训练的专业人员。19世纪中期前后,一些学院开始为讲师和助理教授晋升为教授建立渠道,随后这种晋升渠道愈发的稳定与完善。19世纪60年代,哈佛大学有四分之一的初级教师晋升为教授,到19世纪70年代,大多数初级教授都能晋升为教授。[①] 讲师、助理教授、教授等教师职位和职能的分化,体现了大学教师职业的日益专门化;同时,由之前的双轨转变为有稳定晋升渠道的单轨,也意味着大学教师职业阶梯雏形渐显。到19世纪末期,随着美国学术的日益专业化,过去那些能够胜任不同学科教学任务的博学之士,逐渐被精通某一学科的专家所取代,博士学位成为从事大学教学和科研的必备资格,大学教师开始向专业化和职业化发展。大学逐渐形成讲师、助理教授、副教授、正教授的学术等级制度,不同等级的教授享有不同的权利,如芝加哥大学对副教授以下职位的教师实行短期雇佣,而副教授、正教授等则享有长期雇佣的权利。19世纪末期,美国大学教师的数量剧增,大学教师职位

---

① 张斌贤.美国高等教育史(上)[M].北京:教育科学出版社,2019:335.

渐趋饱和,尤其是一些著名大学教师职位的竞争非常激烈,教师的职业安全受到威胁。1900 年,美国斯坦福大学因利益冲突解聘了其校内的经济学教授罗斯,引发了全社会对大学教师职业安全的关注。1915 年,致力于建立学术职业标准、发布学术自由声明、大力推行大学教授终身制度的美国大学教授协会(American Association of University Professors)成立,并通过颁布《1915 年原则声明》和《1940 年关于学术自由和终身教职制的原则声明》等来保障大学教师的职业安全,美国大学教授协会的成立是美国学术职业初步形成的主要标志。由此,二战前后,美国大学教师职业已经完成了专门化和职业化的历史进程,并形成了成熟且系统、稳定且有序的学术职业阶梯和体系。

从独立到二战,美国不仅经历了高等教育机构、课程、大学教师等在数量和规模上的扩张,也经历了殖民地学院的改革或坚守、新型大学的创建等转型发展,美国高等教育的学位体系、层级体系、系统结构均得以完善和成熟,大学教师职业也完成了职业化和专门化的进程,形成了稳定且有序的学术职业体系,逐步发展成了具有美国特色的美国式高等教育系统。在这样扩张与转型、改革与发展、日趋成熟与完善的高等教育大发展背景下,其大学教师的科研成果奖励又经历了怎样的发展呢?

三、科研成果奖励制度的扩张

1786 年美国哲学学会创设的麦哲伦奖主要面向航海、天文学和自然科学领域的有用的发明或改进,这是美国科学奖励的萌芽。此时的科学奖励,在目的上与当今的科研成果奖励一致,都是为了激励人们努力进行有用的发明或改进,但在具体的组织上、程序上等仍然比较原始,专门化、专业化的色彩还很弱。而且,当时只有零星的科学奖励,在社会中还属于比较少见的现象。那么,从什么时候开始,科学奖励越来越专业和完善,而且数量越来越多呢?这源于大学教师逐渐专业化与职业化,大学逐渐有了科研功能,大学教师慢慢演变成了"学术人",并逐渐成为美国学术界的主要力量。

从殖民地时代开始,包括哈佛学院在内的殖民地学院就不乏对知识孜孜以求的教师和学者,他们开展学术研究,但是这种学术研究往往是出于个人的兴趣,并非学院的职责所在。而且,当时很多学院的教师都没有接受过系统的学术训练,所以这个时期从事的学术研究,基本是出于闲逸的好奇,即"绅士的兴趣"而已。进入19世纪,随着各个学院教授人数的逐渐增加,一些殖民地学院相继从欧洲购买了一些科学仪器,越来越多的教授开始参与科学研究。1820年前,哈佛大学前后有四任教授从事了学术研究活动,并出版或发表了相关的研究成果,如格林伍德撰写了北美第一部数学著作《格林伍德之书》(Greenwood Book);温斯洛普曾利用数学方法分析和解释里斯本大地震,发表了相关论文,并赴纽芬兰观察水星凌日现象,这是第一次由北美殖民地发起的科学考察;韦伯撰写了两卷本的《数学系统》,该著作成了新英格兰地区的通用数学教材;法勒对1815年席卷纽约和波士顿的"九月狂风"进行了研究,得出了关于飓风本质的结论,等等。由此可见,科学研究和学术活动19世纪初期开始在一些殖民地学院出现。与此同时,还有一些教授积极参与学术组织的活动,致力于学术交流和知识传播。据统计,1800年左右,殖民地学院共124位教授,其中15名加入了美国哲学学会(American Philosophical Society),7位加入了美国人文和科学院(American Academy of Arts and Sciences,又称美国文理科学院、美国艺术科学院,于1780年成立),还有一些加入了爱丁堡、巴黎、伦敦、罗马、乌德勒支、哥廷根、曼海姆等地的科学学会组织。自19世纪20年代起,美国科学界逐渐出现了从业余群体到专业团体的转变,越来越多的学院教师开始投身于科学研究工作,日益成为美国学术界的主要力量,这主要体现在如下几个方面。

第一,刊登学术论文的专业期刊逐渐增多,学院教师成为发表论文的主体。1805年,美国只有12种杂志发表科学论文,1845年已经有76种杂志发表科学论文了。美国最知名的杂志是 1818 年创刊的《美国科学期刊》（*American Scientific Journal*），主编是耶鲁学院的西利曼教授，副主编是哈佛大学植物学教授格雷和动物学与地质学教授阿加西。1800—1860 年，共有 1600 名科学研究者在美国的期刊上发表了 9000 多篇论文，产出最多的作者来自耶鲁学院、哈佛大学和宾夕法尼亚大学。1815—1845 年，美国发表论文最多的有 56 名学者，其中 41 位来自大学。第二，专业组织相继成立，学院教师成为专业组织的核心力量。1800 年，全美共有 4 个科学学会，1830 年有 26 个，1860 年已经有 93 个了。1848 年成立的美国科学促进会（American Association for the Advancement of Science，简称 AAAS）是当时世界上最大的多学科科学组织，虽然它对外开放，但最早的 461 名会员中，15％是来自学院的教授，主要负责人也是学院教授，学会决策委员会的 12 名委员中有 10 位是学院教授。与此同时，专业领域的学术组织陆续得以建立，1860 年已经有 17 个专业领域的学会了，如天文学、化学、农学、植物学、医学等。与欧洲不一样的是，美国的大学教师是这些学会组织的主体。第三，学院中出版著作、参加学会组织的教师比例越来越高。1820—1840 年，哈佛大学出版著作和参与学会组织的教师数量增长了一倍。1845 年，鲍登学院 70％的教师都出版或发表了本专业的作品，接近 30％的教授参加了各种科学学会；布朗大学将近一半的教师出版了著作，一半的教师参与了科学学会；密歇根大学 60％的教师出版了著作，40％的教师参与了学会组织。1851 年，达特茅斯学院有 13 位教师，9 位都出版了著作或教材抑或发表了论文。尽管到 19 世纪中期，学院教师的主要工作仍是教学，但学术研究活动已经成为其工作的重要组成部分，越来越多的教师开始自觉从事学术研究并参与国内外的学术活动，高校教师越来越成为"学术人"（academic man）。[1]

---

[1]　张斌贤.美国高等教育史（上）[M].北京:教育科学出版社,2019:351-354.

　　1860 年以来,随着科研功能成为大学的主要功能之一及高校教师的主要职能之一,知识日益发展并不断学科化;随着高校数量的扩张,美国高校教师的队伍也不断壮大。在这样的背景下,美国的学术组织也日益兴盛,它们通过两种形式来建立自己的组织,一类是在已有学术组织的基础上分化产生新的分支,如美国科学促进会分化产生了美国化学学会(American Chemical Society,1876 年)、美国数学学会(American Mathematical Society,1888 年)等,另一种方式是建立新的学术组织,如美国现代语言学会(Modern Language Association of America,1883 年)。从 1876—1905 年,美国共建立了 15 个专业协会,平均每两年一个,除了前面的美国化学学会、美国数学学会、美国现代语言学会以外,还有美国历史学会(American Historical Association,1884 年)、美国经济学会(American Economic Assocation,1885 年)、美国地质学学会(Geological Society of America,1888 年)、美国心理学会(American Psychological Assocation,1892 年)、美国天文学会(American Astronomical Society,1899 年)、美国物理学会(American Physical Society,1899 年)、美国哲学协会(American Philosophical Association,1901 年)、美国政治学学会(American Political Science Association,1903 年)、美国社会学学会(American Sociological Association,1905 年)等。到 1908 年,美国不仅有 120 个全国性的学术团体和组织,还有 550 个地方性的学术团体。19 世纪末期,美国的医学开始分化,也纷纷成立了一些专业学会,如美国眼科学学会(American Ophthalmological Society,1864 年)、美国神经病学学会(American Academy of Neurology,1875 年)等。进入 20 世纪,特别是 20 世纪 20 年代以后,自然科学、社会科学和人文科学的一些分支学科也纷纷出现,并建立自己的专业协会,如计量经济学学会(Econometric Society,1930 年)、美国体质人类学学会(American Association of Physical Anthropologists,1930 年)、美国人口学会(Population Association of America,1932 年)、社会问题心理研究学会(Society for the Psychological Study of Social Issue,1936年)、美国犯罪学学会(American Society of Criminology,1936 年)、城市学学会(Urban Sociological Society,1937 年)、应用人类学学会(The Society for Applied Anthropology,1941 年)、经济史学会(Economic History Association,1941 年)、美国公众舆论研究协会(American Association for Public Opinion Research,1945 年)等。

随着专业组织和学术团体的大量建立,特别是约翰·霍普金斯大学作为美国第一所研究型大学建立以后,科学研究在高校和大学教师的职业生涯中变得越来越重要,发表科研成果也变得越来越重要,所以,学术期刊也得以大量创办:如《美国数学杂志》(1878 年)、《美国化学杂志》(1879 年)、《美国语言学杂志》(1880 年)、《政治经济学杂志》(1885 年)、《现代语言注解》(1886 年)、《经济学季刊》(1886 年)、《技术季刊》(1887 年)、《古典语言学研究》(1887 年)、《哈佛法律评论》(1887 年)、《经济学研究》(1895 年)、《美国社会学杂志》(1895 年)、《美国神学杂志》(1897 年)、《植物学杂志》(1902 年)、《动物学杂志》(1902 年)、《美国考古学杂志》(1903 年)、《现代哲学》(1903 年)、《古典哲学杂志》(1904 年)、《地球科学研究杂志》(1906 年)……与专业学术组织的创办相似,随着知识的分化,专业期刊在 1900 年后也开始分化,1900 年之前创办的都是基础学科的期刊,而 1900 年以后大多是专业分支学科期刊。研究者韦尔纳·克拉普(Verner Clapp)的统计显示:19 世纪共有 1555 种科学期刊,而 20 世纪上半叶,世界科学期刊目录至少列出了 50000 种,这很大程度上归因于专业分支学科期刊的创办。1945 年,美国学者联合会的统计显示,历史学就有 86 种期刊。[①] 专业期刊及学术期刊的大量增加,改变了知识的传播方式,不仅为高校教师提供了交流学术研究成果的阵地,更为高校提供了对学者的学术水平和声望进行评价的

---

① 张斌贤.美国高等教育史(中)[M].北京:教育科学出版社,2019:231.

标准,从而使学者的研究工作能够得到外在的客观评价。

　　学者的研究工作和成果可以出版著作、在专业期刊上发表论文等形式呈现,从而获得外在的客观评价,但如何来激励科学研究工作者特别是以大学教师为主体的科学研究工作者进行科研工作和产出科研成果呢? 又如何来评价这些大量出版的专著、发表的论文呢? 科学奖励则在一定程度上可以发挥激励与评价的作用:1839 年,美国人文和科学院设立了拉姆福德奖(Rumford Prize),主要奖励在光和热领域做出杰出贡献的科学家;[①]1886 年,亨利·德雷珀的遗孀向美国国家科学院(National Academy of Sciences,1863 年成立)捐资成立亨利·德雷珀奖,主要奖励天文学领域的原创性、突破性的研究;1887 年,詹姆斯·克雷格·沃森向美国国家科学院捐资设立詹姆斯·克雷格·沃森奖,主要奖励在天文学领域的杰出研究成果;1888 年,莎拉·朱莉娅·史密斯(Sarah Julia Smith)为纪念其丈夫向美国国家科学院捐资设立劳伦斯·史密斯奖,主要奖励在流星体研究领域有突出成绩的学者。[②] 1888 年,亨利·M.菲利普斯的妹妹向美国哲学学会捐资,以奖励对法学、哲学和科学(jurisprudence philosophy and science)真正有价值的最佳论文等等。[③] 自独立之后到 1900 年左右,这一时期的美国科研成果奖励主要有五个方面的特点:一是基本由民众自发捐赠设立,或以某一学术团体的会员或者亲戚朋友向该学术团体捐赠而设立,专业组织或者学术团体出资设立的科学奖励很少;二是这些奖励以面向自然科学领域为主,不管是面向人文、社科和自然科学等多个领域的美国哲学学会、还是美国人文和科学院,抑或是面向自然科学领域的美国国家科学院,其科研成果

---

①　American Academy of Arts and Sciences. Prizes[EB/OL]. (2019-06-03)[2020-03-01]. https://www.amacad.org/about/prizes.

②　National Academy of Sciences. Programs[EB/OL]. (2019-05-03)[2020-03-02]. http://www.nasonline.org/programs/awards/.

③　American Philosophical Society. Awards and Prizes[EB/OL]. (2019-07-03)[2020-02-04]. https://www.amphilsoc.org/awards-and-prizes.

奖励主要面向自然科学领域的创造与发明；三是具体的奖励形式基本由捐赠者决定，如奖励领域、奖励人数、奖励的成果、奖品等，具体的评奖主要由各专业学会来操作；四是相比较大学教师数量的大量增长和专业学会、学术团体、学术期刊的大量建立，科研成果奖励的数量增长相对缓慢，但比独立之前有明显的增速；五是大学教师是这些科研成果奖励的主要获奖者，尽管没有数据资料直接显示或证明这一事实，但是这些奖励主要由各个专业学术团体颁发，且主要面向本组织内部的会员，而这些组织内部的会员以大学教师为绝对主体，所以，大学教师自然就成了最主要的获奖群体。

1895 年，瑞典著名化学家、硝化甘油炸药的发明人阿尔弗雷德·贝恩哈德·诺贝尔（Alfred Bernhard Nobel）将其部分遗产（3100 万瑞典克朗）作为基金创设了被当今世界公认为最重要的科研奖项——诺贝尔奖，并于 1901 年首次在物理、化学、生理学或医学、文学、和平等五个领域面向全世界颁奖。[①] 诺贝尔奖的设立及其慢慢在全世界产生的影响力，对美国的科研成果奖励的设置也产生了一定的影响：1906 年，美国哲学学会自行出资设立了纪念本杰明·富兰克林诞辰 200 周年的富兰克林奖（Franklin Medal），以奖励对美国哲学学会有特别贡献的研究成果。[②] 1913 年，赛勒斯·B. 康斯托克（Cyrus B. Comstock）基金会向美国国家科学院捐资设立康斯托克物理学奖（Comstock Prize in Physics），主要奖励在电、磁性、辐射等方面的创新发现或研究成果；1914 年，美国国家科学院出资设立国家科学院公益奖（NAS Public Welfare Medal），以表彰科学对公共利益的贡献；1923 年，美国纽约市的纽科姆·克利夫兰（Newcomb Cleveland）向美国科学促进会捐资设立纽科姆·克利夫兰奖（AAAS Newcomb Cleveland Prize），以奖励在

---

① The Nobel Prize. About[EB/OL]. (2019-04-05)[2020-03-01]. https://www. nobelprize. org/.

② American Philosophical Society. Awards and Prizes[EB/OL]. (2019-07-03)[2020-02-24]. Society. https://www. amphilsoc. org/awards-and-prizes.

科学研究方面的最佳论文或者最佳报告的作者。1932 年,美国电话电报公司(American Telephone and Telegraph Company)向美国国家科学院捐资设立约翰·J.卡蒂科学进步奖(John J. Carty Award for the Advancement of Science),以奖励在国家科学院宪章内的任何显著与杰出成就。1940 年,弗朗西斯·阿莫里先生向美国人文和科学院捐资设立阿莫里奖(Amory Prize)奖,以奖励对生殖生物学有重大贡献的学者等等。[①] 1900 年到 1944 年的这段历史时期,美国的科研成果奖励主要有如下几个方面的特点:第一是颁奖主体仍然以各专业学术团体或者专业组织为主,但奖励的来源特别是资金来源不再是 1900 年以前的以单一个体捐赠为主,而是开始多元化,如个人、公司企业、基金会、学会自身等都开始捐资创办各式各样的科研成果奖励。第二是奖项的数量与 1900 年以前相比有了大幅度的增加,这与19 世纪末期 20 世纪初期大幅度兴建学术团体有着直接的关系,这些专业学会和学术团体都开始接受各式各样的捐赠或者自己出资设立科研奖项。第三是在奖励的组织形式上,以前的组织形式基本由捐赠者个体制定和学术团体评选等产生获奖者,进入 20 世纪,有些学会开始设立专门的评奖组织部门专门负责奖励的组织与评选等工作,这表明科研成果奖励在各个学会、科研工作体系等中的作用与地位正变得越来越重要。第四,尽管自然科学领域依然是科研成果奖励的主要领域,但人文科学领域、社会科学领域等也逐渐进入了科研成果奖励的视野,并开始设立一些面向奖励人文和社科领域的大学教师和科研工作者的科研成果奖励,以鼓励他们努力于科学研究和创新创造,推进人文社科领域的发展与进步。第五,相较之前,大学教师日渐成了科研成果奖励的获奖主体。第六,美国政府层面,不论是联邦政府还是州政府,在二战后都开始关注并重视科研成果奖励。

虽然比不上大学和学院、大学教师队伍、专业学会和学术团体、学术期

[①]　National Academy of Sciences. Programs[EB/OL]. (2019-05-03)[2020-03-25]. http://www.nasonline. org/programs/awards/.

刊、论文专著等在数量与规模上的扩张,但是 1791—1944 年的一个半世纪里,美国的科研成果奖励无论是设立奖项的数量、获奖者的数量,还是设奖主体、颁奖的领域等都相较独立之前有较大的扩张与发展。

第三节　科研成果奖励制度的成形阶段:
1945 年至今

一、社会背景

第二次世界大战后,随着德国、意大利、日本等轴心国的战败和英法实力的衰退,美国和苏联成为超级大国,世界被分成了东西方两大阵营。美苏及其各自阵营分别在军事、政治、经济、宣传等各方面抓紧准备,进入"冷战"。美国为了遏制苏联,实现称霸世界的目标,1947 年出台了"杜鲁门主义",从政治上加强对世界的干涉;1948 年出台了"马歇尔计划",以经济援助的形式压制共产主义的发展,从而在政治和经济上取得了控制西欧的主导权;1949 年出台了"北大西洋公约",组建了一个完全由美国领导和控制的纯军事组织,将西欧防务掌握在自己手里,以牢牢地确立美国在欧洲的霸主地位。1950 年 6 月,朝鲜战争爆发;1952 年,共和党人艾森豪威尔以结束朝鲜战争为许诺当选为美国总统;1953 年 7 月,美国签订了朝鲜停战协定。1953—1954 年,美国爆发经济危机,为了缓和国内外的紧张形势,美国在内政外交方面做了调整,扩大了社会保险法的实施范围,加强科研工作的国家化,同时进一步发展宇航事业。1955 年 7 月,美、英、法、苏四国首脑会议召开,国际形势有所缓和。1957 年,苏联成功地发射第一颗人造地球卫星,向美国尖端科学领先地位发起了挑战。1958 年,美国发射人造地球卫星,从而使美苏军备竞赛进入宇宙空间竞争。

当时,美国黑人是美国人数最多的少数民族,长期受到种族歧视,处于社会的最底层。第二次世界大战及朝鲜战争期间,由于有黑人参加作战,军队中取消了种族隔离制度。二战后亚非国家的有色人种在争取民族独立斗争中取得了胜利,以及美国工业化的进展,使得大量的黑人涌入城市,黑人地位问题成为全美的国家性问题,这直接推动了美国黑人争取民权的斗争。1954年,美国联邦政府最高法院判定教育委员会中实施种族隔离制度的学校违法。1955年,亚拉巴马州蒙哥马利市黑人为反对公共汽车上的种族隔离制度,坚持抵制公共汽车运动一年之久,使得美国最高法院判决公共汽车上的种族隔离违宪。1963年,美国华盛顿的林肯纪念堂广场聚集了25万名反对种族隔离的群众,美国民权运动领袖马丁·路德·金博士发表了著名的演说《我有一个梦》,将民权运动推到了高潮。在民权运动的巨大压力下,美国国会于1964年通过《公民权利法案》,1965年通过《选举权利法》,正式以立法形式结束了美国黑人在选举权方面受到的限制以及各种公共场所实施的种族歧视和种族隔离制度。

20世纪60年代,民主党人肯尼迪和约翰逊相继执政,实行长期的财政赤字政策,扩大军费开支,增加福利费用,经济持续增长。同时,由于他们卷入了越南战争,巨额的军费的支出,消耗了国家的大量财富,使得美国经济实力大大削弱,而此时,联邦德国和日本的经济迅速发展,逐渐成为美国的竞争对手。1969年尼克松上台后,美国陷入越战泥潭不能自拔,经常性的财政赤字和庞大的军费开支,加剧了通货膨胀,美国处于内忧外困的境地。1975年,美国撤离越南,在越南战争中失败。越南战争是二战以后美国参战人数最多、影响最大的战争。1973年,以色列和中东一系列国家交恶,引发了中东战争和第一次世界石油危机。原油价格暴涨,导致了包括美国在内的发达国家经济的衰退,美国在这一段时期GDP下降了4.7%。后来,又爆发了第二次石油危机,再次引发了西方工业国家的经济衰退,在第二次石油危机时期,美国的GDP大概下降了3%。1980年,美国经济严重衰退。

1981年,里根就任美国总统,推行高赤字财政政策,用大规模减税和增加国防开支来刺激经济、鼓励投资,同时严格控制货币发行量,1982年,美国经济开始复苏,转入低速增长。1987年,虽然发生了股市暴跌危机,美国经济仍较为平稳。

在此期间,美国与苏联的冷战并未停止,美苏在宇宙空间的竞赛一直在延续。1961年,苏联人尤里·阿列克谢耶维奇·加加林成为世界上首个登上太空的人。1969年,美国宇宙飞船"阿波罗·11号"登月舱在月球着陆。1981年,美国成功发射了哥伦比亚号航天飞机,将人类带入了另一个太空新纪元。1991年,随着苏联的解体,冷战结束,美国再次成为世界上唯一的超级大国。90年代以来,美国计算机产业发展迅速,带动全球的高科技信息产业并开拓了新一代的产业革命。1997年,美国时任总统克林顿提出了新经济和知识经济的概念,并指出美国进入新经济和知识经济的时代。新经济是在经济全球化和信息技术革命的推动下,以生命科学技术、新能源技术、新材料技术、空间技术、海洋技术、环境技术和管理技术等七大高科技产业为龙头的经济,其核心是观念的创新、运行模式的创新和技术创新等。新经济作为一种全新的经济技术模式,其对世界经济尤其是美国经济的发展发挥着举足轻重的作用。新经济的迅速成长,极大地推进了美国工业制造部门、服务部门和流通部门的发展。1990年到1998年的8年时间里,美国GDP增长了26.7%,其间,电子和电力装备产业产值增加了224%,机械工业增加了107%,商业服务、通讯、流通和交通产业产值的增幅亦均在42%到68%之间。2000年,美国GDP达到99657亿美元,在世界经济总量中的比重上升到31.54%。2001年,持续增长近十年的美国经济开始出现周期性调整,经济增长明显放缓。同年发生在纽约和华盛顿的"9·11"事件,作为人类历史上迄今为止最严重的恐怖袭击,使美国的外交政策开始将对付恐怖主义作为焦点,并发动了阿富汗战争和伊拉克战争。"9·11"事件的发生同时也使美国的经济雪上加霜,导致股市再次暴跌,缩水达65万亿美元,美国经济遭受了有史以来最严重的创击。2009 年 1 月,民主党人奥巴马就任美国第 44 任美国总统,成为美国历史上首位非洲裔、黑人总统。21 世纪 10 年代以来,美国经济进入缓慢发展阶段,但这并未动摇美国作为世界强国的地位。2017 年 1 月,共和党人特朗普就任美国第 45 任总统。

二战以来的美国,与苏联陷入冷战,并参与了朝鲜战争、越南战争、海湾战争和伊拉克战争等,与苏联冷战取得了最终的胜利。经济时而陷入危机、时而复苏,但即便是这样的反反复复,也依然无法动摇美国作为世界强国的地位。处于这样的时代背景,二战后的美国高等教育情况又如何呢?

二、高等教育背景

因为一战结束后,很多退伍老兵集结在华盛顿,引发了"补偿金进军事件"。二战后,美国联邦政府担心上百万的退伍老兵可能会引发社会动荡甚至政变。为了确保退伍老兵平稳过渡并重新融入社会,1944 年 5 月 22 日,美国总统罗斯福签署了《退伍军人权利法案》(Servicemen's Readjustment Act)。该法案规定:从 1940 年 9 月 16 日以后至二战结束之前,在陆军、海军中服役 90 天以上的退伍军人,有机会在政府资助下接受至少一年的教育,由政府承担退役军人的教育或培训费用,其中包括学费、书籍、实验设备、医疗费用等,但不包括其他常规性的学生住宿、游学等方面的费用。每名退伍军人每学年可获得超过 500 美元的资助。该法案大约共资助了 220 万名退伍军人接受高等教育;1945 年,160 万大学注册学生中有 88000 人是退伍军人;1947 年,230 万大学注册学生中有 115 万是二战后的退伍军人;截至 1951 年,有近 800 万名退伍军人受益于各项资助项目,有 220 万人进入两年制和四年制学院接受高等教育。《退伍军人权利法案》在美国高等教育历史上具有划时代的意义,它的价值在于开启了美国高等教育大众化乃至普及化阶段。[①] 在该法案之后,成千上万的人涌入大学。1947 年,美国联邦政府总统高等教育委员会发表了题为《为美国民主服务的高等教育》(Higher Education For American Democracy)的报告,该法案倡议扩大高等教育入学机会,尽管没有取得预期的效果,但是引发了公众对于高等教育机会均等问题的广泛关注。

　　1963 年,美国联邦政府通过了《高等教育设施法》(Higher Education Facilities Act),这是联邦政府第一部针对高等教育的立法,其目的在于"资助国家的高等教育机构以建设所必需的教室、图书馆、实验室等以适应更多学生的入学及进行技术和高级研究生教育的需求"。[②] 这部法律实际上是为美国高等教育的大众化及之后的普及化做准备,也是联邦政府开始涉足高等教育领域的标志。1963 年就任美国总统的约翰逊上台之后,很快就宣布"向美国的贫困无条件宣战",其中在高等教育领域就是提供平等的高等教育机会。1965 年,约翰逊总统在其母校得克萨斯州立大学签署了《高等教育法》(Higher Education Act),作为美国历史上第一部高等教育法,该法案授权美国联邦政府对各州的高等教育进行全面的资助,其核心和最具有时代意义的是关于资助大学生的内容。它规定:美国国会每年拨款 6.5 亿美元,资助贫困的高校及学生,以向全民提供平等的高等教育机会。它创建了两种资助模式:"教育机会助学金"(Educational Opportunity Grants)和"担保学生贷款"(Guaranteed Student Loan),并进一步确认了原有的资助方式如"国防学生贷款""工读项目"等[③]。该法案促进了大学生资助体系的完善,也推进了美国高等教育发展的法治化,更重要的是为美国高等教育的大众化和普及化提供了经济、法律等多层面的保障,当然,也大大强化了联邦政府对美国各州高等教育的干预力度,一改之前联邦政府在高等教育事

---

① 张斌贤.美国高等教育史(下)[M].北京:教育科学出版社,2019:81.

② Johns R L, Alexander K K, Jordan F. Financing Education: Fiscal and Legal Alternatives [M]. Gainesville: Charles E. Merrill Pulishing Company, 1972: 376.

③ 杨克瑞.美国《高等教育法》的历史演变分析[J].比较教育研究,2005(4):21-25.

务上的"无作为"状态。

20世纪60年代,在民权运动的社会背景下,美国社会各领域开始实施"肯定性行动"(Affirmative Action),这是一场防止或消除在就业、教育、医疗等领域对肤色、宗教、性别或民族出身等少数群体或弱势群体歧视的行动,大大增加了少数民族裔、黑人等接受高等教育的机会,促进了美国高等教育的多样化。1960年前后,耶鲁大学、哈佛大学和普林斯顿大学的学生群体以白人清教徒男性为主。1960—1975年,美国大学开始招收少数民族和有色群体等。1976年,耶鲁、哈佛和普林斯顿这三所大学的女性大一学生比例都超过了30%;有色人种(非裔美国人、拉丁裔、亚裔、印第安裔)学生比例增长了15%;犹太学生的比例也增长了不少,如普林斯大学的比例提高到了19%,耶鲁大学达到了33%。①

在《退伍军人权利法案》、《高等教育法》、"肯定性行动"等的推动下,美国高等教育得到了快速发展,主要体现在学生人数上。1940—1970年,美国高等教育毛入学率从15%增长到了45%,本科生人数翻了5倍,研究生人数增长了9倍。为了满足社会的需求,美国的高等教育结构与类型进一步趋向多元化,各类高校数量急速增长,1945年美国高校数量为1768所,1970年为2556所,1975年达到了3026所。美国高等教育从1945—1975年的发展情况(见表3-3)。②

表 3-3　1945—1975 年间美国高等教育情况

规模	1945 年	1975 年
人口/人	139924000	215465000
高等教育入学人数/人	1677000	11185000
教师人数/人	150000	628000
学院数量(包括分校区)/所	1768	3026

① 张斌贤.美国高等教育史(下)[M].北京:教育科学出版社,2019:90.
② 张斌贤.美国高等教育史(下)[M].北京:教育科学出版社,2019:5.

续表

规模	1945 年	1975 年
学位授予数量（博士、硕士、学士，1975 年包括副学士学位）/个	157349	1665553
流动资金/千美元	1169394	39703166

　　二战后，随着联邦政府开始重视并加大对科研的投入，美国大学不仅有了多个科研资金来源，更重要的是获得的科研经费比以前也有大幅增加。1940 年，联邦政府以合同和拨款方式提供的研发经费仅占大学研发总经费的 20%，1970 年猛增到了 51%。越来越多的且多元来源的科研资金是基于竞争的，杰出者优先获得科研资助，这也就使得科研经费大部分都流向了少数几所研究能力强的研究型大学。1962 年，联邦政府大学科研资助经费的 38% 给了 10 所大学，59% 拨给了 25 所大学，而当时的美国大学总数超过 2000 所。由此，美国的大学特别是研究型大学的科研能力迅速提升，自 1943 年诺贝尔奖恢复颁奖到 1962 年的 29 年里，美国获得了 178 项诺贝尔科学奖中的 86 项。1976 年，美国科学家甚至获得了所有诺贝尔科学奖。其中值得注意的是，几乎所有的诺贝尔科学奖得主都是在美国的主要研究型大学中从事研究工作。[1]

　　自二战后到 20 世纪 70 年代，美国高等教育经历了史无前例的快速发展，并取得了显著的成就，被很多人称之为美国高等教育的"黄金时代"：高等教育的扩张不仅使得美国建立了世界上第一个大众化的高等教育系统；大学获得了来自联邦政府、州政府等空前的财政支持；大学教师的经济和社会地位不断提升；大学生的数量和类型不断增多。与此同时，随着入学人数的增长和多元，以及美国联邦政府大大加强了对于基础科学和技术研究的经费投入，以科研为主要任务的研究型大学在学术上取得了巨大的成就，不

---

① 张斌贤.美国高等教育史（下）[M].北京：教育科学出版社，2019：44.

仅使美国大学确立了在世界高等教育的领导地位,而且使得美国的高等教育成为众多国家竞相仿效的对象。大学教师也通过生产新的知识支持技术进步,并作为专家直接参与社会问题的解决,其社会地位、职业形象等也得到了前所未有的提升。那么,在经历了近四分之一世纪的"黄金时代"之后,20世纪末期至21世纪初期美国高等教育情况又如何呢? 还是"黄金时代"吗?

　　20世纪70年代以来,社会背景与之前有了显著的差异,美国联邦政府逐渐放弃了20世纪60年代实行的旨在促进教育机会均等的、依托学生资助和科研资助的高等教育资助政策,开始强调自助,对学生的资助重点从赠款转向了贷款、勤工俭学和税收扣除;而作为公立高等教育经费主要来源的州政府也大大削减了对其高等教育的财政资助。有数据显示,高等教育占州政府普通资金支出的百分比从1990年的14.9%下降到了2005年的11.7%,占州政府总支出的百分比已经从1990年的11.8%下降到了2005年的10.6%,如果把时间跨度向前延伸到1980年,则下降幅度更大。大学生获得的州政府拨款占生均教育收入的百分比已经从1986年的76.7%下降到了2011年的56.9%,州政府拨款占州立大学预算的百分比已经从1980—1981学年的47%下降到了2000—2001学年的32.1%,公立院校的流动资金收入中州资助的百分比从1979—1980学年的46%下降到了2000—2001学年的36%。在这样的背景下,美国高等教育不得不开始走"市场化"的路线,且越来越"市场化"。[1] "市场化"的首要表现就是增长学费,将财政和经济压力转移给学生及其背后的家庭,由1981—1982学年到2011—2012学年美国本科生平均学费和杂费的收费标准(见表3-4)可见,[2]私立四年制院校的学费在30年间增长了近7倍,公立四年制院校的学费增长了9倍,公立两年制院校的学费增长了近7倍,学费收入所占院校收入百

---

① 张斌贤.美国高等教育史(下)[M].北京:教育科学出版社,2019:142.

② 张斌贤.美国高等教育史(下)[M].北京:教育科学出版社,2019:145-147.

分比在 30 年间从 12.9％增长到了 18.6％。"市场化"的另一个表现就是大学开始加强与企业界的联系,通过加强与企业的合作来获得市场的资助,从而开展自己的科研、教学等工作。随着学费的增长、与企业合作的加强,高等教育越来越依赖市场,"学生就是顾客"等观念在美国公、私立高校十分盛行。在这样的背景下,美国高校的管理模式也开始逐步发生变化,绩效评估和绩效管理成为管理大学教授和管理大学的重要理念,大学内部和外部的管理也由以前殖民地时代董事会占绝对主导、独立后校长个人魅力占主导的治理模式,走向了"以校外人士为主导的董事会、以校长为代表的行政系统、以教师为核心的学术评议会各司其职又相互依存的"共同治理模式。

表 3-4   1981—1982 学年到 2011—2012 学年美国本科生平均学费和杂费

学年	私立四年制院校/美元	公立四年制院校/美元	公立两年制院校/美元
1981—1982	4113	909	434
1991—1992	9812	2107	1171
2001—2002	17377	3766	1608
2011—2012	28500	8244	2963

相对于二战后到 20 世纪 70 年代的"黄金时代",20 世纪 70 年代后的美国高等教育遇到了很多问题与挑战,如拨款减少、学费增长、越来越依靠市场、管理模式变化等,所以有学者将 20 世纪末期以来美国高等教育称之为"麻烦时代""成年时代""市场化时代""多元化时代"等等。的确,相较于"黄金时代",1975 年以后美国高等教育发展非常缓慢(见表 3-5)。尽管如此,整体而言,二战以来的美国高等教育经过半个多世纪的发展仍取得了极大的成功,即使在 20 世纪七八十年代进入了缓慢发展阶段,但是美国高等教育在科研能力、专业教育、大众化、普及化、多样化以及高等教育系统的建设等多方面均取得巨大的成功,是世界其他国家的高等教育无法比拟的。二战后,美国高等教育取得的成功,概括起来主要体现在两个方面。一是构

建了一个多样、灵活、自由协调的高等教育系统,这个系统由多元甚至截然不同的目标、顾客、资金来源和治理机制组成,这使美国的高校能够迅速地对外界的环境刺激作出反应;另一方面又使他们能维持自己的独立性而免受其中任何一个要素的支配,从而既有强烈的市场取向,又能在政府与市场之间保持平衡,既有大众教育,又有精英教育,彼此还能相互促进。二是一批高水平的研究型大学在世界上脱颖而出,它们在教师的研究产出、研究的质量和影响、基金和合同经费、科研成果奖励、获得高质量的学生、教学卓越、硬件设施和先进的信息技术、大量的捐赠基金和丰富的资源、大的学术系科、自由探索和学术自由、地缘因素、对公共利益的贡献、卓越的领导等方面都领先于世界,这也是美国高等教育能够处于世界一流的重要原因。[①]

表 3-5 1945 年、1975 年、1995 年美国高等教育情况

规模	1945 年	1975 年	1995
人口/人	139924000	215465000	262755000
高等教育入学人数/人	1677000	11185000	14262000
教师人数/人	150000	628000	915000
学院数量(包括分校区)/所	1768	3026	3706
学位授予数量(博士、硕士、学士,1975 年包括副学士学位)/个	157349	1665553	2246300
流动资金/千美元	1169394	39703166	189120570

二战以来,美国高等教育经历了"黄金时代"和缓慢发展阶段。今天,美国高等教育处于世界领先地位,是世界各国借鉴的对象和学习的榜样。这与二战后美国政治稳定、经济繁荣、科技进步、社会和民众的重视与大力支持等密不可分,也与美国政府特别是联邦政府高度重视与支持息息相关,这是推动美国高等教育发展的最强大动力之一。正如美国著名高等教育学家

---

① 张斌贤.美国高等教育史(下)[M].北京:教育科学出版社,2019:9.

克拉克·克尔(Clark Kerr)所言,"联邦资助大学的科学研究对于满足国家的种种需求已经发挥了巨大的作用,同时也极大地帮助了大学本身。国家变得更为强大了,著名大学也变得更为强大了"。在联邦政府大力支持大学科研且大学科研得到了繁荣发展的背景下,大学教师科研成果奖励制度的发展情况如何呢?

三、科研成果奖励制度的成形

在二战之前,联邦政府并不是大学科学研究的唯一资助者,企业、大学和私人基金会等都是科学研究的重要资助者,它们与联邦政府一起构成了资助大学科学研究的主要机构。20世纪30年代,美国企业提供的资助在所有科学研究资助中所占份额最大。1941—1945年,美国至少有30亿美元用于研究和开发,其中80%以上的经费由联邦政府提供。1944财政年度,仅科学研究与开发办公室(Office of Scientific Research and Development)与大学签订的研发合同金额就达9000万美元,而1938年美国大学在自然科学领域的研究经费总额大约为2800万美元。[①] 由此可见,二战结束时,美国联邦政府就已经加大了对科学研究的资助力度,虽然战时的科研资助主要用于技术和武器开发的应用研究。

1944年11月,罗斯福总统给时任美国科学研究与开发办公室主任布什写了一封信,要求他起草一份报告用来回答美国在战争结束后应该如何资助科学研究。之后,布什组织了由杰出科学家和其他学者组成的四个专门委员会分别进行研究,在1945年7月5日,向当时的总统杜鲁门提交了著名的、载入美国科研史册的政策报告——《科学:无止境的前沿》(Science:The Endless Frontier)。该报告提出了:第一,政府应提供资金支持科学研究,特别是医学院和大学中的基础研究。第二,和平时期必须有更

---

① 张斌贤.美国高等教育史(下)[M].北京:教育科学出版社,2019:22.

多的、更充分的军事研究。这一研究最好是和陆军、海军有密切联系的,能够从国会得到直接资助的民用部门管理的组织去做。第三,政府应通过资助基础研究发现新的科学知识,通过帮助培养科学人才,给企业提供从事研究的稳定动力来促进企业的研究。第四,政府应该提供适当数目的大学生奖学金和研究生补助金,以便发挥美国青年的科学才能。第五,为了实施以上建议,应成立一个新机构——国家研究基金会。该基金会的目的是促进美国的科学研究与发展科学教育政策,资助非营利组织开展基础研究工作,通过奖学金和研究生补助金来培养美国青年中的科学人才,通过合同和其他方式支持对军事问题展开长期研究。该报告中最重要的一个建议是成立国家研究基金会,以代替科学研究和开发办公室解散后所留下的空白。该提案在1945年提出,但由于各种原因,经过5年的辩论,美国国会在1950年3月才通过《国家科学基金会法案》(National Science Foundation Act),同年5月10日,美国国家科学基金会(National Science Foundation)成立。在辩论是否成立国家科学基金会的5年间,美国联邦政府反而成立了一些其他的机构,以承担对全国基础研究的资助和管理职责(具体见表3-6)。1949年,国防部和原子委员会所资助的研究占所有联邦资助的以大学为基础的自然科学研究的96%。[1] 国家科学基金会的主要职责是资助在大学中进行的基础研究,主要领域是物理学、数学、工程学、生物学和医学领域。随着国家科学基金会的成立,美国联邦政府形成了一个多元的、以任务为导向的科学研究资助与管理系统,这与布什在《科学:无止境的前沿》中倡导建立一个全国性的单一机构(国家科学基金会)来制定与协调美国的基础研究并不一致,但历史的发展向来都是妥协的结果,这个多机构主导的、多元的、以任务为导向的科学研究资助与管理系统最终成了美国"二战"以来的科研资助管理系统和美国大学教师的科研资助与管理系统,也成了美国科研成果

---

[1]　张斌贤.美国高等教育史(下)[M].北京:教育科学出版社,2019:37.

奖励制度化和多元化的重要背景与原因。

表 3-6   1945—1948 年美国建立和扩大的具有制定科学政策职责的主要联邦机构

机构	成立年份	相关研究职责
原子能委员会	1946	通过合同资助原子能和其他领域的基础研究
海军研究办公室①	1945—1946	资助与海军广泛相关的基础和应用研究任务、合同和资助海军内部的研发事务
研究与开发联合委员会（研究与开发委员会）②	1946—1947	协调国防研究与开发
国家卫生研究院③	1930—1948	协调资助医学研究

1954 年 11 月 16 日，美国总统艾森豪威尔和原子能委员会（Atomic Energy Commission）为表彰恩里科·费米（Enrico Fermi）在物理学方面取得的终身成就，特别是在原子能发展方面的突出成就，授予了恩里科·费米个人以特别奖章。1956 年，为了纪念这位杰出的、1938 年获得了诺贝尔物理学奖的获奖者，特别设立了费米奖（Enrico Fermi Award），④用以每年奖励在核能、原子、分子与粒子等领域取得了重大成就的科学家。费米奖，是美国的第一个总统奖，是美国历史上第一个由联邦政府的研究部门组织颁发的科学研究奖。作为美国的第一个联邦政府科研成果奖项，费米奖的颁发标志着美国联邦政府正式开始奖励科学研究工作。1958 年，曾因为发明了回旋加速器获得了 1939 年诺贝尔物理学奖的美国物理学家劳伦斯

---

① 海军研究办公室是由海军部使用战争临时权利于 1945 年建立的一个机构，1946 年通过国会立法成为一个永久机构。

② 该机构由陆军部和海军部于 1946 年建立，1947 年被由国会授权成立的研究与开发委员会（Research and Development Board，RDB）取代。

③ 该机构成立于 1930 年，但是直到 1948 年与几个研究所合并后才成为"国家卫生研究所"。

④ NNDB. Enrico Fermi Award[EB/OL]. (2019-01-02)[2019-02-08]. https://www.nndb.com/honors/279/000099979/.

(Lawrence)去世。在原子能委员会主席约翰·A.麦科恩(John A. McCone)的建议下,美国总统艾森豪威尔同意设立 E. O.劳伦斯奖,并于1960年第一次颁奖。① 在前后两年的时间里,原子能委员会设立了两个科学研究奖来纪念伟大的科学家并激励科学家们努力于科学研究,而且都是由总统亲自设立的,可见美国联邦政府对科研成果奖励的重视。在原子能委员会两个奖项的激励下,美国联邦政府相关机构和部门都纷纷开始设立自己的科学研究奖:1959年,美国国会设立美国国家科学奖(National Medal of Science),②当前该奖已发展成为美国最高的科学科研奖,被称为美国的诺贝尔奖,其地位与影响力可见一斑,当然这与其颁奖范围也有着一定的关系,该奖主要授予在"物理学、生物学、数学、工程学领域做出杰出贡献的个人",1980年,国会又将该奖扩大到了社会科学和行为科学两个领域。1973年,美国专利法协会全国委员会及美国商务部专利与商标局在建设费姆国家发明者大厅的时候同时设立了美国费姆国家发明者大厅大奖(National Inventors Hall of Fame)。③ 为了纪念美国国家科学基金会成立25周年,该基金会在1975年设立了沃特曼奖(Alan T. Waterman Award),主要奖励在数学、物理、医学、生物、工程、社会科学等各个领域取得杰出成就的美国青年科学家。④ 1980年,美国国会又设立了美国国家技术和创新奖(National Medal of Technology and Innovation),主要表彰那些通过技术创新在提高美国的竞争力、人民生活水平和生活质量以及加强国家科技人才等方面做出卓越、持久、实质性贡献的个人或企业,该奖于1985年第一

---

① Wikipedia Demo. Ernest Orlando Lawrence Award[EB/OL]. (2009-11-06)[2020-02-15]. https://wiki-offline. jakearchibald. com/wiki/Ernest_Orlando_Lawrence_Award.

② National Science Foundation. National Medal of Science[EB/OL]. (2019-01-03)[2019-03-04]. https://www. nsf. gov/od/nms/medal. jsp.

③ National Inventors Hall of Fame. About the National Inventors Hall of Fame[EB/OL]. (2019-01-08)[2019-02-25]. http://nihf-prod1. centralus. cloudapp. azure. com/about-us/.

④ National Science Foundation. Alan T. Waterman Award[EB/OL]. (2019-01-10)[2019-03-15]. https://www. nsf. gov/od/waterman/waterman. jsp.

次颁奖。[①] 1984 年,美国国会设立了国家艺术奖(National medal of Arts),它是美国艺术领域的终身成就奖,是美国联邦政府颁给艺术家和艺术赞助人的最高奖项,由总统亲自颁奖。[②] 1996 年,美国环境保护署、美国科学院、国家科学基金和美国化学会联合颁发了总统绿色化学挑战奖(Presidential Green Chemistry Challenge Award),这是世界上首次由一个国家的政府出台的对绿色化学实行的奖励政策。[③] 1996 年,美国前总统克林顿授权美国国家科学技术委员会设立青年科学家和工程师总统奖(Presidential Early Career Awards for Scientists and Engineers)。[④] 1997 年,美国国家人文基金会(National Endowment for the Humanities)于 1988 年设立的查尔斯·弗兰克尔奖(Charles Frankel Prize)成了美国国家人文奖(National Humanities Medal)。[⑤]

　　二战后,除了联邦政府纷纷设立各式各样的科研成果奖项以外,纷繁多样的民间学术团体如各学会、协会等也都在设立自己学会、学科领域的科学研究奖。美国哲学学会 1959 年颁发了卡尔·斯宾塞·拉什利奖(Karl Spencer Lashley Award)、2011 年颁发了帕特里克·苏普斯奖(Patrick Suppes Prize)等。[⑥] 美国国家科学院在 1962 年设立了国家科学院分子生物学奖(NAS Award in Molecular Biology)、1965 年设立了吉布斯兄弟奖

---

① National Science Foundation. National Medal of Technology and Innovation[EB/OL]. (2019-01-10)[2019-03-15]. https://www.nsf.gov/od/nms/natl_medal_tech_innov.jsp.

② National Endowment for the Arts. National Medal of Arts[EB/OL]. (2019-10-13)[2020-03-28]. https://www.arts.gov/honors/medals.

③ United States Environmental Protection Agency. Presidential Green Chemistry Challenge Award[EB/OL]. (2019-01-15)[2020-04-01]. https://www.epa.gov/greenchemistry/green-chemistry-challenge-winners.

④ National Science Foundation. Presidential Early Career Awards for Scientists and Engineers[EB/OL]. (2019-01-16)[2020-04-05]. https://www.nsf.gov/awards/pecase.jsp.

⑤ The National Endowment for the Humanities. National Humanities Medal[EB/OL]. (2019-01-12)[2020-04-03]. https://www.neh.gov/whoweare/awards.html.

⑥ American Philosophical Society. Awards and Prizes[EB/OL]. (2019-07-03)[2020-03-24]. https://www.amphilsoc.org/awards-and-prizes.

(Gibbs Brothers Medal)、1968 年设立了杰罗姆·克拉克·亨萨克航空工程奖(J. C. Hunsaker Award in Aeronautical Engineering)、1979 年设立了理查德·朗斯伯里奖(Richard Lounsbery Award)、1980 年设立了特洛兰研究奖(Troland Research Awards)……2017 年设立了国家科学院食品和农业科学奖(NAS Prize in Food and Agriculture Sciences)、2018 年设立了迈克尔和希拉奖(Michael and Sheila Held Prize)等。[1] 1964 年 12 月成立的美国国家工程院(National Academy of Engineering,简称 NAE)在 1986 年颁发了美国国家工程院成就奖(NAE Distinguished Honoree Program)、2001 年颁发了拉斯奖(Fritz J. and Dolores H. Russ Prize)等。[2] 美国人文和科学院在 1958 年设立了爱默生·梭罗奖章(Emerson-Thoreau Medal)、2005 年颁发了萨顿诗歌奖(Sarton Award for Poetry)等。[3] 美国科学促进会在 1990 年颁发了约翰·P. 麦戈文行为科学奖(John P. McGovern Award Lecture in the Behavioral Sciences)等。[4] 美国政治科学学会 1975 年颁发了本杰明奖(Benjamin E. Lippincott Award)、2019 年颁发了沃尔顿奖(Hanes Walton,Jr. Award)等。[5] 美国数学学会 1968 年颁发了伯克霍夫应用数学奖(Birkhoff Prize in Applied Mathematics)、2016 年颁发了谢瓦莱奖(Chevalley Prize in Lie Theory)等。[6]

二战后,除了联邦政府和民间学术团体颁发科学奖励以外,还有一些民

---

[1] National Academy of Sciences. Programs[EB/OL]. (2019-05-03)[2020-04-03]. http://www. nasonline. org/programs/awards/.

[2] National Academy of Engineering. NAE Awards[EB/OL]. (2019-05-06)[2020-03-27]. https://www. nae. edu/

[3] American Academy of Arts and Sciences. Prizes[EB/OL]. (2019-06-03)[2020-04-05]. https://www. amacad. org/about/prizes.

[4] American Association for the Advancement of Science. Awards[EB/OL]. (2019-09-05) [2020-06-20]. https://www. aaas. org/aaas-awards.

[5] American Political Science Association. Awards[EB/OL]. (2019-09-03)[2020-04-17]. https://www. apsanet. org/awards.

[6] American Mathematical Society. Prizes and Awards[EB/OL]. (2019-10-12)[2020-05-01]. https://www. ams. org/prizes-awards/palist. cgi.

间的学术团体开始自己设立科研奖项,如卡弗里基金会(The Kavli Foundation)2008 年设立的卡弗里奖(Kavli Prizes)、斯隆基金会(The Alfred P. Sloan Foundation)1955 年设立的斯隆研究奖(Sloan Research Fellowships)等。与此同时,因为政府层面和社会层面科研成果奖励数量的增加,美国一些大学特别是研究型大学为了激励本校教师努力于科学研究,大都设立了专门面向自己本校教师或部分面向外校教师的科研成果奖励项目,如约翰·霍普金斯大学设立了约翰·霍普金斯催化项目(Johns Hopkins Catalyst Awards)、布朗大学设有专门的研究成果奖(Research Achievement Award)、乔治敦大学设立的杰出研究成就奖(Distinguished Achievement in Research)等。

二战以来,随着联邦政府开始重视且大力支持科研成果奖励,美国大学教师的科研成果奖励体系日臻成熟,形成了以联邦政府颁发少数最具权威和影响力的科研成果奖励及民间力量,尤其是民间学术团体颁发种类和数量繁多的科研成果奖励为主体、大学特别是研究型大学颁发少量的科研成果奖励为辅助的大学教师科研成果奖励制度。

第四章　美国大学教师科研成果
奖励制度的内容构成

美国大学教师的科研成果奖励制度以社会层面为主,联邦政府颁发的奖项数量较少但相对具有权威性和影响力,另外,一些研究型大学也颁发自己校内的科研成果奖励项目。为了更好地了解美国大学教师科研成果奖励制度,本章从联邦政府、社会、大学三个层面出发,采用 Nvivo 内容分析软件对诸多奖励项目的奖励形式和资金来源等进行频次和内容分析,以全面介绍和分析美国大学教师可以申请获得的各类科研成果奖励项目。

第一节　美国联邦政府的大学教师科研成果奖励项目

二战前,美国科研工作者们所获得的科研成果奖励项目,主要来自社会的民间力量。二战后,特别是 20 世纪 50 年代以来,美国联邦政府开始设立各式各样的科研成果奖励项目,肯定和表彰科研工作者们的成果及其背后的努力与付出,并激励他们继续努力以促进美国科学事业的发展,从而确保美国在世界科学领域的领先地位。2020 年,美国联邦政府设置的科研成果奖励项目中,大学教师可以申请获得的主要有 10 项。

一、费米奖(Enrico Fermi Award)

费米奖,是美国联邦政府授予的总统奖,也是美国联邦政府授予的历史最悠久、最具权威性的科技奖之一,1956 年正式设立,旨在纪念诺贝尔物理学奖获得者恩里科·费米在物理学及原子能领域取得的突出成绩,主要奖励那些在发展、使用与生产能源包括核能、原子、分子与粒子等方面展开长期研究、取得杰出成就并享有很高国际声誉的科学家和工程师等。该奖项不强调某一次的重大发现,而是以获奖者一生的功绩为评价标准,是终身贡献奖——旨在表彰终身勤恳工作、成就斐然者。获奖者须仍在世,但并不限于美国公民。[①]

二、E. O. 劳伦斯奖(Ernest Orlando Lawrence Award)

1939 年,美国物理学家劳伦斯因发明回旋加速器获得诺贝尔物理学奖。1958 年,劳伦斯去世。1960 年,在原子能委员会主席约翰·A. 麦科恩(John A. McCone)的建议下,美国总统艾森豪威尔同意设立 E. O. 劳伦斯奖,同年进行了第一次颁奖。该奖旨在奖励为支持美国能源部以及为保障美国国家经济和能源安全在研发方面做出非凡贡献的科学家和工程师。劳伦斯奖包含 7 个类别:化学、材料研究、环境科学技术、生命科学(包括医药)、原子能技术(裂变和聚变)、国家安全和防止核扩散、高能和核子物理,由美国能源部科学办公室负责管理。每一类别的 E. O. 劳伦斯奖获得者都将获得由能源部部长签署的奖状、一枚带有劳伦斯像的金质奖章和 5 万美元的奖金,如果一个类别获得者多于一人,奖金均分。该奖项被提名者必须是美国公民,主要考察被提名者在科学技术领域的突出成绩与贡献,奖励最

---

① NNDB. Enrico Fermi Award[EB/OL]. (2019-01-02)[2020-05-02]. https://www. nndb. com/honors/279/000099979/.

新成就,不是终身成就奖。①

三、国家科学奖(National Medal of Science)

美国国家科学奖,是美国联邦政府授予的总统奖,也被称为美国的诺贝尔奖,1959 年由美国国会建立,1963 年首次颁奖,主要奖励在"物理、生物、数学、科学、工程领域、社会及行为科学领域"做出卓越贡献的科学家。科学家的学术水平是该奖项的唯一评选标准。该奖面向美国公民,由美国总统在白宫亲自颁奖,每年一次,一年的获奖者最多不超过 20 名。②

四、费姆国家发明者大厅大奖(National Inventors Hall of Fame)

美国费姆国家发明者大厅大奖是美国国家级科技奖励项目,由美国专利法协会全国委员会及美国商务部专利与商标局于 1973 年设立,也就是在费姆国家发明者大厅建成的同时设立的科研成果奖项,用以表彰对美国国家利益及科技发展具有重大贡献的科学技术发明者。被提名者必须曾经获得过美国专利,这些专利还必须对美国科技进步具有重大的意义。获奖者可得到费姆国家发明者大厅大奖章一枚,其肖像及个人简历还将陈列于费姆国家发明者大厅内,以使他们对美国国家的杰出贡献为公众所了解和传播。③

---

① Wikipedia Demo. Ernest Orlando Lawrence Award[EB/OL]. (2009-01-06)[2020-05-03]. https://wiki-offline.jakearchibald.com/wiki/Ernest_Orlando_Lawrence_Award.

② National Science Foundation. National Medal of Science[EB/OL]. (2019-01-03)[2020-05-06]. https://www.nsf.gov/od/nms/medal.jsp.

③ National Inventors Hall of Fame. About the National Inventors Hall of Fame[EB/OL]. (2019-01-08)[2020-04-23]. http://nihf-prod1.centralus.cloudapp.azure.com/about-us/.

五、沃特曼奖(Alan T. Waterman Award)

沃特曼奖由美国国会于 1975 年设立,是为了纪念美国国家科学基金会成立 25 周年,表彰 1951—1963 年一直负责基金会的工作的第一任主席艾伦·T.沃特曼。沃特曼奖的受奖学科包括数学、物理、医学、生物、工程、社会科学等各个领域,专门授予在各学科最前沿取得杰出成就的美国青年科学家,其年龄最好不超过 40 岁或者获得博士学位不超过 10 年。沃特曼奖的奖品包括一枚奖章及一笔奖金。奖金只能用于研究与学习,数额为每年 5 万美元,连续提供三年。获奖者可在任何学院或研究机构进行各学科的研究与深造。[1]

六、国家技术与创新奖(National Medal of Technology and Innovation)

美国国家技术与创新奖,是美国联邦政府授予的总统奖,原名美国国家技术奖,1980 年由美国国会设立,1985 年首次颁奖,在 2007 年美国总统签署的"技术创新法案"中将该奖修改为"国家技术与创新奖"。它是美国最高级别的技术创新奖,由美国总统颁奖,每年授奖一次,每次获奖人数不超过 10 名,奖励一枚总统技术奖章,面向美国公民。该奖项由美国商务部负责评审,具体由该部所设的"生产效率、技术创新与技术项目奖励办公室"负责具体的推荐与评选工作,主要授予那些具有美国式创新精神,并在提升美国的全球竞争力方面有着杰出表现的个人与集体,以表彰其在促进技术商用化、提高就业率、改善生产力水平以及刺激国家经济成长和发展方面取得的突破性贡献。受奖人由推荐产生,评选出的结果上报美国国会后,由美国总

---

① National Science Foundation. Alan T. Waterman Award[EB/OL].(2019-01-10)[2020-05-04]. https://www.nsf.gov/od/waterman/waterman.jsp.

统做出最后的决定。①

七、总统绿色化学挑战奖(Presidential Green Chemistry Challenge Award)

美国总统绿色化学奖始于 1996 年,是美国国家级的奖励政策,由美国环境保护署、美国科学院、国家科学基金和美国化学会联合主办,由美国化学会负责评审工作。这是世界上首次由一个国家政府出台的对绿色化学实行的奖励政策,其目的是"通过将美国环保局与化学工业部门作为环境保护的合作伙伴的新模式来预防污染和促进工业生态的平衡",建立该奖是为了重视和支持那些具有基础性和创新性的、并对工业界有实用价值的化学工艺新方法,以通过减少资源的消耗来实现预防污染。美国总统绿色化学奖共设立了变更合成路线奖、变更溶剂/反应条件奖、设计更安全化学品奖、小企业奖以及学术奖五个奖项。其评选标准涉及对人身健康和环境有益、具有科学创新性和应用价值等方面。奖励形式是对获奖机构或个人的环保项目进行不定额的资助,获奖者须为美国公民。②

八、青年科学家和工程师总统奖(Presidential Early Career Awards for Scientists and Engineers)

美国青年科学家和工程师总统奖,是美国联邦政府授予的总统奖,1996年美国前总统克林顿授权美国国家科学技术委员会设立,每年颁奖一次,是美国联邦政府对在生物、医学、物理等科学技术领域从事研究并取得突出成

①　National Science Foundation. National Medal of Technology and Innovation[EB/OL]. (2019-01-10)[2020-05-02]. https://www.nsf.gov/od/nms/natl_medal_tech_innov.jsp.

②　United States Environmental Protection Agency. Presidential Green Chemistry Challenge Award[EB/OL]. (2019-01-15)[2020-04-26]. https://www.epa.gov/greenchemistry/green-chemistry-challenge-winners.

绩的青年科学家进行的最高奖励。该奖要求获奖者应当是美国公民或美国永久居民,且终生只能有一次机会获此奖项。该奖候选人均是处于研究事业早期、在科学前沿领域显示出卓越能力和潜质、有固定工作岗位且从事独立科学研究 5 年以内的青年科学家和工程师。在全美各大学、研究机构范围内,每年一般评选出 60 位杰出青年科学家,获奖者可在 5 年内连续得到联邦政府对其研究领域的科研成果奖励基金,每年 10 万,共 50 万美元,鼓励他们进一步研究以支持关键性的创造。除了奖金以外,总统还会接见获奖者,颁发勋章一枚和嘉奖令一份。①

九、国家人文奖(National Humanities Medal)

美国国家人文奖,是美国联邦政府级的总统奖项。1988 年,由美国国家人文基金会(National Endowment for the Humanities)设立为查尔斯·弗兰克尔奖(Charles Frankel Prize),1997 年更名为国家人文奖,成为联邦政府级的奖项。该奖主要表彰人文学科的个人或团体,这些个人或团体的研究工作加深了国家对人文的理解,扩大了社会对历史、文学、语言、哲学和其他人文社会学科的参与度。奖励形式为奖章,总统颁奖,每年最多可颁发 12 枚奖章。②

十、国家艺术奖(National medal of Arts)

美国国家艺术奖,由美国国会于 1984 年设立,是艺术领域的终身成就奖,也是美国联邦政府颁给艺术家和艺术赞助人的最高奖项。设立这一奖

---

① National Science Foundation. Presidential Early Career Awards for Scientists and Engineers[EB/OL]. (2019-01-16)[2020-04-25]. https://www.nsf.gov/awards/pecase.jsp.

② The National Endowment for the Humanities. National Humanities Medal[EB/OL]. (2019-01-12)[2020-05-09]. https://www.neh.gov/whoweare/awards.html.

项在于表彰"在美国充实艺术活动,通过他们接触到成就、支持、赞助,并为他人提供鼓舞,做出表率的个人和团体",评审标准为"在美国的艺术生产活动中取得的非凡成就",包括艺术教育、工艺、舞蹈、绘画、电影、图形/产品设计、室内设计、园林建筑、文学、古典和流行音乐、绘画、摄影、展示、版画、雕塑、戏剧和城市设计等多个领域。每年1月至4月11日,在全美范围内,由美国国家艺术基金会的官方网站推荐提名。随后,由美国国家艺术委员会(National Council on the Arts)和美国国家艺术基金会(National Endowment for Art)的顾问委员会向总统推荐,由总统在白宫亲自向获奖者授予奖章,每年最多可颁发12枚奖章。[①]

第二节　美国社会层面的大学教师科研成果奖励项目

法国著名思想家托克维尔(Tocqueville)在19世纪30年代考察了美国之后曾经说过,美国是世界上最能将结社自由发挥到淋漓尽致的国家,而且美国人还能娴熟地把组党结社这一强大的手段用于多种多样的目的。在其名著《论美国的民主》中,他这样写道:"美国人不论年龄多大,不论处于什么地位,不论志趣是什么,无不时时在组织社团。"[②]"美国人干一点小事也要成立一个社团,美国人似乎把结社视为采取行动的唯一手段。"[③]"无论年龄大小、地位高低、志趣如何,美国人时时刻刻都在组织社团。那里不仅有人人都可以参与的工商业社团,而且还有数以千计的其他类型的团体——宗教的、道德的、严肃的、无聊的、普遍宗旨的、特定目的的、庞大无比的和规模很小的……凡是要什么新的事业,如果在法国就是由政府出面,在英国就是

①　National Endowment for the Arts. National Medal of Arts[EB/OL]. (2019-01-13)[2020-05-06]. https://www.arts.gov/honors/medals.

②　托克维尔. 论美国的民主(下卷)[M]. 北京:商务印书馆,1988:635.

③　托克维尔. 论美国的民主(下卷)[M]. 北京:商务印书馆,1988:636.

权贵带头,而在美国,你会看到人们一定组织社团。"①在美国,"最值得我们重视的,莫过于美国的智力活动和道德方面的结社"②。美国的民间学术社团有没有为大学教师提供科研成果奖励项目呢? 提供的这些科研成果奖励项目又有什么特点呢? 鉴于美国民间学术团体非常多,本研究在考虑自然科学和人文社科等学科均衡的基础上,主要选取了美国若干全国性的、综合性的、单科性的民间学术团体,采用 Nvivo 软件进行频次分析,以详细描述它们所提供的科研成果奖励项目。

一、全国性民间学术团体的大学教师科研成果奖励项目:以美国国家科学院为例

1863 年 3 月 3 日,正处于南北战争之际的美国,政府急需建构一个科学咨询组织。当时的马萨诸塞州参议员亨利·威尔逊(Henry Wilson)在参议院议事厅提出了要组建国家科学院的想法,参议院口头表决通过,数小时后,国会通过该提案,晚上提案传至美国前总统亚伯拉罕·林肯处,林肯签署了这一法案,使之具有法律地位,美国国家科学院(National Academy of Sciences,简称 NAS)正式诞生。这一组织的主要工作是:无论美国政府的哪一个部门提出要求,它都要对科学和艺术的任一学科进行调查、检测、实验并做出报告。尽管如此,它不是政府部门,而是民间的、非营利的、科学家们的荣誉性的自治组织,其下并不设研究机构。美国国家科学院共有数理科学、生物科学、应用和工程科学、医学科学、社会科学 5 个学组,主要由院士、名誉院士与外籍非正式院士组成,外籍的非正式取得美国国籍之后也可以成为院士,每年 4 月在华盛顿召开一次年会并增选院士,截至当前,该组织已经有超过 2000 名科学家院士。美国国家科学院从 1886 年便开始颁

---

① 托克维尔.论美国的民主(下卷)[M].北京:商务印书馆,1988:635-636.
② 托克维尔.论美国的民主(下卷)[M].北京:商务印书馆,1988:640.

发自己的科研成果奖项——亨利·德雷珀奖。2020年，美国国家科学院面向包括大学教师在内的所有科研工作者，在生物、物理、天文等自然科学领域共颁发了34个科研成果奖励项目。这些奖项的具体情况如下。

(1)奖项名称和首次颁奖年份：亨利·德雷珀奖(1886年)、詹姆斯·克雷格·沃森奖(1887年)、劳伦斯·史密斯奖(1888年)、亚历山大·阿加西奖(1911年)、康斯托克物理学奖(1913年)、国家科学院公益奖(1914年)、国家科学院地球和生命进化奖(1917年)、约翰·J.卡蒂科学进步奖(1932年)、国家科学院早期地球和生命科学奖(1934年)、杰西·史蒂文森·科瓦连科奖(1949年)、国家科学院分子生物学奖(1962年)、吉布斯兄弟奖(1965年)、J.C.亨塞克航空工程奖(1968年)、赛尔曼·A.瓦克斯曼微生物奖(1968年)、阿托夫斯基奖(1969年)、G.K.沃伦奖(1969年)、亚瑟·L.戴奖(1972年)、国家科学院化学科学奖(1978年)、理查德·朗斯伯里奖(1979年)、吉尔伯特·摩根·史密斯奖(1979年)、国家科学院北美科学评论奖(1979年)、特洛兰研究奖(1984年)、马尔亚姆·米尔扎卡尼数学奖(1988年)、国家科学院神经科学奖(1988年)、国家科学院工业应用奖(1990年)、威廉和凯瑟琳艾斯特奖(1990年)、国家科学院化学服务社会奖(1991年)、亚历山大·霍莱茵生物物理学奖(1998年)、普拉德尔研究奖(2012年)、阿特金森心理学和认知科学奖(2013年)、国家科学院科学发现奖(2015年)、国家科学院食品和农业科学奖(2017年)、迈克尔和希拉奖(2018年)。

(2)奖励形式和奖项出资者：美国国家科学院的奖励形式十分多元，有奖章、奖牌，还有奖金奖励、研究资金奖励、资助公开进行学术演讲等，有些奖项多种奖励形式并用。在具体的奖励形式上，奖金是主要来源，其中2.5万美元、5万美元、2万美元、10万美元、7.5万美元、1.5万美元、1万美元是从高到低的奖金频次，而研究资金上也是5万美元、10万美元、2.5万美元不等(见表4-1)。在奖项的出资者上，外部捐赠是主要来源，美国国家科学院自己也设立一些奖项。

表 4-1 2020 年美国国家科学院颁发的科研成果奖励项目的奖励形式和出资者频数

奖励形式/万美元	频数	资金来源	频数
奖金:2.5	9	美国国家科学院自己颁发	10
奖金:5	8	外部捐赠(含个人捐赠、公司捐赠)颁发	24
奖金:2	7		
奖金:10	4		
奖金:7.5	1		
奖金:1.5	1		
奖金:1	1		
研究资金:5	3		
研究资金:10	1		
研究资金:2.5	1		
奖章、奖牌等	9		
资助获奖者进行公开的学术演讲	1		

二、综合性民间学术团体的大学教师科研成果奖励项目:以 美国哲学学会为例

1743 年由本杰明·富兰克林创立的美国哲学学会,是美国最古老的学术团体,其宗旨为"促进有用的知识"。它主要有三项工作:通过每半年一次的会议选举会员、促进跨学科的交流等吸引主要的学者、科学家和专业人士;通过捐赠、奖学金、讲座、出版物、奖项、展览和公共教育等支持研究与发现;通过手稿和其他国际公认的具有持久历史价值的藏品研究图书馆为学者服务。2020 年,美国哲学学会共颁发 10 个科研成果奖励项目,其中面向大学教师的共有 9 项,具体情况如表 4-2 所示。

表 4-2　2020 年美国哲学学会颁发的科研成果奖励项目一览

序号	名称	奖励范围	奖励形式	资金来源	首次颁发年份
1	美国哲学学会麦哲伦保险奖	航海、天文和自然科学等	奖章200 几内亚奖金	外部捐赠	1786
2	亨利·M.菲利普斯奖	法学	奖章	外部捐赠	1888
3	富兰克林奖	利用科学知识进行公共服务	奖章	学会设立	1906
4	卡尔·斯宾塞·拉什利奖	神经科学	奖章	外部捐赠	1959
5	亨利·艾伦·莫伊人文科学奖	人文科学	奖章	外部捐赠	1982
6	雅克·巴赞文化史奖	美国史欧洲史	奖章	外部捐赠	1993
7	托马斯·杰斐逊艺术、人文和社会科学杰出成就奖	艺术、人文和社会科学	奖章	学会设立	1993
8	杰森·道尔顿临床调查杰出成就奖	医学	5 万美元奖金	外部捐赠	2001
9	帕特里克·苏普斯奖	科技哲学、心理学、科学史	奖章	外部捐赠	2011

三、单科性民间学术团体的大学教师科研成果奖励项目:以美国数学学会和美国政治科学协会为例

(一)美国数学学会

2019 年,美国数学学会(American Mathematical Society)面向数学领域共提供了 45 项科研成果奖励项目,除去数学教学类的奖励、面向大学生和研究生的科研成果奖励项目,主要面向大学教师的纯科研类奖励项目有

27 个。这些奖项大都是三年颁发一次,有些一年颁发一次。

(1)奖项名称和首次颁奖年份:博歇纪念奖(1923 年)、科尔代数奖(1928 年)、科尔数论奖(1931 年)、奥斯瓦尔德·维布伦几何奖(1961 年)、诺伯特·维纳应用数学奖(1967 年)、伯克霍夫应用数学奖(1967 年)、百年奖学金(1988 年)、玛丽亚姆·米尔扎卡尼数学奖(1988 年)、斯特凡·伯格曼奖(1989 年)、露丝·莱特尔·萨特数学奖(1990 年)、勒罗伊·P. 斯蒂尔终身成就奖(1993 年)、勒罗伊·P. 斯蒂尔开创性贡献奖(1993 年)、勒罗伊·P. 斯蒂尔数学博览会奖(1993 年):比尔奖(1997 年)、阿尔伯特·莱昂·怀特曼纪念奖(1998 年)、列维·L. 康南特奖(2000 年)、E·H. 摩尔研究文章奖(2002 年)、大卫·P. 罗宾斯奖(2005 年)、约瑟夫·L. 杜布奖(2005 年)、伦纳德·艾森伯德数学和物理奖(2006 年)、玛丽·P. 多尔奇尼杰出研究奖(2012 年)、Lie 理论的谢瓦莱奖(2014 年)、美国数学学会伯特兰·罗素奖(2016 年)、乌尔夫·格林纳德随机理论与建模奖(2016 年)、琼和约瑟夫·伯曼女学者奖金(2017 年)、德尔伯特·雷·富尔克森奖(2021 年)、比尔奖、斯特凡·伯格曼奖。

(2)奖励形式和资金来源:在美国数学学会提供的 27 项大学教师可以获得的科研成果奖励项目中,大部分奖项都是由外部捐赠设立,奖金以 0.5 万美元为最主要的奖励形式,如表 4-3 所示。

表 4-3   2020 年美国数学学会颁发的科研成果奖励项目的奖励形式和出资者频数

奖励形式/万美元	频数	资金来源	频数
奖金:0.5	18	美国数学学会自己颁发	6
奖金:0.8	1	外部捐赠(含个人捐赠、公司捐赠)颁发	21
奖金:0.15	1		
奖金:0.1	1		
奖金:1	1		

续表

奖励形式/万美元	频数	资金来源	频数
奖金:5	1		
奖金数额不一,每次基于学会的收入浮动	1		
研究资金:100	1		
研究资金不一,根据获奖者的后续研究项目决定	1		
资助公开的学术演讲	1		

（二）美国政治科学协会

美国政治科学协会（American Political Science Association 简称 APSA）成立于1903年,是全世界较早成立的政治科学研究的专业组织,是一个独立的、非营利的专业组织。当前,美国政治科学协会已经有来自100多个国家的11000名成员,主要为个人、部门和机构提供专业服务。其核心目标为促进美国国内外政治科学的学术研究和交流、促进有关政治和政府的高质量教育、改善政治科学的专业环境、促进政治科学的专业利益最大化和为公众服务等。学会面向政治科学领域颁发了不少奖项,面向大学教师的科研成果奖项主要有17项。①

（1）奖项名称和首次颁奖年份:伍德罗·威尔逊基金会奖(1947年)、查尔斯·梅里亚姆奖(1975年)、本杰明·李斯特奖(1975年)、拉尔夫·J.邦奇奖(1978年)、汉弗莱奖(1978年)、詹姆斯·麦迪逊奖(1988年)、约翰·高斯奖(1986年)、海因茨·欧拉奖(1988年)、伊塞尔·德索拉·普尔奖(1995)、古德诺奖(1996年)、维多利亚·舒克奖(2003年)、格拉迪斯·M.卡默勒奖(2004年)、罗伯特·A.达尔奖(2016年)、华尔顿奖(2019年)、弗

① American Political Science Association. Awards［EB/OL］.（2019-09-03）［2020-05-04］. https://www.apsanet.org/awards.

兰克林/阿尔法奖(2019年)、芭芭拉·辛克莱讲座奖(2019年)。

(2)奖励形式和资金来源:美国政治科学协会提供的17项科研成果奖励项目中,有13项是由学会自己设立颁发的,外部捐赠的科研成果奖项较少;奖励形式上有奖金1000美元、2000美元、5000美元、750美元、500美元不等(见表4-4)。

表4-4　2020年美国政治科学协会颁发的科研成果奖励项目的奖励形式和出资者频数

奖励形式/美元	频数	资金来源	频数
奖金:5000	2	美国政治科学协会自己颁发	13
奖金:500	2	外部捐赠(含个人捐赠、公司捐赠)设立	4
奖金:2000	3		
奖金:1000	4		
奖金:750	3		
资助公开的学术演讲	3		

四、基金会所提供的科研成果奖项:以卡弗里基金会和斯隆基金会为例

(一)卡弗里奖:美国卡弗里基金会(The Kavli Foundation)

卡弗里基金会由福瑞得·卡弗里(Fred Kavli)设立。卡弗里曾是商人和工程师,从小就对大自然充满好奇,并一直热爱科学。2000年,他把公司卖掉,换得3.4亿美元,此举让他从商界抽身,凭借着雄厚的资金,他开始赞助科学研究。2000年12月,卡弗里基金会成立,总部设在美国加利福尼亚州的海滩城市之一——圣巴巴拉。基金会的主要使命在于促进科学造福人类、促进公众对科学研究的理解、支持科学家的工作,基金会的任务是通过在天体物理学、纳米科学、神经科学和理论物理学领域的研究机构、专题讨

论会和教授项目的国际计划,以及天体物理学、纳米科学和神经科学领域的奖项来实施的。基金会提供的奖项主要为:卡弗里奖(The Kavli Prizes)。该奖项是由卡弗里基金会和挪威科学院等共同设立的杰出国际科学奖,主要表彰在纳米科学、神经科学和天体物理领域做出创新成果的科学家,奖金为 100 万美元。卡弗里奖每两年评选一次,2008 年首次颁发。①

(二)斯隆研究奖:斯隆基金会(Alfred P. Sloan Foundation)

斯隆基金会成立于 1934 年,由时任通用汽车公司董事长、总裁艾尔弗雷德·P.斯隆(1875—1966)创建。基金会资助原创性研究,以及与科学、技术和经济相关的基础教育。基金会认为,科学、技术和经济领域的学者和实践者是促进社会健康、繁荣的首要驱动力,为此,它专门设立了斯隆研究奖(Sloan Research Fellowships):主要奖励那些年轻和有前途的学者及其所进行的基础研究,以表彰他们杰出的表现和为其领域做出巨大贡献的潜力,获奖者可以获得 7.5 万美元的奖金。斯隆研究奖 1955 年首次颁奖,主要表彰领域为化学、计算和进化分子生物学、计算机科学、经济学、数学、神经科学、海洋科学和物理学。②

第三节　美国研究型大学的科研成果奖励制度: 以亚利桑那大学为例

美国研究型大学的特色是研究,这是它们能在美国高等教育系统乃至全世界闻名并作出卓越贡献的重要优势。那么,它们是如何做到让研究成为其优势与特色的呢？这与其相对完善、系统的校内科研资助体系不无关

---

① The Kavli Foundation. The Kavli Prizes[EB/OL]. (2019-08-01)[2020-05-06]. https://www.kavlifoundation.org/kavli-prize.

② Alfred P. Sloan Foundation. Sloan Research Fellowships[EB/OL]. (2019-08-03)[2020-06-01]. https://sloan.org/fellowships/.

系。特别是 20 世纪末期以来,美国联邦政府科研课题和科研经费的竞争日趋激烈,成功率不足 20％。[①] 在这样的背景下,研究型大学更是加强了对校内科研资助体系的建设,以保持自己的研究特色和提升自己在日趋激烈的外部竞争环境中的优势。为此,美国研究型大学还设立各类奖励项目,以肯定与表彰校内教师们在科研上的努力及其所取得的成就,从而激励他们继续努力开展科学研究,以取得更多更好的科研成果。但这类科研成果奖励项目并不是每所研究型大学都有,在每一所大学所占的比例也不同,相较孵化项目和合作项目而言,所占的比例相对较低。概括起来,主要有两类。

第一,专项式的科研成果奖励项目。南加州大学提供了形式多样的专项奖励:所有人文社科的教师工作满 3 年可以申请一个学期的带薪休假,以奖励老师们的贡献并鼓励他们在休假期间更好地开展研究工作;在南加州工作 5 年以上并在艺术方面做出了突出贡献的老师,一年可以申请两个名额的艺术奖励项目,奖金为 3500 美元;在研究方面有新的创意或者有创新点,对学术领域产生了较大影响的教师,一年可以申请两个名额的 3500 美元的创新奖励项目;专门针对女性,特别是科学和工程领域的女性教师,基于其学术贡献,一年提供一项 25000 美元的科研成果奖励项目。[②] 霍普金斯大学还设立了专门的跨学科研究奖——校长前沿奖(President's Frontier Award),研究成果是奖励标准,重点在于奖励那些能够开展跨学科研究并取得了跨学科研究成果的杰出学者,一年奖励一位,奖金是 5 万美元。[③]

①　Brown University. OVPR Grant Resubmission Award Program Guidelines [EB/OL]. (2019-03-12) [2020-06-13]. https://www. brown. edu/research/conducting-research-brown/finding-funding/internal-funding-opportunities/grant-resubmission-award-guidelines.

②　University of Southern California. USC Research Awards[EB/OL]. (2019-04-12)[2019-12-23]. https://research. usc. edu/for-investigators/funding/usc/#artistic.

③　Johns Hopkins University. President's Frontier Award [EB/OL]. (2019-04-15)[2020-02-13]. https://research. jhu. edu/major-initiatives/presidents-frontier-awards/.

　　第二,综合式的科研成就奖。乔治敦大学设立了两个综合式的科研奖励项目,一个是职业研究成就奖(Career Research Achievement Award),面向乔治敦大学的所有在校教师,一年有一个奖励名额,一个人一生仅有一次获奖机会;一个是杰出研究成就奖(Distinguished Achievement in Research Award),也是面向所有在校老师,一年一个名额,一个人可以多次获得该奖项。两个奖项奖金都是1万美元,均以过去五年的专著、专利或技术、论文等研究成果作为评价依据,着重评价获奖教师的综合学术贡献。①

　　为了更系统地了解美国研究型大学的科研成果奖励项目,本研究选择了一所研究型大学——美国亚利桑那大学为代表,通过描述与分析面向该所大学教师的所有科研成果奖励项目,以了解美国大学教师的校内外科研成果奖励制度。美国亚利桑那大学的教师可以申请和获得的校内科研成果奖励项目主要是:杰出学者奖(Distinguished Scholar Award)。该类主要奖励在教学、研究和社会服务方面做出重大贡献的教师,一年一次。② 该奖项属于综合类奖项,不是纯粹的科研成果奖励。2020年,亚利桑那大学的教师可以申请获得的校外科研成果奖励项目共有490项,这些奖项有着不同的来源,奖励领域、奖励的形式等均不一样。

一、校外科研成果奖励项目的来源

　　亚利桑那大学的490项校外科研成果奖励项目,主要来自各学会协会、基金会、公司和其他大学等。

---

① Georgetown University. Main Campus Research:Internal Georgetown Funding[EB/OL]. (2019-04-04)[2020-01-12]. https://maincampusresearch. georgetown. edu/internal-georgetown-funding.

② The University of Arizona. Research Gateway[EB/OL]. (2019-11-03)[2020-02-03]. https://rgw. arizona. edu/distinguished-scholar.

（一）学会或者协会

（1）自然科学类：美国土木工程师学会（58）（括号内的数字为该机构一共提供了多少项不同的科研成果奖励项目，超过1项的均用数字表达，下同）、美国电化学学会（2）、国际光学工程学会（2）、美国数学学会（3）、美国国家科学院（12）、美国机械工程师学会（24）、美国光学学会（15）、美国航空航天学会（18）、美国生理学会（10）、美国物理人类学家协会、美国女数学家协会（3）、美国生态学会（2）、美国化学家学会、美国医学史学会、美国航天学会（2）、美国农业和生物工程师学会（11）、美国地球化学学会、西方护理学会（4）、美国化学学会（38）、美国营养学会（2）、美国国家雕塑学会、美国考古学会、美国内分泌学会、美国妇科肿瘤学会、美国质谱学会、美国精神分析学会、美国工业工程师学会（3）、美国科学研究协会（2）、美国心脏病预防学会、美国食品科技学会（2）、美国药学院学会（3）、美国数学优化学会、美国计算机技术教育进步学会、美国地理学家协会（2）、美国实验生物学与医学学会、美国乳制品科学学会（8）、美国电子电气工程师学会（23）、美国植物生物学家学会（3）、美国陶瓷学会（2）、英国皇家化学学会（2）、美国沉积地质学协会、国际谷物科技学会（3）、美国地质协会（5）、美国园艺科学学会、美国农业与应用经济学学会（6）、美国体外生物学学会、美国地震学会（2）、美国真菌学会（3）、美国化学工程师学会（6）、美国物理学会、美国认知科学学会、美国预防研究学会。

（2）人文社科类：美国历史学会（3）、美国语言人类学学会、美国市场营销协会、美国古文物收藏家协会（2）、美国社会问题心理学研究学会、美国比较文学学会（2）、美洲土著语言研究学会、美国心理科学学会（3）、美国音乐学会（5）、美国亚洲研究学会、国际政治学协会、美国诗人学会（4）、美国教育研究学会（5）、美国民族音乐学会、美国商业史学会、美国心理学会（4）、美国教师教育者协会、美国人口协会（2）、美国科学社会研究协会（4）、美国法律与社会协会、美国宗教学会、美国现代语言学会、美国州和地方历史学会、美国哲学学会、美国社会学学会、美国政治科学协会(8)、美国戏剧协会、美国法语教师协会、美国犯罪学学会、美国食品与社会研究学会(3)、美国作家和写作协会。

(二)基金会

盖尔德纳基金会、福克纳基金会、霍华德基金会、罗伯特·伍德·约翰逊基金会、布拉瓦特尼克家庭基金会、莱梅尔森基金会、朗格姆慈善信托基金会、彼得和帕特里夏格鲁伯基金会(2)、内森·卡明斯基金会、甘达亨克尔基金会、格拉维尔基金会(2)、泰德基金会、博利亚斯科基金会、福特基金会、斐·卡帕·斐基金会(2)、阿尔伯特·码丽·拉斯克基金会、国家人文基金会、日本奖基金会、国家图书基金会。

(三)大学和研究机构

哈佛大学(3)、耶鲁大学、弗吉尼亚大学、哥伦比亚大学、圣母大学、路易斯维尔大学(2)、斯旺西大学、西北大学(2)、麻省理工学院、特拉维夫大学、葛底斯堡学院、都柏林美国学院、罗马美国学院、美国中世纪学院、雅典美国古典研究学院(2)、美国国立美术馆视觉艺术高级研究中心、美国航空航天研究所(8)、西郊护理学院、美国海外研究中心(2)、美国数学高级研究所、伍德罗·威尔逊国际学者中心、美国国家研究所(2)、美国动物替代、改良和减少研究中心(NC3Rs)、美国环境法研究所、美国海军研究办公室、英国和爱尔兰皇家人类学研究所、美国物理研究所(5)、国家卫生保健管理研究所(2)。

(四)其他组织

赛多利斯公司、家庭照顾者联盟(3)、国际商用机器中心、国家公共历史委员会、纽伯利图书馆、全国数学教师委员会、大都会艺术博物馆(2)、美国科学促进会、一片草叶社交艺术性组织(ABOG)、世界文化委员会(2)、美国图书馆协会、美国消费者金融服务学院律师大赛、国际数学联盟(3)、美国博物馆联盟(2)、美国大学及研究图书馆协会(2)、国际交流协会(2)、北美艺术图书馆协会、大学健康管理课程协会、美国环保署、波罗的海研究促进协会、国际交流协会(6)、斐·贝塔·卡帕协会、安捷伦科技公司、剧院图书馆协会、联合国粮食及农业组织。

二、校外科研成果奖励项目的内容

亚利桑那大学不同的校外科研成果奖项在奖励标准、内容等上各不相同,有的以单项的论文、图书等为奖励标准,有的则以综合的成就为奖励标准;有的奖项面向所有职业发展阶段的大学教师,有些则专门面向不同职业发展阶段的大学教师;具体的奖励领域也各不相同,有的专注于奖励某一个领域的学者或者成果,有的则十分综合与全面。具体如下。

(一)以单项成就为主的奖项

如卡尔·埃米尔·希尔加德水力奖(Karl Emil Hilgard Hydraulic Prize)主要奖励在水流问题方面取得高水平论文的作者;约瑟夫·W. 古德曼图书写作奖(Joseph W. Goodman Book Writing Award)主要奖励过去六年里在光学和光子学领域出版了杰出著作的作者;阿瑟·L. 戴讲座奖(Arthur L. Day Prize and Lectureship)奖励对地球物理做出了持久贡献的科学家,但以其讲座为奖励标准,不仅考察其讲座能否为该领域的知识和文献提供坚实、及时和有用的补充,还要考察其讲座是否精彩,即获奖者本身是否是一个优秀的演讲者。

(二)以综合成就为主的奖项

美国国家传热学奖(Heat Transfer Memorial Award)面向每一个在传热学领域的学者,并将其在传热学领域的教学、研究、社会实践、设计等综合活动所做出的贡献作为奖励标准。哈佛大学(Harvard University)提供的希腊研究中心高级研究奖主要鼓励和支持关于古希腊的高质量的研究成果,但研究主题不限于任何领域或者区域,面向所有学科如人类学、考古学、艺术史、教育学、历史学、文学批评、自然和物理科学、语言学、哲学、政治学、宗教研究、社会学以及相关的子领域,只要与古希腊相关的任何领域的任何成果的作者都可以成为获奖者。

（三）面向所有职业发展阶段的大学教师的奖项

曼德琳奖面向每一位大学教师,只要在下列某一个领域做出了贡献,便有可能和机会获奖,如在对年轻工程师的培养与提升方面,具有作为顾问或指导教师的卓越领导能力;为工业工程实践创造一个知识体系;创新教材组织形式促进了工业工程师的培养与发展;通过应用工业工程方法对提升公司生产力做出积极贡献。约翰·P.麦格文科学与社会奖(John P. McGovern Science and Society Award)面向每一位科学家,只要其所从事的研究及其取得的成果对科学交流和传播产生了积极的影响,并对社会的进步做出了积极的贡献,便有机会获奖。

（四）面向处于不同职业发展阶段的大学教师的奖项

美国国家科学院食品与农业科学奖(National Academy of Sciences Prize in Food and Agriculture Sciences)主要奖励处于职业中期的大学教师,获奖者应在农业或粮食生产领域取得了至关重要的成果,促进了人类和社会对物种生物学的理解,并在该领域做出了非凡贡献。美国国家科学院分子生物学奖(Award in Molecular Biology)主要奖励年轻的美国科学家,要求年龄不超过45岁,以其最近在分子生物学领域的重大发现为奖励标准。艾米奖(Emmy Noether Prize)专门奖励那些为数学科学的原创与发展做出了基础性和持续性贡献的女性科学家。玛丽安·米尔扎哈尼数学奖(Maryam Mirzakhani Prize in Mathematics)主要奖励给为数学做出了杰出贡献的中年数学家。美国农业和生物工程师学会提供的只面向40岁以下的科学家的奖励项目——纽·霍兰德青年研究者奖(New Holland Young Researcher Award)等。

（五）面向单一学科的奖项

亚利桑那大学的 490 项校外科研成果奖励项目,绝大多数都是面向某一学科甚至某一学科中的某个领域或者方向。查尔斯·哈德·汤斯奖(Charles Hard Townes Award)主要奖励在电子学领域做出了贡献的学者。朱利安·汉德斯奖(Julian Hinds Award)主要奖励对灌溉、防洪、市政和工业用水、水力发电或其任何组合的多用途水利工程等水资源开发领域做出了贡献的学者。教育研究杰出贡献奖(Distinguished Contributions to Research in Education Award)主要奖励对教育研究做出了杰出贡献的研究者。戈特弗里德·E.诺特奖(Gottfried E. Noether Awards)主要奖励在统计学领域里的非参数统计方面取得了杰出成就的学者。

（六）面向多个学科的综合科研成果奖项

亚利桑那大学的 490 项校外科研成果奖励项目中面向多个学科的科研成果奖励项目较少,其中有几项是主要面向整个自然科学领域的,如约翰·J.卡蒂科学促进奖(John J. Carty Award for the Advancement of Science)是美国国家科学院颁发的一项科学奖励项目,面向任何科学领域中取得了杰出成就的学者。大卫.艾奇奖(David Edge Prize)主要面向科学和技术研究领域,奖励该领域的优秀成果及其研究者。

三、校外科研成果奖励项目的形式

亚利桑那大学的 490 项校外科研成果奖励项目,有些是以奖章的形式来奖励获奖者,有些则用现金或者科研资助金的形式来奖励获奖者。为了更好地了解这 490 个项目的奖励形式,本研究将从两个领域来了解其奖励形式,分别如下。

（一）自然科学领域的科研成果奖励项目

自然科学领域提供奖金的科研成果奖励项目很多,且奖金数额多少不一,从 1000 美元到 100000 美元不等,还有 12 万欧元等的奖励项目。提供 1000 美元奖金的项目如美国国家传热学奖(Heat Transfer Memorial Award)等;提供 5000 美元奖金的科研成果奖励项目如查尔斯·W.托拜厄斯青年调查员奖(Charles W. Tobias Young Investigator Award)等;提供 10000 美元奖金科研成果奖励项目如爱德华·古德里奇·艾奇逊奖 (Edward Goodrich Acheson Award)、欧文·朗缪尔化学物理学奖(Irving Langmuir Prize in Chemical Physics)等;提供 11000 美元奖金的科研成果奖励项目如王世春青年研究员奖(Shih-Chun Wang Young Investigator Award)等;提供 15000 美元奖金的科研成果奖励项目如美国国家科学院化学科学奖(National Academy of Science Award in Chemical Sciences);提供 20000 美元奖金的科研成果奖励项目如科学评论奖(Award for Scientific Reviewing)等;提供 25000 美元奖金的科研成果奖励项目如科学工业应用奖(Award for the Industrial Application of Science)、分子生物学奖(Award in Molecular Biology)等;提供 50000 美元奖金的如阿瑟·L.戴奖(Arthur L. Day Prize and Lectureship)等;提供 100000 美元奖金的科研成果奖励项目如盖尔德纳奖(Gairdner Award)、美国国家科学院食品与农业科学奖(NAS Prize in Food and Agriculture Sciences)等;提供 12 万欧元奖金的科研成果奖励项目如格尔达·汉高(Gerda Henkel Prize)等。

　　另外,有些奖项提供不确定数额的奖金(主要是奖金数额不固定,依据获奖者的数量多少来决定每个人能获得多少奖金)和奖牌或者奖章:如罗伊斯·J.蒂普顿奖(Royce J. Tipton Award)、鲁道夫·郝林奖章(Rudolph Hering Medal)、塞缪尔·阿诺德·格里利奖(Samuel Arnold Greeley Award)、西蒙·W.弗雷斯环境工程奖(Simon W. Freese Environmental Engineering Award and Lecture)、韦斯利·W.霍纳奖(Wesley W. Horner Award)、詹姆斯·克雷格·沃森奖章(James Graig Watson Medal)等,还有些科研成果奖励项目既提供奖金又有奖牌或奖章,还有科研资助金,如杰西·史蒂文森·科瓦连科奖章(Jessie Stevenson Kovalenko Medal)既提供奖章,也提供 25000 美元的奖金,还有 50000 美元的研究资助金。在自然科学领域,还有一些奖项只提供奖章,如弗雷德里克·艾夫斯/贾鲁斯·W·奎因奖章(Frederic Ives Medal/Jarus W. Quinn Prize)、埃米特·诺尔曼·利斯奖章(Emmett N. Leith Medal)等,但这类只提供奖章的科研成果奖励项目在自然科学领域比较少。

(二)人文社科领域的科研成果奖励项目

人文社科领域的多数科研成果奖项是纯荣誉性的,既没有奖金,也没有奖章,如奖励比较文学学者的哈里·莱文奖(Harry Levin Prize)、心理学的詹姆斯·麦肯·卡特尔奖(James McKeen Cattell Fellow Award)、美国教育研究学会的社会公正教育奖(Social Justice in Education Award)等;也有只提供奖章的科研奖项如哈斯金斯杰出著作奖章(Haskins Medal for a Distinguished Book);还有一些奖项提供现金奖励,其奖金数额从 100 美元到 10000 美元不等,但 10000 美元是最高数额。提供 100 美元奖金的科研成果奖励项目有美国民族音乐学会的应用民族音乐学科论文/项目奖(Applied Ethnomusicology Section Paper/Project Prize)等;提供 500 美元奖金的科研成果奖励项目有美国法律与社会学会的詹姆斯·威拉德·赫斯特奖(James Willard Hurst Prize)等;提供 750 美元奖金的科研成果奖励项目有美国政治科学学会的富兰克林/阿尔法奖(Franklin L. Burdette/ Pi Sigma Alpha Award)等;提供 1000 美元奖金的科研成果奖励项目有美国国家公共历史委员会图书奖(National Council on Public History Book Award)、美国音乐学会的朱迪斯·迪克奖(Judith Tick Fellowship)、美国国际政治学学会的卡尔·多伊奇奖(Karl Deutsch Award)、大卫·J.朗格姆美国法律史奖(David J. Langum, Sr. Prize in American Legal History)等;提供 1850 美元奖金的科研成果奖励项目有创意和表演艺术家及作家奖(Fellowships for Creative and Performing Artists and Writers)等;提供

2500 美元奖金的科研成果奖励项目有哈格利商业史奖（Hagley Prize in Business History）等；提供 3000 美元奖金的科研成果奖励项目有艾德丽安·弗里德·布洛克研究奖（Adrienne Fried Block Research Award）等；提供 5000 美元奖金的科研成果奖励项目有弗吉尼亚大学的 18 世纪研究沃克·考恩手稿奖（Walker Cowen Manuscript Prize Competition in Eighteenth-Century Studies）、奖励政治学领域的伍德罗·威尔逊基金会奖（Woodrow Wilson Foundation Award）等；提供 10000 美元奖金的科研成果奖励项目有哥伦比亚大学的班克罗夫特奖（Bancroft Prize in American History and Diplomacy）、圣母大学的劳拉·香农当代欧洲研究奖（Laura Shannon Prize in Contemporary European Studies）等。

第四节　美国大学教师科研成果奖励制度的评选程序

当前，美国大学教师科研成果奖励制度在获奖科研成果的具体评选上，其程序主要是专家提名、代表作制度、公开的专家评审等。联邦政府、社会组织等颁发的科研成果奖励制度基本按照这样的评选程序来进行获奖科研成果的遴选、提名与选拔等工作。

一、专家提名

截至 2020 年，美国联邦政府、民间学术团体等的科研成果获奖候选人的产生办法有提名、推荐、自荐、"提名＋推荐"等多种形式，但以提名为主，特别是美国联邦政府和一些全国性的、知名的和综合性的民间学术团体等，产生候选人都十分倚重提名制。提名制一般以专家提名为主，当然一些组织机构如高等院校、民间学术团体等也可以向评审方提名获奖者，但政府职能部门一般不参与提名，也不接受个人自荐。以美国国家科学奖为例，作为美国最高级别的科学奖,该奖设有专门的 FastLane 系统实施全程无纸化的电子提名。有提名资格的主要为历年的获奖者、评审方指定的相关成员,如国家科学院的院士和该领域的知名学者、相关科研机构和高等院校等;被提名的必须是个人;提名的人数在不同的年份有不同的限制,但机构可以提名的候选人没有数量限制;提名者须在系统内提交一份提名表和不少于 3 份不超过 5 份的专家推荐信;推荐信需由推荐者本人而不是提名者在系统内提交,以确保推荐的真实性,一封推荐信不能超过 3 页;如还有其他相关材料则可以通过邮件的形式发送以补充说明提名该候选人的必要性和价值。[①] 美国数学学会的所有科研成果奖励项目需要提供的材料基本都是:提交一封提名信,一份被提名作品的完整书目引文或者论文引文以及一份解释作品的重要性的简短引文。[②] 除此之外,自我推荐、高校推荐、多渠道推荐相结合等也在美国一些民间学术团体科研成果奖励时得以使用,但提名制,特别是专家提名,是美国大学教师科研成果奖励系统最普遍和最广泛使用的形式。

二、代表作制度

在提名或者推荐成果材料上,联邦政府、民间学术团体等基本采用代表作(公开出版物、专利等)制度,不同部门、不同范围和不同学科的科研成果奖励项目在代表作数量、影响范围等的要求上会有所差异。例如美国国家科学奖:需要提供被提名者的不超过 10 项的重要代表作或专利,这些成果彼此间应当连续且系统,并对这些成果的重要价值进行简要说明,重要价值主要指对人类和科学、所在学科、产业、教育、学科之外的其他领域和国家等

---

① National Science Foundation. Nomination Information[EB/OL]. (2019-09-10)[2020-01-02]. https://www.nsf.gov/od/nms/nominations.jsp.

② American Mathematical Society. Prizes and Awards[EB/OL]. (2019-10-12)[2020-01-08]. https://www.ams.org/prizes-awards/palist.cgi.

所产生的实际影响,证明重要价值的材料应尽可能简要,而且不需要提供完整的代表作或者专利,也不需要提供引文或者证明社会价值的材料。卡弗里奖,作为美国民间科研成果奖励金额最高的科研成果奖励之一,它要求提供被提名者的不超过 5 项的代表性科研成果,并用不超过 2500 个字的证明材料对这些成果的重要性、开创性和变革性进行简要的说明,关键在于简洁说明其价值;除此之外,如果是合作性研究,还应该重点区分被提名者与合作研究者在代表性成果中的贡献。① 众多不同的科研成果奖励项目,尽管在代表性成果数量的要求上有些差异,但也有很多共性:相较发表或出版代表性成果的刊物如 SSCI、SCI 或出版社而言,更看重的是成果的实际影响力和对美国社会、社区、学科等的真正价值,且强调代表性成果之间连贯且系统;要求提供的证明性材料尽可能简洁,证明成果价值的文字尽可能简要。

三、公开的专家委员会评审

在美国,无论是联邦政府、民间学术团体还是大学,它们都设有专门的奖励评审委员会来负责评审工作。在提名工作结束之后,便进入评审阶段,奖励不同,评审也不完全一样,有些奖励会有两轮或多轮的评审,越是全国性的、领域越广泛的、终身性的或者获奖名额越少的科研成果奖励项目,被提名的人和材料则越多,其评审次数也就越多。但不管是一次还是多次评审,都有两个共性:一是专家评审,组织该领域的知名专家学者实施评审,这些评审专家可以是官员,但他首先必须是该领域的专家,而且这类专家型官员在评审委员会的比例上也有限制,例如不超过 20% 等,有的甚至不允许专家型官员参与评审,以避免奖项沾染上任何行政色彩。二是公开,如公开

---

①　The Kavli Foudation. Call for Nominations[EB/OL]. (2019-07-05)[2020-05-09]. http://kavliprize. org/events-and-features/call-nominations-2018.

评审专家的名字,美国国家科学奖、国家技术奖、卡弗里奖、美国政治科学学会、美国物理学会等都会在其网站上公开评审专家的信息,有的甚至还公开评审的时间、地点等信息。这一公开透明的制度,不仅确保了评审过程的公开透明,更强化了评审专家的责任,以监督他们更公平、更专业、更诚信地进行评审。

四、监督、公示与评估

为了提高评审过程和评审结果的公平性以及奖项自身的含金量,美国不少奖励项目还设置了专门的监督、公示与评估等环节。如美国总统青年科学家和工程师奖设有评审项目专员参与专家委员会的评审,以监督整个评审过程。① 在评审结束后,一些奖励会公示评审结果,以接受社会的监督;当然,也有一些奖项并不设置公示和异议环节,也不征求社会大众对评审结果的意见。② 除此之外,还有一些机构如美国化学学会为了保证其科研成果奖励项目的质量和荣誉,会定期对其设置的奖励进行评估,评估的内容包括:评审委员会的适当性、奖励的覆盖面、每一个奖项的合理性、获奖情况分析等。③ 通过对奖项自身的因素和结果等进行评估,并依据评估的结果对奖项的设置进行适当的调整或者改进,甚至决定是否继续设置该奖项等;对评审委员会专家成员构成的适当性和职责履行情况进行评估与监督,适时调整评审委员会的成员,以防止学术腐败等问题的发生。

---

① National Science Foundation. Presidential Early Career Awards for Scientists and Engineers [EB/OL]. (2019-08-06)[2020-02-10]. Https://www.nsf.gov/awards/pecase.jsp.

② 高山.美国的科技奖励[J].全球科技经济瞭望,2002(6):45-48.

③ 阎光才.美国的学术体制:历史、结构与运行特征[M].北京:教育科学出版社,2011:151.

第五节　特点分析:基于同行承认的独创性

美国联邦政府、社会组织和研究型大学等设置了数量众多的科研成果奖励项目,从而构成了美国的大学教师科研成果奖励制度。从众多的科研成果奖励项目中随机抽取一些项目,如联邦政府的沃特曼奖主要奖励包括数学、物理、医学、生物、工程、社会科学等的各个领域,并专门授予在各学科最前沿取得杰出成就的美国青年科学家;美国国家科学院的阿托夫斯基奖主要奖励在太阳—物理和太阳—地球研究方面做出杰出贡献的科学家;美国哲学学会的亨利·M.菲利普斯奖主要奖励在五年内对法学具有最重要贡献的出版物;美国数学学会的科尔数论奖主要奖励在数论领域的杰出创新性研究成果;美国政治科学学会的伍德罗威尔逊基金会奖每年奖励政治科学领域的最佳图书;美国卡弗里基金会的卡弗里奖主要奖励在纳米科学、神经科学和天体物理领域取得创新成果的科学家……从这些科研成果奖励项目的奖励内容来看,主要都是奖励在各个领域的独创性成果,这与科研奖励制度的缘起是一致的,即追求独创性,也就是为了推进人类社会的进步。这些科研成果,由谁来评判呢? 从前面的内容可知,都是由同行专家来实施,无论是提名还是评审会,都由同行专家来决定和评价。由此可见,美国大学教师科研成果奖励制度中的各个奖励项目都在奖励独创性,且都基于同行承认。可以说,基于同行承认的独创性是美国大学教师科研成果奖励制度的根本目的和前提所在,也是其最大的特点。基于这一根本目的,美国大学教师科研成果奖励制度还有下列其他具体的特点。

(1)美国大学教师科研成果奖励制度较为系统,以社会层面的科研成果奖励项目为主体,民间学术组织提供了数量众多且范围广泛的科研成果奖项。美国大学教师的科研成果奖励制度主要由联邦政府、民间组织、研究型大学等构成,形成了一个较为系统的奖励制度。尽管每个奖项内部并没有等级之分,不设一等奖、二等奖、三等奖等,但就整个系统而言,联邦政府的科研成果奖励项目最权威,研究型大学提供数量极少的科研成果奖励项目,民间组织的科研成果奖励项目历史悠久、范围广泛且数量繁多,是美国大学教师科研成果奖励制度的主体。联邦政府的各科研成果奖为全美最高科研成果奖,也是大学教师们所努力追求的最高科研成果奖。大学作为基层单位,即便设有科研成果奖,也主要在于激励教师们努力去获取校外的奖励项目。庞大的民间组织不仅是大学教师科研成果奖励的最主要颁发群体,也是联邦政府和大学的中介,当然,大学也可以直接推荐教师去获取联邦政府奖。如果可以按照"卓越——公平"或"精英—大众"等理论来对应美国大学教师科研成果奖励制度的话,其承载者则分别是联邦政府和民间组织。其中,民间组织是美国大学教师科研奖励制度的绝对主体。

18世纪末期,美国的各社会力量和民间组织就踏上了颁发各式各样科研成果奖项的历史征程。最早可以追溯到1743年美国哲学学会的成立,作为美国最古老的学术团体,该学会在1790年颁发了麦哲伦保险奖,主要奖励自然科学、自然史、天文学等方面的发明者,这是美国科研成果奖励制度的最早起源。由此可见,美国社会层面所提供的科研成果奖励历史非常悠久。1780年,美国人文和科学院成立,它在1839年开始设立拉姆福德奖,以奖励研究者们对光和热的贡献。随后,各式各样的学术团体得以建立,如1839年美国统计学会成立;1847年美国医学会成立;1852年美国土木工程师学会成立;1863年美国国家科学院成立;1876年美国化学学会成立;1880年美国机械工程师协会成立;1884年美国历史学会成立;1888年美国国家地理学会成立;1888年美国数学学会成立;1892年美国心理学会成立;1899年美国天文学会成立;1899年美国物理学会成立;1916年美国光学学会成立;1923年美国经济学会成立;1923年美国法律学会成立;1963年美国航天航空学会成立……陆续成立的这些学术团体,纷纷开始颁发各式各样的学术与科研奖项,如1863年成立的美国国家科学院自1886年开始颁发了自己的第一个科研奖项——亨利·德雷珀奖,主要奖励在天文学、物理学等领域的原创性研究;1887 年颁发了詹姆斯·克雷格·沃森奖,奖励在天文学领域的科研成果等。

自 18 世纪末期以来,美国民间成立了各式各样的学会团体和学术组织。众多的民间学术团体和学术组织设置了各式各样、数量繁多且范围广泛的科研成果奖项。繁多的科研成果奖项,不仅体现在学术团体和学术组织的数量繁多,更体现在同一个学术团体和组织会颁发数量繁多的科研成果奖项,如美国国家科学院共设置了 40 个科研成果奖励项目(其中有 7 个废止了)、美国哲学学会有 10 个科研奖项、美国政治科学学会设有 17 个科研奖项、美国人文和科学院设有 11 个奖项等,这些还只是本研究呈现出来的奖项,还有大量的、本研究没有一一去呈现的科研奖项,例如美国化学学会就设置了 300 多个奖项,其中纯粹的科研成果奖项就有 100 多个;美国土木工程师学会提供 130 项科研成果奖项等。众多的民间学术团体和学术组织,为美国社会和大学教师们提供了繁多的科研成果奖项。种类繁多的科研成果奖项,所提供的科研成果奖励范围非常的广泛,这可以从两个方面来理解:不同的学术组织提供了以本学术组织的核心和宗旨为主要范围的科研成果奖项,而美国民间的社会组织和学术团体如此繁多,几乎包含了每一个能涉及的行业、学术领域等,所以,这么多的社会力量所提供的科研成果奖项也就几乎包含了每一个能涉及的行业和学术领域,所以,只要有科研成果,不管是什么领域什么方向,就肯定有奖项可以申请并有可能获得奖励。同时,同一个学术组织也会提供范围广泛的科研奖项,例如美国哲学学会颁发的美国最古老的奖项——麦哲伦保险奖,是以航海、天文学等为奖励领域和范围的;美国国家科学院除了奖励自然科学方面以外,也设立了一些人文社科的科学评论奖项等,这也是科研成果奖励范围广泛的一种体现。除此之外,不同的学会组织所提供的科研成果奖励在对科研成果界定时,范围也十分广泛:科研专利、科研图书、科研评论、科研论文、科研报告等,这也是其科研成果奖项奖励范围十分广泛的重要体现。

（2）无论是联邦政府、还是民间组织等，它们所设置的科研成果奖项普遍倾向于自然科学领域。当前，美国联邦政府共有 10 个科研成果奖项面向大学教师，这十个奖项分别为：费米奖、劳伦斯奖、总统科学奖、费姆国家发明者大厅大奖、沃特曼奖、总统技术与创新奖、总统绿色化学奖、青年科学家和工程师总统奖、国家人文奖章和国家艺术奖章。在这 10 个奖项里，除了国家人文奖章是面向历史、文学、语言、哲学和其他人文学科，国家艺术奖章面向"艺术教育、工艺、舞蹈、绘画、电影、图形/产品设计、室内设计、园林建筑、文学、古典和流行音乐、绘画、顾客/倡导者、摄影、展示、版画、雕塑、戏剧和城市设计"等艺术领域以外，费米奖、劳伦斯奖、总统科学奖、费姆国家发明者大厅大奖、沃特曼奖、总统技术与创新奖、总统绿色化学奖和青年科学家和工程师总统奖均面向自然科学。在这十个奖项中，除了国家科学奖和沃特曼奖面向"物理、生物、数学、科学、工程领域、社会及行为科学领域"，即国家科学奖和沃特曼奖既面向自然科学领域，也面向社会科学领域，其他的奖项基本全部指向自然科学领域：费米奖主要面向核能、原子、分子与粒子的相互作用与影响方面；劳伦斯奖主要面向化学、材料研究、环境科学技术、生命科学（包括医药）、原子能技术（裂变和聚变）、国家安全和防止核扩散、高能和核子物理七个领域；费姆国家发明者大厅大奖面向自然科学技术领域；国家技术与创新奖主要面向技术创新等领域；总统绿色化学奖主要面向"具有基础性和创新性变迁、并对工业界有实用价值的化学工艺新方法，以通过减少资源的消耗防止污染"等领域；青年科学家和工程师总统奖则主要是针对生物、医学、物理等领域。面向社会科学领域的奖项只是被包含在了国家科学奖之内；除了国家人文奖和国家艺术奖以人文和艺术为主以外，并没有专门面向社会科学领域的奖项，其他的六个奖项专门面向自然科学。由此可见自然科学在美国联邦政府大学教师科研成果奖项中的比重与分量更大。除了联邦政府所提供的科研成果奖励项目中体现出的重视自然科学的特点以外，民间组织所提供的众多科研成果奖励项目也较为明显的倾向自然科学，这不仅体现在数量上，也体现在形式上。

第一，自然科学领域的学术团体与学术组织的数量较人文社科领域的要多，它们所提供的科研成果奖项也很多，甚至一些人文社科类的学术团体与组织也会提供一些奖励自然科学的奖项。美国医学学会、美国化学学会、美国物理学会、美国哲学学会、美国统计学会、美国国家地理学会、美国历史学会等美国众多的学术团体和学术组织中，以自然科学为主要领域的学术团体和学术组织的数量多于文社科领域的数量。同时，以自然科学为主要领域的学术团体和学术组织所提供的科研成果奖励也多于人文社科为主要领域的学术团体和学术组织：美国国家科学院有 33 个科研成果奖项、美国化学学会提供了 100 多个科研成果奖项、美国土木工程学会提供了 130 个科研成果奖项、美国哲学学会提供了 10 个科研成果奖项、美国政治科学学会设有 17 个科研成果奖项、美国人文与科学院设有 11 个科研成果奖项等。除此之外，还有一些偏人文社科类的学术团体和组织会提供一些奖励自然科学的科研奖项，如美国人文与科学院提供的拉姆福德奖以奖励光和热方面的研究，艾默里奖则奖励在生物学和生殖学方面的贡献。如果说美国人文与科学院是一个相对综合的学术团体的话，那纯粹的人文社科团体——美国哲学学会也会颁发以航海、天文学等为研究领域的奖励对象的自然科学奖项。从美国社会层面的学术团体和学术组织所颁发的科研成果奖项的数量来看，自然科学领域是重点奖励领域。

第二，自然科学领域科研奖项的奖励形式既有高额的奖金，也有奖章，而人文社科的科研奖项则主要以奖章为主，这也是自然科学领域是科研成果奖励制度的重点奖励领域的体现。美国国家科学院的各项科研成果奖项提供的奖励基本都有奖金，最少的奖金是 1 万美元，还有 10 万美元、7.5 万美元等不等的奖励，此外，还有不少奖项同时还提供奖章，如亨利·德雷珀奖提供奖章加 2.5 万美元的奖金、詹姆斯·克雷格·沃森奖提供奖章加2.5

万美元的奖金、劳伦斯·史密斯奖提供 5 万美元的奖励、亚历山大·阿加西奖奖励 2 万美元和奖章、康斯托克物理学奖奖励 5 万美元的奖金和 5 万美元的研究资金、地球和生命进化奖提供 2 万美元的奖金和奖章、约翰·J.卡蒂科学进步奖提供 2.5 万美元的奖金和奖章、早期地球和生命科学奖提供 1 万美元的奖金和奖章、杰西·史蒂文森·科瓦连科奖提供 2.5 万美元的奖金和 2.5 万美元的研究经费、分子生物学奖提供 2.5 万美元的奖金和奖章、杰罗姆·C.亨萨克航空工程奖为获奖者提供 5 万美元的奖金、阿托夫斯基奖为获奖者提供 10 万美元的奖金和 10 万美元的研究资助……而美国哲学学会的 10 个科研成果奖项都只提供奖章,只有杰森临床调查杰出成就奖这个偏向自然科学领域的奖项提供 5 万美元的奖金;美国政治科学学会所提供的 17 个科研奖项,以现金奖励为主,但最高的奖金数额也就是 5000 美元,其他的奖金数额分别为 500 美元、750 美元、1000 美元、2000 美元等。综合类的学术团体与组织美国人文与科学院的 10 个科研奖项全部以奖章或者奖状为主要奖励形式;在美国科学促进协会所提供的 8 个科研成果奖项中,纪念奖章是普遍的获奖形式,有些奖项也颁发奖金,数额是 1500 美元、5000 美元、25000 美元不等,但以 5000 美元为主要的奖金数额。由此可见,自然科学领域的科研成果奖项在奖励形式、奖励金额等上均远超人文社科的科研成果奖项。

自然科学的科研成果奖励项目除了在数量上、奖励形式上均远超人文社科领域的以外,美国一些非学术团体和学术组织如美国卡弗里基金会、斯隆基金会等,它们提供的科研成果奖项也都主要是在自然科学领域,如纳米科学、神经科学、天体物理、化学、计算机科学、海洋科学、天体物理等领域,而且奖金有 75 万美元的,也有高达 100 万美元的。由此可见,自然科学领域在社会其他非学术团体和组织所提供的科研成果奖项中的受重视程度。

(3)联邦政府和民间组织两者在具体的评价程序上趋同:综合且严苛的评价标准,公开的同行评议产生获奖者,评审过程设有监督环节等,也有些民间组织具有自己特色的做法。美国联邦政府、民间组织所提供的科研成果奖项在具体的评审上都采用了公开的评审制度：先公开的同行提名，同行提名之后将相关材料递交由同行专家组成的独立评审委员会，评审委员会的同行专家依据学术成就对提名者进行评审。同行评议产生获奖者是较为普遍的做法，但是美国的科研成果奖项中有一些较为特别的做法：第一，公开同行评议的专家和评审时间、流程等，这一公开的做法提升了评审过程的公平性与透明度，尽量减少评审的"腐败"与"寻租"。第二，有些奖项在评审过程中设立评审项目专员，他们以第三方成员的形式出席并参与评审，以监督整个评审过程，竭力减少评审中的"裙带""照顾"等腐败和寻租行为。第三，一些奖项在评审结束后直接公布评审结果，并不设立公示和异议环节，这是基于前面严苛而综合的评价标准，公开同行评议的专家成员、时间、流程和有评审项目专员的监督等各种做法努力确保公平与透明的结果。

为了确保科研成果奖励公平和成效最大化，美国民间的一些组织机构还有一些自己的做法，例如美国化学学会为了保证其科研成果奖励的质量和荣誉，会定期对其设置的奖项进行评估，评估的内容包括：评审委员会的适当性、奖励的覆盖面、每一个奖项的合理性等。通过对奖励自身的因素进行评估，并依据评估的结果与反馈，进而对奖励的设置进行适当的调整，对评审委员会职责的履行情况进行适当的监督，这样既可以防止学术腐败现象的发生，[①]也可以使科研奖项更公平和成效最大化。的确，以肯定和表彰、鼓励与激励科研工作者为目的的科研成果奖励项目，如果其自身的奖励成效不足，又何以发挥奖励的作用呢？甚至还可能发挥出负作用，如学术腐败等。由此，定期对科研成果奖励项目进行评估，是尽最大努力确保科研成果奖励自身成效的一种方式。

对于科研成果奖项而言，公平一直以来都是最重要和最必要的价值取

---

① 阎光才.美国的学术体制：历史、结构与运行特征[M].北京：教育科学出版社，2011：151.

向,因为只有公平才能产生最大化的肯定、表彰与激励等效果。为了提升公平性,首先应该制定严苛的评选标准,只有这样才能筛选出真正有重大贡献的获奖者和科研成果,这是保障公平性的第一步。由同行专家(哪怕是官员,首先也必须是这个领域的专家)组成的评审委员会是保障公平的重要步骤,因为只有同行才可能保障评审的专业性、科学性。但即使是同行专家,一样也可能存在裙带关系、寻租行为等不利于实现公平的因素,所以通过公开专家成员、公开评审时间和流程、设立评审项目官员等来竭力减少这些腐败行为,这是继同行评议之后应该努力的方向。当最重要的评审结束之后,公示结果并接受社会大众的监督,这是异议环节的意义所在。综合而严苛的评选标准、同行专家评议、公开透明的评审过程、社会大众的监督等这一系列的过程,是当前普遍能够接受和认可的提升公平的措施。但美国联邦政府的一些科研成果奖项并不设立公示和异议环节,这一做法值得商榷:其好处是确保了奖项及其评审的清晰与流畅,并树立了奖项及其评审的权威性,但坏处是一旦有错误或者腐败行为,那么就大大降低了奖项的真正价值与意义,对于科研和社会发展而言都将是巨大的损失。所以,对于科研成果奖励项目而言,提升公平性应该是一直努力的方向。

(4)美国研究型大学普遍重视校内科研资助(含奖励项目)制度的建设,重视校内的科研资助项目,对科研成果的奖励主要来自校外。美国大学教师的科研资助主要来自联邦政府、民间组织等,州一级政府在大学教师科研资助中的作用较弱,由此,在联邦政府科研经费竞争如此激烈的背景下,如何鼓励教师们的科研积极性并提升科研质量成了研究型大学的重要议题。为此,发展与建设校级层面的科研资助系统,以帮助与激励教师们开展科研工作,扶持教师们的科研事务,提升校外课题的立项率,成为众多研究型大学的不二选择。校内科研资助系统的建设经历了以前相对零散的、带有自发性质的阶段,在此阶段,研究型大学的科研状况主要是接受来自校外专门研究用途的捐赠、教师们自发组成科研团队等,学校相对被动。随着科研竞争日趋激烈,研究型大学不仅需要在推进教师们科研事务上有所作为,而且自己也是可以大有作为的,由此,研究型大学开始重视并积极主动建设校内科研的资助系统:建设专门的校内科研资助管理机构;多渠道去积极争取科研经费,制定明确且清晰的评审与资助流程;精心设置每个老师都有机会申请的多元的校内科研项目如种子项目、跨学科项目、针对不同年龄或不同领域教师的科研项目、科研成果奖励项目等;制定明确的科研经费使用规则,通过建设与完善校内的科研资助系统,确保不同领域、不同年龄、不同需求的老师都能得到校内不同形式的科研资助,在公正公平的环境下尽最大可能去推进校内的科研工作,也确保老师们能尽最大的可能去争取校外的科研课题与经费,让本校在激烈的科研竞争中取得优势。建设一个全面而详尽的校内科研资助系统,无论对于学校的科研事务而言,还是对于教师个体的科研工作而言,都是有百利而无一弊的。成熟的校内科研资助系统又成为美国研究型大学保持研究特色与优势的重要保障,两者相互促进,彼此成就。基于校内的科研资助与科研培育,教师们在科研上日益优秀,也推进了研究型大学在科研上日益卓越,研究型大学成为美国大学教师科研成果奖励的最大赢家。

在美国,不同的研究型大学有自己不同的校内科研资助系统,这个系统各有特色,这与学校的学科布局、科研水平、发展需求和经费多少等均有密切的关系。但从整体来看,美国研究型大学在校内科研资助上也有共性的要素,那就是在具体的资助上都有所侧重与倾斜,具体主要体现在如下两个方面。

一是相较奖励项目而言,美国研究型大学普遍重视对研究项目的资助,即鼓励教师们努力开展科学研究工作,并为他们提供了多元的科研项目,如孵化项目、跨学科合作项目、基于年龄或者性别或领域等的项目。这些项目多到可以覆盖所有的教师,均服务于鼓励教师们努力开展科研工作并取得相应的科研成果。相比较数量多且种类多的校外科研项目,校内的科研成果奖励项目所占比例则较少,有些研究型大学甚至没有奖励项目,即便是有,也主要就是一年一项或几项的杰出研究成就奖、职业研究成果奖等,数量与比例均较少。如亚利桑那大学教师们所能申请并能获得的科研成果奖励项目来自校内的只有 1 项,这项奖励还不是纯粹的科研成果奖励,而是集教学、科研和社会服务等多方面于一体的综合奖励;而校外科研成果奖励项目有 490 项。美国研究型大学教师科研成果奖励的主要来源除了校外的科研成果奖励项目,还由社会组织如学会或协会、基金会、公司等设立。

二是在科研项目的具体资助上,美国研究型大学最重视的资助是孵化性质的种子项目和跨学科合作项目。通过提供经费、写作指导、带薪休假等多种形式的支持,鼓励教师们开展前期的研究工作,以更好地去申请校外特别是联邦政府层面的科研项目,从而提升立项率,这一性质的科研项目是美国每一所研究型大学都十分重视的。除了有专门的种子项目服务于孵化这一目的,其他的如跨学科合作项目、面向不同群体或领域的项目也或多或少地带有孵化的目的,这也是校内课题的主要结题形式。除了孵化类的种子项目以外,跨学科合作项目是美国研究型大学校内科研资助系统另一个十分重要的组成部分,这也是 21 世纪以来美国研究型大学校内科研资助的重要导向:鼓励不同学科、不同领域的教师就某一个共同的问题组成科研合作团队,整合多学科的知识与研究力量,通过知识、资源、人员力量等的共享与合作,不仅服务于知识、人类与社会的进步,也能服务于教师们知识、科研能力等的提升和学校科研水平的整体提高。

第五章　美国大学教师科研成果奖励制度的奖励结果

美国联邦政府、民间学术组织等提供且以民间学术组织的奖项为主体的科研成果奖励制度中,哪些人获得了奖项? 其中,大学教师在获奖结果中的占比如何? 为了解答这一问题,本章以大学教师在联邦政府、民间学术组织等提供的科研成果奖项中的获奖情况为主要研究内容,从大学教师获奖比例、性别比例、年龄分布、院校分布、最高学历分布、最高学历毕业院校分布、获奖时任职院校分布等若干方面开展阐释和分析,从而探讨与提炼美国大学教师科研成果奖励制度的获奖结果及其特点。

第一节　美国大学教师在联邦政府科研成果奖项中的获奖结果分析

美国联邦政府面向大学教师的科研成果奖励共有 10 项,为了更好地分析美国大学教师在联邦政府科研成果奖励项目中的获奖情况,并基于课题组的资料获取,本研究从 10 项奖项中选择了涵盖了自然科学的国家技术与创新奖、涵盖了人文社会科学的国家人文奖和涵盖社会科学的国家科学奖,以分析大学教师就这三项涵盖了自然科学、人文科学和社会科学等所有科学领域的科研成果奖励的获奖情况，从而较好地了解美国大学教师的科研成果奖励制度。

一、美国国家技术与创新奖

（一）大学教师获奖比例

从 1985 年到 2014 年（受资料的限制，只能统计到 2014 年），共有 183人获得了美国国家技术与创新奖，其中获奖的大学教师 23 人，占比12.57％，其他的 87.43％分别由工程师、航空航天工作者、企业科研机构的科研工作者、政府科研机构的科研工作者、社会力量等多个行业的从业人员获得，从单一行业来看，获奖的大学教师比例是最高的，如图 5-1 所示。

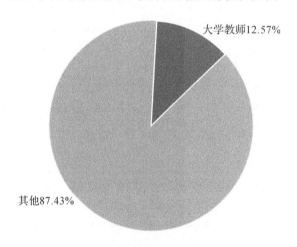

图 5-1　大学教师荣获美国国家技术与创新奖的比例

（二）性别比例

在 23 名获奖的大学教师中，男性 22 人，女性 1 人，分别占比95.65％和4.35％（见图 5-2），男性比例远高于女性。

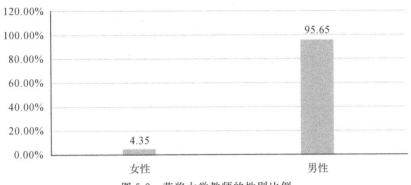

图 5-2　获奖大学教师的性别比例

（三）年龄分布

23 名获奖大学教师获奖时的平均年龄为 66.95 岁，男性平均年龄为 67.58 岁，女性平均年龄为 55 岁（见图 5-3）。通过对年龄与性别进行差异检验，发现 P 值为 0.299，证明性别与年龄之间差异并不显著，即男性与女性在获奖年龄上没有显著差异。

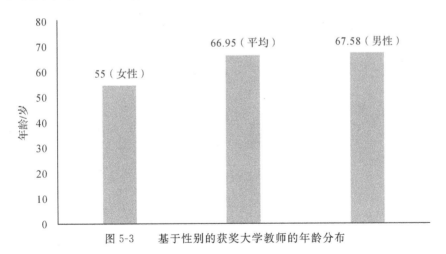

图 5-3　基于性别的获奖大学教师的年龄分布

（四）院校分布

历年来获得美国国家技术与创新奖的大学教师分别来自哪些院校呢？来自斯坦福大学、加州大学圣巴巴拉分校和纽约大学的有 2 人次，其余的分别来自麻省理工学院、加州大学洛杉矶分校、南加州大学、加州理工学院等，均为 1 次，其中加州大学系统是最大的赢家（见表 5-1）。

表 5-1　获得美国国家技术与创新奖的大学教师的院校分布

获奖频次	获奖者的任职院校
2	斯坦福大学、纽约大学、加州大学圣巴巴拉分校
1	北卡罗来纳大学教堂山分校、伊利诺伊大学、麻省理工学院、爱荷华州立大学、加州大学洛杉矶分校、密歇根大学、加劳德特大学、普林斯顿大学、卡内基·梅隆大学、约翰·霍普金斯大学、布法罗大学、犹他大学、北卡罗来纳州立大学、加州理工学院、亚利桑那大学医学院、南加州大学

（五）最高学历分布

在获奖的 23 名教师中，除了 2 名教师找不到详细的最高学历以外，剩下的 21 名教师中有 18 名最高学历为博士学位，2 名为硕士学位，本科学历1 名，获奖教师最高学历绝大多数为博士学位（见图 5-4）。

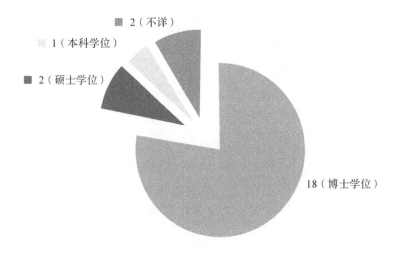

图 5-4　获奖大学教师的最高学历分布

（六）最高学历毕业院校分布

历年来获得美国国家技术与创新奖章的大学教师中，有 3 人毕业于加州伯克利分校，2 人毕业于麻省理工学院，其他的分别来自哈佛大学、加州理工学院、普林斯顿大学等，具体如表 5-2 所示。加州大学系统依然是获奖大学老师最多的毕业院校。

表 5-2　美国国家技术与创新奖获奖大学教师的最高学历毕业院校分布

获奖频次	毕业院校
3	加州大学伯克利分校
2	麻省理工学院
1	哈佛大学、耶鲁大学、匹兹堡大学、宾夕法尼亚大学、威斯康星大学麦迪逊分校、伦斯勒理工学院、加州理工学院、加州大学洛杉矶分校、普林斯顿大学、加州大学圣巴巴拉分校、芝加哥大学、坦普尔大学、俄亥俄州立大学、犹他大学、夸美纽斯大学、弗莱堡大学、杜克大学

二、美国国家人文奖

（一）大学教师获奖比例

从 1997 年到 2018 年，共有 180 人获得了美国国家人文奖章，其中有 53 名大学教师获奖，占比 29.4％，如图 5-5 所示，其他的 70.6％分别由作家、编剧、歌手、文艺评论家、主持人、记者、制片人、导演、诗人等各项职业所获得，从单一行业占比来看，大学教师所占比例是最高的。

（二）性别比例

在 53 名获奖的大学教师中，男性 39 人，女性 14 人，分别占比73.58％和 26.42％（见图 5-6），男性比例远高于女性。

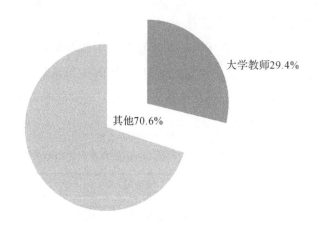

图 5-5　大学教师荣获美国国家人文奖的比例

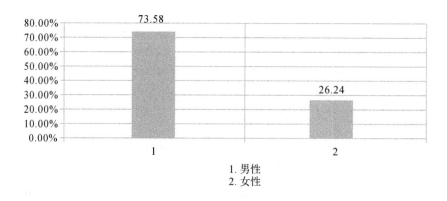

1. 男性
2. 女性

图 5-6　获奖大学教师的性别比例

（三）年龄分布

53 名获奖大学教师获奖时的平均年龄为 67.45 岁,男性平均年龄为 67.18 岁,女性平均年龄为 68.13 岁(见图 5-7)。通过对年龄与性别进行差异检验,发现 P 值为 0.747,证明性别与年龄之间差异不显著,即男性与女性在获奖年龄上没有显著差异。

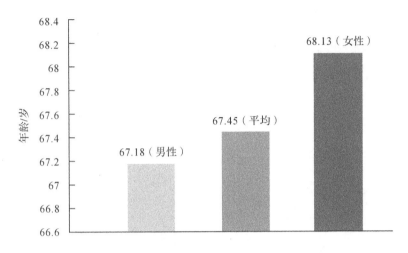

图 5-7　基于性别的获奖大学教师的年龄分布

（四）院校分布

历年来获得美国国家人文奖章的大学教师分别来自哪些院校呢？来自哈佛大学的有 11 人次，其次是加州大学伯克利分校、纽约大学和耶鲁大学，分别为 4 人次，然后是普林斯顿大学，为 3 人次，具体如表 5-3 所示。

表 5-3　美国国家人文奖的获奖大学教师任职院校

获奖频次	获奖时的任职院校
11	哈佛大学
4	加州大学伯克利分校、耶鲁大学、纽约大学
3	普林斯顿大学
2	斯坦福大学、哥伦比亚大学、西北大学
1	乔治·华盛顿大学、里士满大学、卫斯理大学、加州大学洛杉矶分校、米利根大学、布朗大学、朱利叶斯大学、波士顿大学、葛底斯堡学院、芝加哥大学、怀俄明州大学、加州大学河滨分校、约翰·霍普斯金大学、南加州大学、安纳波利斯·圣约翰学院、罗得岛大学、路易斯安那州立大学、古砌学院、北卡罗来纳大学、新奥尔良大学、俄勒冈州大学

（五）最高学历分布

在获奖的 53 名教师中，除了 15 名教师找不到详细的最高学历以外，剩下的 38 名教师中有 33 名最高学历为博士学位，3 名为硕士学位，本科学历2 名，获奖教师最高学历绝大多数为博士学位（见图 5-8）。

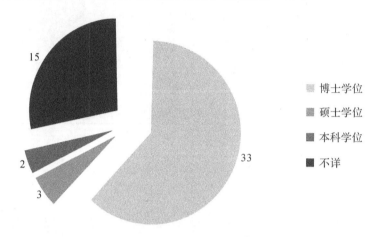

图 5-8　获奖大学教师的最高学历分布

（六）最高学历毕业院校分布

历年来获得美国国家人文奖章的大学教师分别毕业于哪些院校呢？除了 3 人资料不详以外，毕业于哈佛大学的有 10 人次，其次是耶鲁大学 6 人次，哥伦比亚大学 4 人次，普林斯顿大学、剑桥大学、加州大学伯克利分校各3 人次，具体如表 5-4 所示。

表 5-4　美国国家人文奖获奖大学教师的最高学历毕业院校分布

获奖频次	最高学历毕业院校
10	哈佛大学
6	耶鲁大学
4	哥伦比亚大学
3	普林斯顿大学、剑桥大学、加州大学伯克利分校

获奖频次	最高学历毕业院校
2	牛津大学、密歇根大学
1	欧柏林学院、马德拉斯医学院、肯特州立大学、莱斯大学、伦敦大学、纽约大学、巴黎大学、波士顿大学、麦迪尔大学、华盛顿大学、奥斯汀大学、芝加哥大学、南加州大学、俄亥俄州立大学、旧金山大学、康奈尔大学、威斯康星大学

三、美国国家科学奖

自 1963 年开始颁奖以来，已经有五百多人获得了美国国家科学奖。因为该奖覆盖了自然科学和社会科学领域，而且为了更好地与前面的国家技术与创新奖、国家人文奖相对应，本课题主要查找了社会科学领域的获奖人员，且是年龄、性别、毕业院校、学历、工作院校等信息齐全的获奖人员，主要查找到了 24 名获奖人员。尽管只有 24 人，基于随机抽样的 24 名获奖人员对大学教师获奖情况进行分析，也具有一定的代表性。

（一）大学教师获奖比例

在 24 名获奖的人员中有 15 名获奖者是大学教师，占比 62.5%，来自其他科研机构等的为 37.5%（见图 5-9）。

（二）性别比例

在 15 名获奖的大学教师中，男性 14 人，女性 1 人，分别占比为93.33%和 6.67%（见图 5-10），男性比例远高于女性。

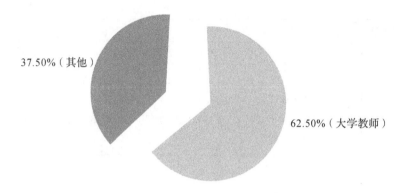

图 5-9　大学教师荣获美国国家科学奖的比例

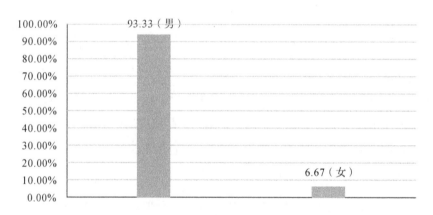

图 5-10　获奖大学教师的性别比例

（三）年龄分布

15 名获奖大学教师获奖时的平均年龄为 71.73 岁,其中男性为 71.43 岁,女性为 76 岁,如图 5-11 所示。通过对年龄与性别进行差异检验,发现 P 值为 0.568,证明性别与年龄之间差异不显著,即男性与女性在获奖年龄上没有显著差异。

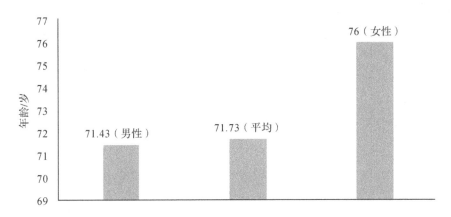

图 5-11 基于性别的获奖大学教师的年龄分布

（四）获奖院校

获得美国国家科学奖章的大学教师中，来自哈佛大学、斯坦福大学和普林斯顿大学的分别有 2 人次，其次都是 1 人次，如耶鲁大学、加州大学欧文分校、卡内基梅隆大学等，具体如表 5-5 所示。

表 5-5 美国国家科学奖获奖大学教师任职院校

获奖频次	获奖者任职院校
2	哈佛大学、普林斯顿大学、斯坦福大学
1	耶鲁大学、卡内基梅隆大学、明尼苏达大学、哥伦比亚大学、麻省理工学院、芝加哥大学、加州大学欧文分校、俄勒冈大学、密歇根大学

（五）最高学历及其毕业院校分布

获奖的 15 名大学教师中，15 人均为博士，博士学位占比 100%。

在最高学历毕业院校中，有 6 名毕业于哈佛大学，其他的来自芝加哥大学、耶鲁大学、哥伦比亚大学等，均为 1 人次（见表 5-6）。

表 5-6　美国国家科学奖获奖大学教师的最高学历毕业院校

获奖频次	最高学历毕业院校
6	哈佛大学
1	斯坦福大学、芝加哥大学、哥伦比亚大学、华盛顿州立大学、普林斯顿大学、华盛顿大学、剑桥大学、耶鲁大学、麻省理工学院

第二节　美国大学教师在民间组织科研成果奖项中的获奖结果分析

为了更好地了解大学教师群体在美国社会层面科研成果奖励项目中的获奖情况,本研究挑选了美国国家科学院、美国数学学会、美国政治科学学会、美国卡弗里基金会四个民间团体颁发的若干科研奖项,分析大学教师在美国民间组织科研成果奖项中的具体获奖情况。

一、美国国家科学院

（一）社会服务化学奖

1. 大学教师获奖比例

美国国家科学院的社会服务化学奖每两年颁一次奖,自 1991 年颁奖到 2019 年,获奖者共 15 位。除一位获奖者的单位资料不详以外,14 名获奖者中大学教师 10 位,另外 4 位中有 3 位来自美国知名公司,另外 1 位来自专门的研究机构。大学教师获奖比例占 71.43%,是最主要的获奖群体,如图 5-12 所示。

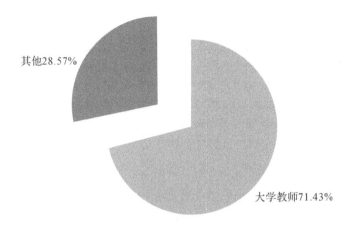

图 5-12　大学教师荣获美国国家科学院社会服务化学奖的比例

2. 性别、国籍和年龄分布

自 1991 年颁奖以来,15 位获奖者均为美国人,且均为男性,美国人占比 100%,男性占比 100%。由此可见,尽管该奖项面向全员,但美国公民是最主要的获奖群体,而且男性是最主要的获奖群体。15 位获奖者获奖时的平均年龄为 73 岁,而 10 名获奖大学教师获奖时的平均年龄为 74 岁。

3. 最高学历、毕业院校和获奖时任职院校分布

获奖的 10 名大学教师的最高学历均为博士,还有 5 名有博士后经历,博士比例为 100%。他们博士毕业于名校,且在名校从事教师工作,具体如表 5-7 所示。

表 5-7　获奖大学教师的最高学历毕业院校和获奖时的任职院校

类别	院校名称
最高学历毕业院校	西北大学、加州理工大学、圣母大学、加州大学伯克利分校、匹兹堡大学、麻省理工学院、加州理工大学、科罗拉多州立大学、伊利诺伊大学、罗切斯特大学

续表

类别	院校名称
获奖时任职院校	马萨诸塞大学阿默斯特分校、加州大学伯克利分校、北卡罗来纳大学教堂山分校、得克萨斯大学奥斯汀分校、伊利诺伊大学厄巴那香槟分校、科罗拉多大学波德分校、加州理工大学、普林斯顿大学、加州大学戴维斯分校、密歇根大学

（二）科学工业应用奖

美国国家科学院颁发的科学工业应用奖自 1990 年颁奖至 2019 年，共有 10 人获奖，其中大学教师 4 人，占比 40%。10 位获奖者均为男性；10 位获奖者中，1 名为德国人，1 人来自中国台湾地区，其他均为美国人，美国人占比 80%。10 位获奖者的平均年龄为 69 岁。获奖的 4 名大学教师中，有 1 人来自德国，3 名为美国公民；获奖时的平均年龄为 70 岁。4 名获奖的大学教师均为博士，还有 1 名有博士后经历，他们博士分别毕业于威斯康星大学麦迪逊分校、伊利诺伊大学香槟分校、威斯康星大学麦迪逊分校和华盛顿大学；获奖时的任职院校分别是斯坦福大学、伊利诺伊大学香槟分校、南卡罗来纳大学和华盛顿大学圣路易斯分校。除了获奖的 4 名大学教师以外，另外 6 名获奖者也均为博士毕业，其中 1 名有博士后经历；他们分别毕业于宾夕法尼亚州立大学、加州大学圣地亚哥分校、加州大学洛杉矶分校、罗格斯大学、威斯康星大学麦迪逊分校、卡内基梅隆大学，获奖时工作的单位主要是 IBM 公司、美国生物研究所、美国孟山都公司、克雷格·文特研究所、埃克森公司等。

（三）科学发现奖

2015 年开始颁奖的科学发现奖到 2019 年共有 5 名获奖者，其中大学教师 5 名，占比 100%；获奖时的平均年龄为 52 岁。获奖者中，美国公民 4 名，占比 80%，另一位来自阿根廷。在 5 名获奖者中，有 2 名为女性科学家，占了 40% 的比例，男性 3 名，占比 60%，如图 5-13 所示。

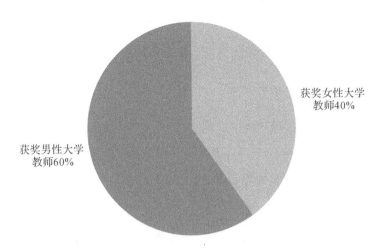

图 5-13　获奖大学教师的性别比例

5 名获奖者的学历均为博士,博士学位占比 100％,还有 2 名有博士后经历。他们的博士毕业院校和获奖时的任职院校(见表 5-8)。

表 5-8　获奖大学教师的最高学历毕业院校和获奖时的任职院校

类别	院校名称
最高学历毕业院校	耶鲁大学、锡拉丘兹大学、得克萨斯大学奥斯汀分校、普林斯顿大学、斯坦福大学
获奖时任职院校	加州大学旧金山分校、路易斯安那州立大学、佛罗里达大学、锡拉丘兹大学、哈佛大学

从美国国家科学院的三个奖项——社会服务化学奖、科学工业应用奖和科学发现奖的获奖者情况来看,美国籍的男性大学教师是主要获奖群体,其共性的特征是均为美国顶尖名校的博士毕业生,还有一些获奖者有博士后的研究经历,而且在美国顶尖名校担任教职,开展科学研究工作。

二、美国数学学会

（一）伯克霍夫应用数学奖

1. 大学教师获奖比例

自 1967 年设立到 2018 年，该奖一共颁发给了 17 名获奖者。17 名获奖者均为大学教师，获奖大学教师占比 100％。

2. 性别分布

在 17 名获奖的大学教师中，有 1 名女性，16 名男性，占比分别为 5.9％和 94.1％，如图 5-14 所示。

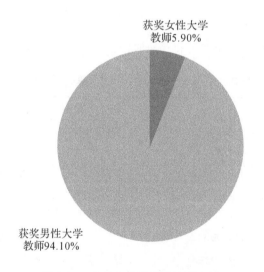

图 5-14　获奖大学教师的性别比例

3. 国籍分布

在获奖的 17 名大学教师中，有 3 名外国人，来自法国、瑞典和加拿大，其他都是美国人，分别占比 17.6％和 82.4％，如图 5-15 所示。

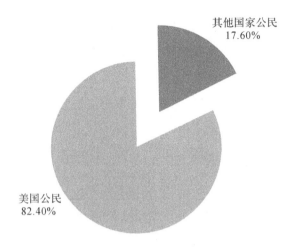

图 5-15　获奖大学教师的国籍分布

4. 年龄分布

在获奖的 17 名大学教师中,女性教师获奖时的平均年龄是 83 岁,男性是54.7 岁,整体平均年龄是 68.9 岁,如图 5-16 所示。

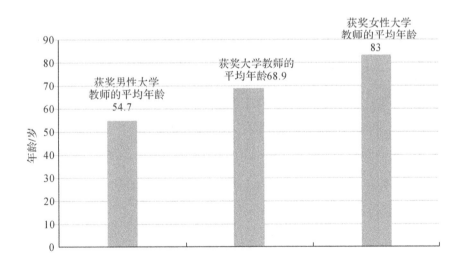

图 5-16　获奖大学教师的年龄分布

5. 最高学历、毕业院校和获奖时的任职院校分布

在 17 名获奖的大学教师中,除了 1 名为本科毕业外,剩余 16 名均为博士,其中还有 1 名有博士后经历,这名学士学历的获奖者是来自哈佛大学 83 岁高龄的教师。这些获奖大学教师的最高学历毕业院校和获奖时的任职院校具体如表 5-9 所示。

表 5-9   获奖大学教师的最高学历毕业院校和获奖时的任职院校分布

类别	院校名称
最高学历毕业院校	明尼苏达州立大学、斯坦福大学、乌普萨拉大学(瑞典)、普渡大学、纽约大学(2)、耶希瓦大学、捷克技术大学(捷克)、印度统计学院(印度)、伯明翰大学、哈佛大学(2)、普林斯顿大学、波兰卢夫大学(波兰)、印第安纳大学、哥廷根大学(2)
获奖时任职院校	加州大学伯克利分校、斯坦福大学、得克萨斯大学奥斯汀分校、密歇根大学、纽约大学(5)、威斯康星大学麦迪逊分校、马里兰大学帕克分校、普林斯顿大学、约翰·霍普金斯大学、南加州大学、哈佛大学、明尼苏达大学、苏黎世联邦理工学院

(二)博歇数学奖

1. 大学教师获奖比例

自 1923 年设立到 2020 年,该奖一共颁发给了 37 名获奖者。37 名获奖者均为大学教师,获奖大学教师占比 100%。

2. 性别分布

在 37 名获奖的大学教师中,有 1 名女性,36 名男性,占比分别为 2.7% 和 97.3%,如图 5-17 所示。

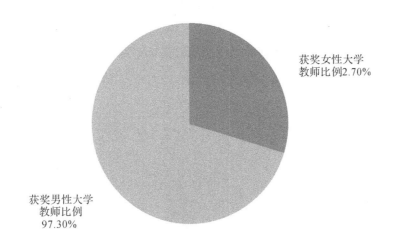

图 5-17　获奖大学教师的性别分布

3. 国籍分布

在获奖的 37 名大学教师中,有 11 名除美国之外的获奖者,来自英国、阿根廷(2)、澳大利亚、希腊、法国、意大利(2)、智利、德国,其他 26 名均是美国人,分别占比 29.7% 和 70.3%,如图 5-18 所示。

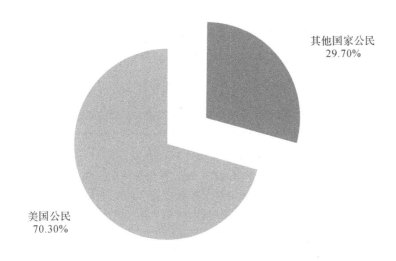

图 5-18　获奖大学教师的国籍分布

4. 年龄分布

在获奖的 37 名大学教师中,女性教师获奖时的平均年龄是 45 岁(仅 1 人),男性是 42.4 岁,整体平均年龄是 43.7 岁,如图 5-19 所示。

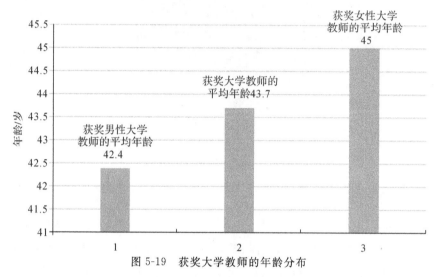

图 5-19 获奖大学教师的年龄分布

5. 最高学历、毕业院校和获奖时的任职院校分布

在 37 名获奖的大学教师中,最高学历均为博士,博士占比 100%,其中还有 2 名有博士后经历,这些获奖大学教师的最高学历毕业院校和获奖时的任职院校如表 5-10 所示。

表 5-10 获奖大学教师的最高学历毕业院校和获奖时的任职院校分布

类别	院校名称
最高学历毕业院校	比萨高等师范学校(意大利)、斯坦福大学(2)、巴黎第七大学(法国)、麻省理工学院(3)、图宾根大学、库根数学科学研究所、希波来大学(捷克)、科罗拉多大学、普林斯顿大学(4)、芝加哥大学(5)、巴黎第六大学(法国)、弗吉尼亚大学、明尼苏达大学、纽约大学(2)、哈佛大学(2)、阿德莱德大学、剑桥大学(2)、布宜诺斯艾利斯大学(2)、得克萨斯大学奥斯汀分校、哥伦比亚大学(2)、布达佩斯大学、康奈尔大学、克拉克大学

续表

类别	院校名称
获奖时任职院校	苏黎世大学、巴黎高等师范学院、斯坦福大学(5)、哥伦比亚大学、加州大学尔湾分校、普林斯顿大学(5)、宾夕法尼亚大学、芝加哥大学、塞尔吉·蓬图瓦兹大学、加州大学伯克利分校(2)、加州大学洛杉矶分校、纽约大学(2)、麻省理工学院(4)、布宜诺斯艾利斯大学、威斯康星大学麦迪逊分校、纽约城市学院、哈佛大学(2)、加州理工学院

(三)科尔代数奖

1.大学教师获奖比例

自1928年颁奖以来,该奖一共颁发给了27名获奖者,其中25名获奖者为大学教师,获奖大学教师占比92.6%,另两名获奖者在专门的科学研究机构中工作。

2.性别和年龄分布

25名获奖大学教师均为男性,男性占比100%,获奖时的平均年龄为39.3岁。

3.国籍分布

在获奖的25名大学教师中,有7名外国人,来自英国、德国、法国、匈牙利、日本、俄罗斯、荷兰,其他18名是美国人,分别占比28%和72%,如图5-20所示。

4.最高学历、毕业院校和获奖时的任职院校分布

在25名获奖的大学教师中,最高学历均为博士,博士占比100%,其中还有1名有博士后经历,这些获奖大学教师的最高学历毕业院校和获奖时的任职院校如表5-11所示。

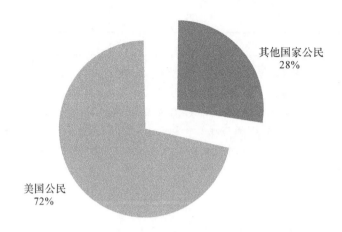

图 5-20　获奖大学教师的国籍分布

表 5-11　获奖大学教师的最高学历毕业院校和获奖时的任职院校分布

类别	院校名称
最高学历毕业院校	波恩大学(德国)、彼得格勒大学(俄罗斯 2)、加州大学洛杉矶分校、哈佛大学(4)、布兰迪斯大学、东京大学(日本)、内梅亨大学(荷兰)、巴黎第十一大学(法国)、麻省理工学院、普林斯顿大学(5)、威斯康星大学麦迪逊分校、芝加哥大学(2)、密歇根大学、柏林大学(德国)、罗马大学
获奖时任职院校	波恩大学、加州大学洛杉矶分校、犹他大学、加州大学圣地亚哥分校、普林斯顿大学(2)、京都大学(日本)、西北大学(美国)、哥伦比亚大学、巴黎第十一大学、宾夕法尼亚大学、麻省理工学院、加州理工学院、密歇根大学(2)、牛津大学、加州大学伯克利分校(2)、芝加哥大学(3)、耶鲁大学(2)、佛罗里达大学、哈佛大学(2)

三、美国政治科学学会

（一）拉尔夫·J. 邦奇奖

1. 大学教师获奖比例

该奖自 1978 年颁奖到 2019 年，一共有 64 名获奖者，其中获奖的大学教师为 53 名，还有 9 名资料不详的即无法确定详细资料的，另外 2 名获奖者分别是医生和图书馆工作人员，获奖的大学教师占比 96%。

2. 性别分布

在 53 名获奖的大学教师中，有 33 名男性，18 名女性，还有 2 名大学教师的性别资料不详，具体如图 5-21 所示。男性占比 65%，女性占比 35%。

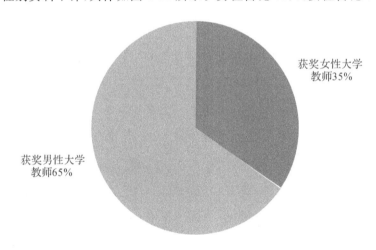

图 5-21　获奖大学教师的性别分布

3. 国籍分布

53 名获奖的大学教师中，除了 1 名是英国人、1 名是加拿大人以外，其他均为美国人，美国公民占比 96%，如图 5-22 所示。

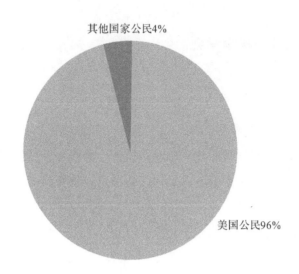

图 5-22　获奖大学教师的国籍分布

4. 年龄公布

53 名获奖大学教师的获奖平均年龄为 47 岁,其中男性的平均年龄为 48 岁,女性的平均年龄为 44 岁,男性大学教师与女性大学教师在获奖的年龄上并没有显著差异。

5. 最高学历、毕业院校和获奖时的任职院校分布

在 53 名获奖的大学教师中,除了 1 名为本科毕业、12 名大学教师无法查到详细的最高学历以外,其他 40 名获奖大学教师的最高学历均为博士,除去 12 名资料不详的获奖教师以外,博士占比 98%。这些获奖大学教师的最高学历毕业院校和获奖时的任职院校如表 5-12 所示。

表 5-12 获奖大学教师的最高学历毕业院校和获奖时的任职院校分布

类别	院校名称
最高学历 毕业院校	纽约市立学院、哈佛大学(6)、耶鲁大学(8)、芝加哥大学(5)、伦敦经济学院、哥伦比亚大学(4)、加州大学洛杉矶分校(2)、美国大学、南卡罗来纳大学、普渡大学(2)、普林斯顿大学、剑桥大学(2)、西北大学、麻省理工学院、密歇根大学、约翰·霍普金斯大学、俄克拉荷马大学、宾夕法尼亚大学、康奈尔大学(2)
获奖时 任职院校	布兰迪斯大学、威斯康星大学麦迪逊分校(2)、休斯敦大学、哈佛大学、福特汉姆大学、惠顿学院、莱斯大学、埃默里大学、马里兰大学(2)、乔治华盛顿大学、匹兹堡大学、杜克大学、圣母大学、罗格斯大学、皇后大学、宾夕法尼亚大学(2)、纽约大学(3)、耶鲁大学(2)、加州理工大学、弗吉尼亚大学、加州大学欧文分校、斯坦福大学(2)、布朗大学(2)、斯沃斯莫尔学院、加州大学洛杉矶分校(3)、哥伦比亚大学、普渡大学、新学院大学、加州大学伯克利分校(4)、奥尔巴尼大学、西北大学、华盛顿大学、中北大学、门罗学院、南卡罗来纳大学、加州大学圣地亚哥分校(2)

(二)海因茨—欧拉奖

1. 大学教师获奖比例

该奖自 1988 年颁奖到 2019 年,一共有 99 名获奖者,除了 8 名工作单位等资料不详的获奖者以外,其他 91 名均为大学教师,获奖大学教师比例 100%。

2. 性别分布

在 92 名获奖的大学教师中,获奖的男性大学教师有 69 名,获奖的大学女教师为 22 名,男女性大学教师的获奖比例分别为 75% 和 25%,如图 5-23 所示。

3. 国籍分布

91 名获奖的大学教师中,有 62 名是美国人,其他还有 2 名英国人、2 名

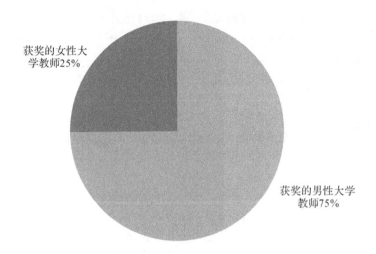

图 5-23　获奖大学教师的性别分布

挪威人、2 名瑞士人,另有 23 名国籍资料不详。在 68 名可知国籍的获奖大学教师中,美国人占比 91%,如图 5-24 所示。

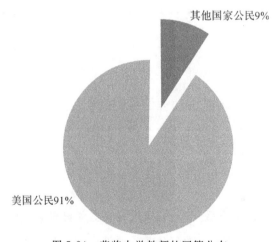

图 5-24　获奖大学教师的国籍分布

4. 年龄分布

91 名获奖大学教师的获奖平均年龄为 47 岁,其中男性的平均年龄为 47 岁,女性的平均年龄为 48 岁,男性大学教师与女性大学教师在获奖的年龄上没有显著差异。

5. 最高学历、毕业院校和获奖时的任职院校分布

在 91 名获奖的大学教师中,除了 9 名学历资料不详的大学老师以外,剩余的 82 名获奖大学教师最高学历均为博士,在可知的信息中,博士占比 100%。这些获奖大学教师的最高学历毕业院校和获奖时的任职院校如下如表 5-13 所示。

表 5-13 获奖大学教师的最高学历毕业院校和获奖时的任职院校分布

类别	院校名称
最高学历毕业院校	罗切斯特大学、加州理工大学、艾奥瓦大学、密歇根大学(8)、哥伦比亚大学(2)、特隆赫姆大学(挪威)、麻省理工学院(3)、威斯康星大学麦迪逊分校、哈佛大学(15)、北卡罗来纳大学教堂山分校、加州大学伯克利分校(11)、芝加哥大学(6)、耶鲁大学(8)、乔治敦大学、斯坦福大学(4)、伦敦经济学院、普林斯顿大学、俄亥俄州立大学(3)、苏黎世联邦理工学院(2)、科罗拉多大学、埃克塞特大学、加州大学洛杉矶分校(2)、杜克大学、威斯康星大学(3)、加州大学圣地亚哥分校、马里兰大学、加州大学戴维斯分校、康奈尔大学、罗格斯大学
获奖时任职院校	哈佛大学(7)、斯坦福大学(6)、华盛顿大学、杜克大学、明尼苏达大学(3)、加州大学伯克利分校(5)、北卡罗来纳大学(2)、特隆赫姆大学(挪威)、哥伦比亚大学(5)、密歇根大学(4)、北卡罗来纳大学教堂山分校(2)、马里兰大学(2)、芝加哥大学(4)、普林斯顿大学(4)、宾夕法尼亚大学、苏黎世联邦理工学院(瑞士)、耶鲁大学(5)、罗格斯大学、新墨西哥大学、犹他大学、日内瓦大学、麻省理工学院(3)、乔治敦大学(2)、伊利诺伊大学、北得克萨斯大学、康奈尔大学、俄亥俄州立大学(2)、加州大学河滨分校、休斯敦大学、东北大学、科罗拉多大学、康斯坦茨大学、埃塞克斯大学、加州大学圣地亚哥分校、加州大学洛杉矶分校(2)、赫特福德大学、丹佛大学、达特茅斯学院、华盛顿大学、约翰·霍普金斯大学、威斯康星大学麦迪逊分校、佛罗里达州立大学、范德比尔特大学

四、美国卡弗里基金会

美国卡弗里基金会自 2008 年提供卡弗里奖,该奖分成三个领域,分别是天体物理学、纳米科学和神经科学。因为三个奖项均是隔年颁发一次奖,所以各自的获奖者数量均不多,因此本研究将三个领域的获奖者数据综合起来分析。

（一）大学教师获奖比例

卡弗里天体物理学奖自 2008 年至 2018 年共颁奖 15 人,其中大学教师 13 人,占比 87%;纳米科学领域共颁奖 14 人,其中大学教师 10 人,占比 71%;神经科学领域的获奖者 18 人,大学教师 15 人,占比 83%。三个领域共颁奖 47 人,获奖大学教师共 38 人,占比 81%,如图 5-25 所示。

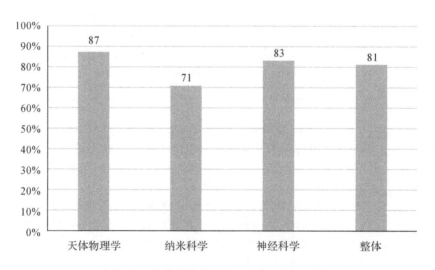

图 5-25　大学教师荣获美国卡弗里奖的比例

（二）性别分布

在 38 名获奖的大学教师中，共有 29 名男性大学教师获奖，9 名女性大学教师获奖，男女大学教师获奖比例分别是 76％和 24％，如图 5-26 所示。其中，天体物理学领域获奖的男性大学教师为 12 名，女性教师为 1 名，分别占比 92％和 8％；纳米科学领域获奖的男性大学教师为 8 名，女性为 2 名，分别占比 80％和 20％；神经科学领域获奖的男性大学教师为 9 名，女性为 6 名，分别占比为 60％和 40％。

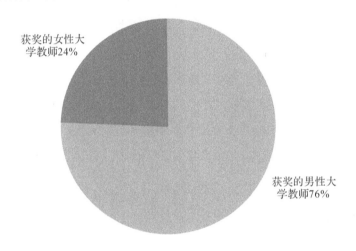

图 5-26　获奖大学教师的性别分布

（三）国籍分布

38 名获奖的大学教师中，20 名是美国公民，荷兰人 1 名，英国人 6 名，俄罗斯人 1 名，挪威人 1 名，立陶宛人 1 名，瑞典人 1 名，加拿大人 1 名，法国人 1 名，日本人 1 名，还有 4 名获奖者国籍资料不详。由此可见，在可以知道资料的 33 名获奖者中，美国公民占比 61％，其他国家公民为 39％，如图 5-27 所示。

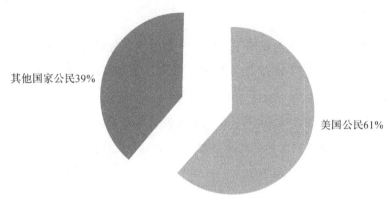

图 5-27　获奖大学教师的国籍分布

（四）年龄分布

38 名获奖大学教师的平均年龄是 68 岁,其中男性平均年龄为 69 岁,女性为 68 岁。天体物理学领域的平均获奖年龄为 68 岁,其中男性平均为 69 岁,女性平均为 49 岁(仅 1 名女性);纳米科学领域的平均获奖年龄为 70 岁,其中男性平均为 70 岁,女性平均为 68 岁;神经科学领域的平均获奖年龄为 68 岁,如图 5-28 所示。

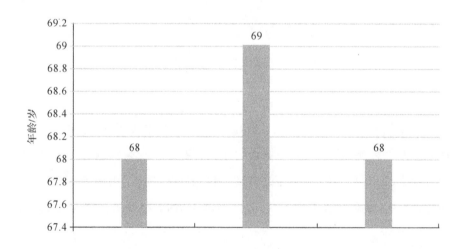

图 5-28　获奖大学教师的年龄分布

（五）最高学历、毕业院校和获奖时的任职院校分布

在38名获奖的大学教师中，除了3名大学教师最高学历资料不详以外，其他35名均为博士，博士占比100％。这些获奖大学教师的最高学历毕业院校和获奖时的任职院校，如表5-14所示。

表5-14　获奖大学教师的最高学历毕业院校和获奖时的任职院校分布

卡弗里奖		院校名称
天体物理学领域	最高学历毕业院校	莱顿天文台、剑桥大学、加州大学伯克利分校(2)、牛津大学、加州理工学院、麻省理工学院(3)、列别捷夫物理研究所、俄罗斯科学院朗道理论物理研究所、格拉斯哥大学、普林斯顿大学
	获奖时任职院校	剑桥大学、加州大学圣克鲁兹分校、亚利桑那大学、加州大学洛杉矶分校、麻省理工学院(3)、加州理工学院(3)、斯坦福大学(2)
纳米科学领域	最高学历毕业院校	哥伦比亚大学、名城大学、匹兹堡大学、康奈尔大学、巴黎第六大学、剑桥唐宁学院、斯坦福大学、哈佛大学、莫斯科国立大学
	获奖时任职院校	哥伦比亚大学、东北大学(日本)、纽约大学、麻省理工学院、斯特拉斯堡大学、伦敦帝国理工学院、巴塞尔大学、斯坦福大学、加州大学、维尔纽斯大学
神经科学领域	最高学历毕业院校	哈佛大学(4)、剑桥大学、哥德堡大学、得克萨斯大学、麻省理工学院(2)、麦吉尔大学(2)、加州大学圣地亚哥分校、威斯康星大学、伊维特河畔吉夫分子研究中心
	获奖时任职院校	耶鲁大学(2)、哥伦比亚大学、卡罗林斯卡学院、斯坦福大学(2)、洛克菲勒大学(2)、麻省理工学院、麦吉尔大学、伦敦大学、布兰迪斯大学、加州大学旧金山分校、威斯康星大学、法兰西学院

第三节　特点分析：积累优势

一、精英名校——获奖大学教师群体的院校特征

美国的科研成果奖励系统是以大量的民间学术团体提供的数量繁多的科研成果奖项为主，联邦政府提供少量的科研成果奖项但最为权威，一些大学特别是知名的研究型大学提供一些校内的科研成果奖励项目，其他社会组织如基金会、企业等也提供一些科研成果奖项等构成的。为了更好地了解美国是哪些大学的教师获得了科研成果奖励项目，本研究以美国联邦政府、民间学术团体、其他社会组织的科研奖励项目为研究对象。为了保证人文社科和自然科学的学科均衡性，本节在联邦政府和民间学术团体的科学奖励中各选取了：联邦政府的国家技术与创新奖[1]和国家人文奖[2]，在民间学术团体中美国选取了数学学会的科尔代数奖[3]和美国政治科学学会的拉尔夫·J.邦奇奖[4]，并在民间社会组织美国卡弗里基金会选取了卡弗里奖[5]为对象，基于这些奖项的大学教师获奖者比例与最高学历，以及这些获奖大学教师最高学历来自哪些院校和获奖时的任职院校为统计指标，从而专门探讨大学教师群体在科研成果获奖上的院校特征。

[1]　National Science Foundation. National Medal of Technology and Innovation[EB/OL]. (2019-09-01)[2020-01-10]. https://www.nsf.gov/od/nms/natl_medal_tech_innov.jsp.

[2]　The National Endowment for the Humanities. National Humanities Medal[EB/OL]. (2019-12-01)[2020-01-12]. https://www.neh.gov/whoweare/awards.html.

[3]　American Mathematical Society. Prizes and Awards[EB/OL]. (2019-01-01)[2019-10-12]. https://www.ams.org/prizes-awards/palist.cgi.

[4]　American Political Science Association. Awards[EB/OL]. (2019-02-01)[2019-09-03]. https://www.apsanet.org/awards.

[5]　The Kavli Foundation. The Kavli Prizes[EB/OL]. (2019-08-01)[2019-12-01]. https://www.kavlifoundation.org/kavli-prize.

（一）获奖大学教师的比例与最高学历

自 1985 年颁奖以来,共有 183 人获得了美国国家技术与创新奖,其中获奖的大学教师有 23 人,占比 12.57％;除 2 名获奖者的资料不详以外,其余获奖者中 18 名最高学历为博士,2 名为硕士,1 名为本科。自 1997 年颁奖以来,共有 180 人获得了美国国家人文奖章,其中有 53 名大学教师获奖,占比 29.4％;除了 15 名获奖者的资料不详外,剩下的 38 名教师中有 33 名最高学历为博士,3 名为硕士,本科学历 2 名。美国数学学会科尔代数奖自 1928 年颁奖以来,共有 27 名获奖者,其中 25 名获奖者为大学教师,占比 92.6％;25 名获奖大学教师最高学历均为博士。美国政治科学学会的拉尔夫·J. 邦奇奖自 1978 年颁奖以来,一共有 64 名获奖者,其中获奖的大学教师为 53 名,占比 82.8％;其中除 12 名获奖者的资料不详 1 名为本科学历以外和其余 40 名获奖者的最高学历均为博士。卡弗里奖分为三个领域:天体物理学奖、纳米科学奖和神经科学奖,三个领域共颁奖 47 人,获奖大学教师共 38 人,占比 81％;除 3 名获奖者的资料不详,其余 35 名最高学历均为博士。由此,五个奖项共有 192 名大学教师获奖,除了美国联邦政府的科研成果奖励项目外,在其他科研成果奖励中,大学教师均是最主要的获奖群体。

（二）获奖大学教师的最高学历毕业院校

在美国国家技术奖等五个奖项中,一共有 192 名大学教师获奖。就最高学历毕业院校而言,这些获奖大学教师中,有 27 人毕业于哈佛大学,还有 15 人毕业于耶鲁大学(详见表 5-15、表 5-16)。

表 5-15　获奖大学教师的最高学历毕业院校(获奖频数 4 次以上的院校)

毕业院校(获奖频数)	国家技术与创新奖	国家人文奖	科尔代数奖	拉尔夫·J.邦奇奖	卡弗里奖
哈佛大学(27)	1	10	5	6	5
耶鲁大学(15)	1	6	0	8	0

续表

毕业院校(获奖频数)	国家技术与创新奖	国家人文奖	科尔代数奖	拉尔夫·J.邦奇奖	卡弗里奖
普林斯顿大学(11)	1	3	5	1	1
哥伦比亚大学(9)	0	4	0	4	1
芝加哥大学(9)	1	1	2	5	0
麻省理工学院(8)	2	0	0	1	5
剑桥大学(8)	0	3	0	2	3
加州大学伯克利分校(8)	3	3	0	0	2
加州大学洛杉矶分校(4)	1	0	1	2	0
密歇根大学(4)	0	2	1	1	0

表 5-16　获奖大学教师的最高学历毕业院校(获奖频数 4 次以下的院校)

国家技术与创新奖	匹兹堡大学、宾夕法尼亚大学、威斯康星大学麦迪逊分校、伦斯勒理工学院、加州大学圣巴巴拉分校、坦普尔大学、俄亥俄州立大学、犹他大学、夸美纽斯大学、弗莱堡大学、杜克大学
国家人文奖	牛津大学(2)、欧柏林学院、马德拉斯医学院、肯特州立大学、赖斯大学、伦敦大学、纽约大学、巴黎大学、波士顿大学、麦迪尔大学、华盛顿大学、奥斯汀大学、南加州大学、俄亥俄州立大学、旧金山大学、康奈尔大学、威斯康星大学
科尔代数奖	彼得格勒大学(2)、布兰迪斯大学、东京大学、内梅亨大学、巴黎第十一大学、威斯康星大学麦迪逊分校、柏林大学、罗马大学、波恩大学
拉尔夫·J.邦奇奖	康奈尔大学(2)、普渡大学(2)、美国大学、南卡罗来纳大学、西北大学、麻省理工学院、约翰·霍普金斯大学、俄克拉荷马大学、宾夕法尼亚大学、纽约市立学院、伦敦经济学院
卡弗里奖	麦吉尔大学(2)、牛津大学、加州理工学院、列别捷夫物理研究所、俄罗斯科学院朗道理论物理研究所、格拉斯哥大学、名城大学、匹兹堡大学、康奈尔大学、巴黎第六大学、剑桥唐宁学院、斯坦福大学、莫斯科国立大学、哥德堡大学、得克萨斯大学、加州大学圣地亚哥分校、威斯康星大学、伊维特河畔吉夫分子研究中心、莱顿天文台

(三)获奖大学教师获奖时的任职院校分布

在 192 名获奖的大学教师中,任职于哈佛大学的有 14 人,斯坦福大学有 11 人(见表 5-17、表 5-18)。

表 5-17　获奖大学教师获奖时的任职院校(获奖频数 4 次以上的院校)

任职院校 /(获奖频数)	国家技术奖	国家人文奖	科尔代数奖	拉尔夫·J.邦奇奖	卡弗里奖
哈佛大学(14)	0	11	2	1	0
斯坦福大学(11)	2	2		2	5
加州大学伯克利分校(10)		4	2	4	
纽约大学(9)	2	4		3	1
加州大学洛杉矶分校(7)	1	1	1	3	1
麻省理工学院(7)	1		1		5
加州理工学院(6)	1				4
普林斯顿大学(6)	1	3	2		
哥伦比亚大学(6)		2	1	1	2
芝加哥大学(4)		1	3		
密歇根大学(4)	2		2		

表 5-18　获奖大学教师获奖时的任职院校(获奖频数 4 次以下的院校)

国家技术与创新奖	加州大学圣巴巴拉分校(2)、北卡罗来纳大学教堂山分校、伊利诺伊大学、爱荷华州立大学、加劳德特大学、卡内基·梅隆大学、约翰·霍普金斯大学、布法罗大学、犹他大学、北卡罗来纳州立大学、亚利桑那大学、南加州大学

续表

国家人文与创新奖	西北大学(2)、乔治华盛顿大学、里士满大学、卫斯理大学、米利根大学、布朗大学、朱利叶斯大学、波士顿大学、葛底斯堡学院、怀俄明州大学、加州大学河滨分校、约翰·霍普斯金大学、南加州大学、安纳波利斯·圣约翰学院、罗得岛大学、路易斯安那州大学、古砌学院、北卡罗来纳大学、新奥尔良大学、俄勒冈州大学
科尔代数奖	波恩大学、犹他大学、加州大学圣地亚哥分校、京都大学、西北大学、巴黎第十一大学、宾夕法尼亚大学、牛津大学、佛罗里达大学
拉尔夫·J.邦奇奖	加州大学圣地亚哥分校(3)、宾夕法尼亚大学(2)、马里兰大学(南卡罗来纳大学2)、布朗大学(2)、威斯康星大学麦迪逊分校(2)、休斯敦大学、福特汉姆大学、惠顿学院、来斯大学、埃默里大学、乔治·华盛顿大学、匹兹堡大学、杜克大学、圣母大学、罗格斯大学、皇后大学、布兰迪斯大学、加州理工大学、弗吉尼亚大学、加州大学欧文分校、斯沃斯莫尔学院、普渡大学、新学院大学、苏尼奥尔巴尼大学、西北大学、华盛顿大学、中北大学、门罗学院、南卡罗来纳大学、布兰迪斯大学
卡弗里奖	洛克菲勒大学(2)、剑桥大学、加州大学圣克鲁兹分校、亚利桑那大学、东北大学、斯特拉斯堡大学、伦敦帝国理工学院、巴塞尔大学、加州大学、卡罗林斯卡学院、麦吉尔大学、伦敦大学、布兰迪斯大学、加州大学旧金山分校、威斯康星大学、法兰西学院

从前面的数据和院校分布结果可见,哈佛大学、耶鲁大学、斯坦福大学、加州大学伯克利分校等无论是在培养院校还是任职院校指标上,均是多人次、高频数的获奖院校;而那些获奖次数相对较少或者频数较低的院校如布朗大学、北卡罗来纳州立大学、马里兰大学等,也都是世界名校。通过 SPSS 统计软件对超过 4 人次的培养院校和任职院校进行不同奖项的差异检验,不同奖项在培养院校上的显著性差异为 0.120,不同奖项在任职院校的显著性差异为 0.342,培养院校和任职院校两个指标在不同奖项上的显著性差异为 0.138,培养院校和任职院校在不同奖项的获奖结果上均无显著性差异。由此可见,在美国不同来源的不同科研成果奖励项目中,获奖大学教

师在院校方面的特征可以概括为：毕业且任职于名校的"精英们"是主要获奖群体，院校中的精英名校是最主要的获奖院校，这一研究结论也在一定程度上印证了默顿及其学派的与能力有关的优势积累效应，那么，这种优势积累效应是如何形成的呢？院校中的精英院校们是如何实现和保持在科研中的优势的呢？

二、精英名校在科研成果奖励制度中保持优势的路径

第一，重视从本科生到研究生的科研能力培养，保障了研究型大学所培养人才的科研素养与科研质量，也使精英名校成了美国科研成果奖励获奖者的重要培育摇篮。

从前面的数据与内容可知，美国研究型大学不仅是美国科研成果奖励获奖者的主要工作平台，也是其主要的培养平台，而这与重视对学生科研素养的训练和科研能力的提升有着十分紧密的联系。作为美国科研成果奖励的最大获奖单位与培养单位，加州大学伯克利分校很好地诠释了什么才是优秀的科研成果奖励获奖者的培育摇篮。一是重视对本科生的科研能力与科研素养的训练与提升。加州大学伯克利分校采取了一系列措施和策略来加强对本科生的科研训练：如设立数量丰富的科研项目；建立专门的本科生科研办公室，为本科生参与科研等提供资助、出版和发表等多方面的扶持；为教师指导本科生科研提供各项保障措施等。关于"本科生是否需要做科研"或者"本科生做科研的价值"的争论结果，在加州大学伯克利分校这所全球最好的公立研究型大学、美国科研成果奖励获奖者的最重要培养单位中即可知分晓与答案。二是十分重视对研究生的科研训练。加州大学伯克利分校为了提升研究生的科研素养和科研能力，以培养出高质量的、卓越的科研人才，在研究生培养上有不少亮点与特色，如来自研究生导师和研究生顾问双重指导、层层递进的课程体系，对研究生实施严格的考核与评价等，这些也是其培养高质量研究生的重要保障。事实上，一个国家的科学研究系

统是否有效与发达,在很大程度上取决于该国高等教育的人才培养质量,特别是研究生的培养质量。但高质量的研究生群体,又需要有高质量的本科生生源,所以,加强本科生阶段的科研素养,是重要且必然的路径。一个国家的科研成果奖励体系应该是服务于该国的科学研究系统的,是为了激励和推进该国的科学研究事业。科研成果奖励体系与高校的人才培养则相互作用与相互影响:一个国家科研成果奖励项目的获奖者群体,不仅可以用来检测不同类型的高校在研究型人才方面的培养质量,也可以用来提炼培养研究型人才的经验。由此,美国研究型大学在学生科研素养与科研能力的培养和提升上的做法与经验,值得各国基于本国国情有的放矢地思考与借鉴。

第二,健全而稳定的科研管理体系是美国研究型大学在美国科研成果奖励的获得上表现卓越的重要条件,包括专门的管理机构、明确且清晰的管理流程、详尽而严格的管理措施、周到且健全的科研服务与保障等。

无论是在联邦政府的科研成果奖项中,还是在社会组织所提供的科研成果奖项中,美国研究型大学都是最大的赢家。美国研究型大学的校内科研管理体系多元且纵横交错,如何让这些多元的因素有序且高效地运行,使校内科研管理系统充分发挥其促进教师科研和提升学校科研能力等的作用,这离不开其健全而稳定的管理制度。美国研究型大学普遍设立了专门的负责校内科研的管理部门,如教师评审委员会、内部拨款评审委员会、科研监督委员会、科研发展办公室等,它们专门负责校内的科研事务,如统筹经费、规划项目、组织评审、项目结题等。除此之外,该管理机构还负责制定相关的科研资助政策与制度,让所有的科研资助有章可循。这一专门的管理机构要么直接由科研副校长办公室领导,要么是由研究型大学的副校长担任直接领导,除了接受学校的直接拨款以外,还接受来自校外专款专用的捐赠并管理这些经费与项目。同时,科研资助系统一共有多少不同性质的项目、申请条件分别是什么、什么时候申请、评审标准是什么、结项要求等,这些都是科研管理体系中的关键信息,美国研究型大学的校内科研管理部门会明确并定时地发布这些信息,让教师们去申请适合自己的科研项目。除了详尽的信息以外,每一所研究型大学的科研管理体系都有自己的资助流程,如经费的来源与使用、如何组织评审、评审结果如何产生等,绝大多数研究型大学都会将资助流程明确且稳定下来,使其尽可能的清晰流畅,并做到公开透明,确保科研资助公正。除此之外,有些大学还建立了自己的评审专家库,将科研资助项目立项前、评审、立项后等十分多元且复杂的因素具体化和详尽化。如立项后经费的使用要求、税费如何减免、休假的具体要求与安排、休假安排的审核等,美国很多研究型大学都对此设置了具体的要求并制定了详尽的管理措施,确保科研管理体系的每一个环节都有规则可依,进而实施严格的科研管理。另外,美国研究型大学为大学教师们开展科研提供了周到而健全的科研服务与科研保障:如专门的科研管理机构提供周到而详细的科研服务;图书馆提供健全的科研信息保障;重视科研转化并设立专门的组织与部门来强化校企合作等等。真正能发挥出实际作用的科研资助系统离不开健全而稳定的管理制度,健全是稳定的前提,而稳定则是健全制度能持久发挥积极作用的必要条件,而这些都需要有专门的管理机构、明确而清晰的资助流程、详尽而严格的管理措施、周到且健全的科研服务与科研保障等作为核心要素。

第六章　大学教师科研成果奖励制度
的国际比较

科研成果奖励是对科研工作者科研能力和科研成果的承认与肯定,其目的在于调动每名科研工作者从事科学研究的积极性,提高科研水平、推动科学发展,从而促进整个社会的进步。20世纪以来,伴随着科技在世界范围的飞速发展,科研成果奖励也愈发受到世界各国的高度重视,各国为了促进本国的科技进步和经济发展,逐步形成了与自身政治经济制度相适应的科研成果奖励制度。本部分内容呈现和分析中国、英国、日本和澳大利亚等国家的大学教师科研成果奖励制度,在对它们进行特点分析的基础上,并对美国、中国、英国、日本和澳大利亚五国的大学教师科研奖励制度展开比较,从而探讨世界各国大学教师科研奖励制度的共性与差异。

第一节　中国的大学教师科研成果奖励制度

一、国家级科研成果奖励项目

(一)中国国家科学技术进步奖

2000年,中华人民共和国国务院设立,由中国科学技术奖励委员会负责颁发。它是中国五个科学技术奖中最高等级的奖项,授予在当代科学技术前沿取得重大突破或者在科学技术发展中有卓越建树、在科学技术创新、科学技术成果转化和高技术产业化中创造巨大经济效益或者社会效益的科学技术工作者。该奖每年评选一次,每年获奖者不超过两名,由国家主席亲自签署和颁发荣誉证书、奖章以及800万元奖金。2018年以前,获奖者的奖金额度为500万元人民币,450万元由获奖者自主选题,用作科研经费,50万元属于获奖者个人。2018年,奖金调整为800万元/人,全部由获奖者个人支配。

我国国家最高科学技术奖的申报条件为:第一,在当代科学技术前沿取得重大突破或者在科学技术发展中有卓越建树的科学技术工作者。第二,在科学技术创新、科学技术成果转化和高技术产业化中,创造巨大经济效益或者社会效益的科学技术工作者。第三,在科学研究、技术开发项目中仅从事组织管理和辅助服务的工作人员,不得作为国家科学技术进步奖的候选人。第四,应当热爱祖国,具有良好的科学道德,并仍活跃在当代科学技术前沿,从事科学研究或者技术开发工作。国家最高科技奖采取的是推荐制,有推荐资格的单位和个人包括:省、自治区、直辖市人民政府;国务院有关组成部门、直属机构;中央军委有关部委;经国务院科学技术行政部门认定的、符合国务院科学技术行政部门规定的资格条件的其他单位和科学技术专家。国家最高科技奖的产生大致分为七个具体步骤。第一步,由省级政府、国务院等有关部门推荐或者最高奖获得者个人推荐产生候选人。第二步,20多位院士、专家对候选人进行咨询打分,投票选出5名候选人进入国家最高科技奖的评审。第三步,接受国家最高科技奖励评审委员会的评审。在国家最高科学技术奖的评审表中,共设计了科学思想品德、重要科技贡献、社会科技界威望和专家系数四大项、八个评价指标对国家最高科学技术奖的候选人们进行评价。在接受国家最高科技奖励评审委员会评审的过程中,5位候选人还要经过两关考验,第一关是与评审委员面对面,介绍个人的情况和主要成就。第二关是评审委员们要到候选者工作的研究室、试验基地进行实地的考察。经过这两关后,评审委员们再次投票选出两位获奖者。最后由国家科技奖励委员会对两位获奖者进行审定后,经科技部审核,报国务院批准,最终由国家主席签署证书,颁发奖金。

自 2000 年至 2020 年 6 月(本着宁缺毋滥的原则,中国国家最高科学技术奖 2004 年、2015 年空缺),共有 33 位获奖者,分别来自农业、数学、电学、物理学、计算机、地球环境、航空航天、气象、医学、石油、植物、化学、金属学、建筑与城市规划、力学、雷达、核物理、防护工程、核潜艇等领域,其中中国科学院院士 22 名,中国工程院院士 16 名(其中有 5 名同时还是科学院院士)。[①]

(二)国家自然科学奖

1956 年,中华人民共和国国务院设立,由国家科学技术奖励委员会负责颁发的奖项。该奖主要面向在数学、物理、化学、天文学、地球科学、生命科学等基础研究和信息、材料、工程技术等领域的应用基础研究中,阐明自然现象、特征和规律、做出重大科学发现的中国公民。国家自然科学奖不授予组织。

国家自然科学奖主要奖励条件:前人尚未发现或者尚未阐明、具有重大科学价值、得到国内外自然科学界的公认。2000 年以前,国家自然科学奖分为四个等级,2000 年以后,只设一、二等奖。国家自然科学奖授奖等级根据候选人所做出的科学发现,从发现程度、难易复杂程度、理论学说上的创见性、研究方法手段的创新程度、学术水平、对学科发展的促进作用、对经济建设和社会发展的影响、论文被他人正面引用的情况、国内外学术界的评价和主要论文发表刊物的影响等方面进行综合评定。基本评定标准如下:(1)在科学上取得突破性进展,学术上为国际领先,并为学术界所公认和广

---

① 中国科学院.国家最高科技奖[EB/OL].(2020-06-01)[2021-01-01]. http://www.cas.cn/ky/kjjl/gjzgkxjsj/.

泛引用,推动了本学科或者相关学科的发展,或者对经济建设、社会发展有重大影响的,可以评为一等奖。(2)在科学上取得重要进展,学术上为国际先进水平,并为学术界所公认和引用,推动了本学科或者其分支学科的发展,或者对经济建设、社会发展有较大影响的,可以评为二等奖。[①] 该奖每年颁发一次,一等奖 1 项,二等奖多项,如 2016 年 41 项、2019 年 45 项。其中特等奖奖金为 150 万元,一等奖奖金为 30 万元,二等奖为 15 万元。[②]

(三)国家技术发明奖

1979 年,中华人民共和国国务院设立。国家技术发明奖授予运用科学技术知识做出产品、工艺、材料及其系统等重大技术发明的中国公民,国家技术发明奖不授予组织。2000 年以前,中国国家技术发明奖分为一、二、三、四等奖,2000 年以后只设一、二等奖,2003 年增设特等奖。该奖每年颁发一次,其中特等奖奖金为 150 万元,一等奖奖金为 30 万元,二等奖为 15 万元。[③]

(四)国家科学进步奖

1985 年,中华人民共和国国务院设立。国家科学技术进步奖授予在技术研究、技术开发、技术创新、推广应用先进科学技术成果、促进高新技术产业化,以及完成重大科学技术工程、计划等过程中做出创造性贡献的中国公民和组织,该奖分为四个领域,分别是技术开发、社会公益、国家安全、重大工程。2000 年以前,中国国家科学进步奖分为一、二、三等奖,2000 年以后只设一、二等奖,2003 年增设特等奖。该奖每年颁发一次,其中特等奖奖金

① 中国科学院.国家自然科学奖[EB/OL].（2020-01-01)[2021-01-01]. http://www. cas. cn/ky/kjjl/gjzrkxj/.

② 中华人民共和国科学技术部.科技部 财政部关于调整国家科学技术奖奖金标准的通知[EB/OL].（2020-01-01)[2021-01-01]. http://www. most. gov. cn/mostinfo/xinxifenlei/fgzc/gfxwj/gfxwj2019/201901/t20190108_144620. htm.

③ 中国科学院.国家技术发明奖[EB/OL].（2020-01-01)[2021-01-01]. http://www. cas. cn/ky/kjjl/gjjsfmj.

为 150 万元，一等奖奖金为 30 万元，二等奖奖金为 15 万元。[①]

（五）国际科学技术合作奖

1994 年，中华人民共和国国务院设立的国家级科技奖励，1995 年正式授奖。中华人民共和国国际科学技术合作奖奖励在双边或者多边科技合作中对中国科学技术事业做出重要贡献的外国科学家、工程技术人员、科技管理专家或组织。该奖由国家科学技术委员会负责组织实施，国家科技奖励工作办公室负责统一管理，由国务院颁发荣誉奖牌和证书，不发奖金。国际科技合作奖不分等级，每年评审一次，每年授奖数额不超过 10 个。国际科技合作奖获奖者应具备下列三个条件之一：在与中国公民或者组织进行合作研究、开发等方面取得重大科技成果；对中国科技事业、经济建设和社会发展有重要推动作用，并产生重大经济效益或社会效益；在向中国公民或组织传授先进科学技术、提出重要科技发展建议与对策、培养科技人才或管理人才等方面做出重要贡献；在促进中国与其他国家或国际组织的科技交流与合作中做出重要贡献。1995 年至 2019 年，共有 24 个国家的 128 位外籍专家和 2 个国际组织（国际水稻研究所、国际玉米小麦改良中心）、1 个外国组织（美国得州大学 MD 安德森癌症中心）被授予"中华人民共和国国际科学技术合作奖"。其中，美国 42 人、德国 17 人、日本 12 人、英国 8 人、加拿大 5 人、巴西 2 人、法国 7 人、意大利 6 人、俄罗斯 6 人、瑞典 5 人、丹麦 1 人、泰国 1 人、奥地利 1 人、挪威 1 人、荷兰 3 人、瑞士 1 人、印度 1 人、新加坡 1 人、澳大利亚 3 人、古巴 1 人、新西兰 1 人、乌兹别克斯坦 1 人、芬兰 1 人、巴基斯坦 1 人。[②]

①　国家科学技术奖励工作办公室. 国家科学进步奖［EB/OL］.（2020-01-01）［2021-01-01］. http://www. nosta. gov. cn/web/detail. aspx? menuID=160&contentID=1117.

②　国家科学技术奖励工作办公室. 国际科学技术合作奖［EB/OL］.（2020-01-01）［2021-01-01］. http://www. nosta. gov. cn/web/detail. aspx? menuID=72&contentID=69.

二、部、省和市级科研成果奖励项目

（一）部级科研成果奖励项目：高等学校科学研究优秀成果奖

2008 年，中国教育部将高等学校科学技术奖和中国高校人文社会科学研究优秀成果奖合并设立为高等学校科学研究优秀成果奖，分为高等学校科学研究优秀成果奖（科学技术）和高等学校科学研究优秀成果奖（人文社会科学），是专门面向大学教师的科研成果奖励项目。高等学校科学研究优秀成果奖（科学技术）奖励在开展科技创新、成果转化并在创新人才培养中作出突出贡献的高等学校教师、科技工作者和相关单位，设立自然科学奖、技术发明奖、科学技术进步奖和青年科学奖。该奖实行提名制，一年一次，除了青年科学奖不设等级以外，其他奖项分设一等奖、二等奖两个等级，每年奖励总数不超过 310 项。高等学校科学研究优秀成果奖（人文社会科学）是为了表彰在高校人文社会科学研究中做出突出贡献的研究人员，每三年评选一次，2019 年年度奖项在 1500 项左右，分为著作论文奖、咨询服务报告奖、普及读物奖、青年成果奖，除了普及读物奖和青年成果奖不分等级外，其他奖项分设特等奖、一等奖、二等奖、三等奖，采用限额推荐制。高等学校科学研究优秀成果奖（人文社会科学）以精神奖励为主。

除此之外，还有一些中央部委和机构部门也设立了自己的科研成果奖励项目，例如全国教育科学规划办设立全国教育科学优秀成果奖、中华人民共和国文化和旅游部设立的中国文化艺术政府奖、新闻出版总署设立的中国出版政府奖等。

（二）省级科研成果奖励项目：以 A 省为例

1. A 省科学技术奖

A 省政府设立科学技术奖，每年评审一次，一共包含科技大奖、自然科学奖、技术发明奖科学技术进步奖和国际科学技术合作奖五个奖项。科技大奖不分等级,每年颁发 2 项;自然科学奖、技术发明奖和科学技术进步奖分为一等奖、二等奖和三等奖,每年三大奖在总数维持 300 项不变的前提下,进行定额评审,其中一等奖数量不超过 30 项、二等奖数量不超过 90 项、三等奖数量不超过 180 项;国际科学技术合作奖不分等级,每年授予个人或者组织不超过 10 个。A 省科学技术奖获奖者由省人民政府颁发奖励证书和奖金,科技大奖奖金每项 300 万元,自然科学奖、技术发明奖和科学技术进步奖奖金均为一等奖 30 万元、二等奖 15 万元、三等奖 5 万元。A 省科学技术奖主要面向自然科学领域,由 A 省科学技术奖奖励委员会负责年度评审工作,并下设专门的评审委员会和监督委员会。A 省科学技术奖实行由专家学者、组织机构、相关部门提名的制度,国家最高科学技术奖获奖人、中国科学院院士、中国工程院院士等均为提名者。[①]

2. A 省哲学社会科学优秀成果奖

A 省哲学社会科学优秀成果奖是 A 省人民政府设立的面向哲学社会科学领域的 A 省最高奖,分为马克思主义理论研究、基础理论研究、应用对策研究(含科普成果)三大类,每类都含有著作和论文两种形式,均设一等奖、二等奖、三等奖,共设 200 项。该奖每两年评选一次,由 A 省社会科学界联合会承担评审等具体的工作。A 省哲学社会科学优秀成果奖采取个人申报和单位推荐相结合的方式,单位推荐或个人直接向省社科联申报均可。获奖者由 A 省人民政府颁发证书,无奖金,以精神奖励为主。[②]

(三)直辖市科研成果奖励项目:以 B 市为例

1. B 市科学技术奖

B 市科学技术奖由 B 市人民政府设立,主要包括突出贡献中关村奖、杰

---

① A 省人民政府. A 省人民政府令第 379 号:A 省科学技术奖励办法[EB/OL]. (2020-01-01)[2021-01-01]. http://zskjj.zhoushan.gov.cn/art/2019/12/12/art_1312674_40994719.html.

② A 省社会科学界联合会. A 省哲学社会科学优秀成果评奖办法实施细则[EB/OL]. (2020-01-01)[2021-01-01]. http://www.zjskw.gov.cn/tzgg/11690.html.

出青年中关村奖、国际合作中关村奖、自然科学奖、技术发明奖、科学技术进步奖,面向自然科学领域,由 B 市科学技术奖励委员会负责评审等工作。该奖采用提名制,一年评审一次,突出贡献中关村奖、杰出青年中关村奖、国际合作中关村奖不分等级。自然科学奖、技术发明奖、科学技术进步奖均分为一等奖、二等奖两个等级;对做出特别重大科学发现,突破关键核心技术,产生特别重大经济社会效益或者生态环境效益的,可以授予特等奖。所有的奖项均有证书和奖金,其中重大科技创新奖奖金 50 万元、一等奖 50 万元、二等奖 20 万元。国家最高科学技术奖获奖人、中国科学院院士、中国工程院院士等均为提名者。①

2．B 市哲学社会科学优秀成果奖

1987 年,B 市哲学社会科学优秀成果奖由 B 市人民政府设立,面向 B 市哲学社会科学领域,每两年评选一次,各种形式的如专著、译著、论文、社科普及读物、工具书、古籍整理作品、调研报告等均可,分设特等奖、一等奖和二等奖。该奖由 B 市哲学社会科学优秀成果奖评奖委员会负责具体的评奖工作。获奖者可以获得证书,以精神奖励为主,获奖者只获得少量奖金,且每年奖金金额不一样。每年共评选 210 项,其中特等奖不超过 5 项、一等奖不超过 40 项,采取个人申报和单位推荐的申报形式。②

(四)市级科研成果奖励项目:以 C 市为例

1．C 市自然科学优秀学术成果奖

C 市自然科学优秀学术成果奖每两年评选一次,评选在自然科学领域内进行,涵盖自然科学、工程技术科学、交叉边缘科学等领域中的基础理论研究、应用技术研究和实验方面的学术成果(一般性实验报告、综述、统计资

---

① 　B 市人民政府.B 市科学技术奖励办法[EB/OL].(2020-01-01)[2021-01-01].http://www.beijing.gov.cn/zhengce/zhengcefagui/201908/t20190812_103355.html.

② 　B 市人民政府.B 市哲学社会优秀成果奖评选条例[EB/OL].(2020-09-01)[2021-01-01].http://www.beijing.gov.cn/kyc/zlxz_15523/202008/t20200819_1986722.pdf.

料和国内外科技动态不在评选之列）及科普创作类成果。该奖分为三大类：学术论文（含企业技术创新类论文）、科普创作、科技工作者建议，均分为一等奖、二等奖和三等奖。C市自然科学优秀学术成果奖由C市自然科学优秀学术成果奖评审委员会负责评审，采取个人申报和单位推荐制。奖励形式以精神奖励为主，由举办单位颁发奖励证书。[①]

2. C市哲学社会科学优秀成果奖

C市哲学社会科学优秀成果奖每两年颁发一次，主要面向哲学社会科学领域，分为著作类和研究报告类（含科研论文、项目研究报告、调查报告等），分别设立一、二、三等奖，一等奖不多于5项，二等奖不多于10项，三等奖不多于15项。该奖由C市社科优秀人才优秀成果评定委员会负责评定，C市社科联负责具体组织实施，以精神奖励为主，颁发奖励证书。[②]

三、民间科研成果奖励项目

20世纪80年代以来，中国民间力量开始设立科研成果奖励项目。1986年，中国发明协会在国家科委的支持下，每年举办一次全国发明展览会，对获得国家发明奖以外的优秀项目分别授予金牌、银牌和铜牌。1987年，中国物理学会设立了胡复刚、饶毓泰、叶企孙、吴有训物理奖。1989年，中国地质学会设立了李四光地质科学奖。到20世纪90年代，社会科研成果奖励项目得到政府的赞许，1993年7月第八届全国人大常委会通过的《中华人民共和国科学技术进步法》规定"国内、国外组织或个人可以设立科学技术奖励基金，奖励在科学技术进步活动中做出突出贡献的公民或者组织"，这在法律上肯定了社会科研成果奖励项目。随后，越来越多的民间组

---

①　C市科学技术协会.C市自然科学优秀学术成果奖[EB/OL].（2020-09-01）[2021-01-01]. http://kx. changsha. gov. cn/xsxh/index_8. html.

②　C市社会科学界联合会.C市哲学社会科学优秀成果奖[EB/OL].（2020-09-01）[2021-01-01]. http://skl. changsha. gov. cn/.

织如学会、企业、基金会等开始设立科学研究成果奖励项目,并设立数量繁多的科研奖来奖励科研工作者。尽管数量较多,但中国的科研成果奖励制度一直是以政府为主、社会为辅的科研成果奖励体系。在民间科研奖项中,也产生了在国内比较有影响力的奖项,因为数量较多,本研究将重点介绍几个民间奖项,以此呈现中国的民间科研成果奖励项目。

（一）求是科学奖

求是科学奖是中国香港求是基金会于 1994 年创立的科学技术奖项,每年颁发一次,主要面向数学、物理、化学及生物医学等科技领域中有杰出成就的中国科学家。求是科学奖采用个人申报和单位推荐制。求是科学奖具体包含求是终身成就奖、求是杰出科学家奖、求是杰出青年学者奖、求是杰出科技成就集体奖。求是终身成就奖奖金 300 万元、求是杰出科学家奖 100 万元、求是杰出青年学者奖 3 万美元、求是杰出科技成就集体奖奖金 100 万元,每年的奖励名额不一。[①]

（二）未来科技大奖

未来科技大奖是 2016 年由中国香港未来科学大奖基金会有限公司发起,旨在奖励取得基础科技成果的科学家。该大奖每年颁发一次,设有未来科学大奖生命科学奖（由丁健、李彦宏、沈南鹏、张磊捐赠）、未来科学大奖物质科学奖（由邓锋、吴鹰、吴亚军、徐小平捐赠）、未来科学大奖数学与计算机科学奖（由丁磊、江南春、马化腾、王强捐赠）三个年度奖项,原则上每个奖项的获奖人数每年不超过 5 人,三个奖每个奖的奖励金额均为每年 100 万美元。未来科学大奖各奖项的候选人由科学委员会审核通过的提名人提名产生,不接受个人申请与社会推荐。提名人由科学委员推荐产生,各科学委员

---

① 求是科技基金会.求是科学奖[EB/OL].(2020-09-03)[2021-01-06].http://www.qiushi.org/.

推荐的提名人须经科学委员会确定并认可,方可具备提名权。[①]

（三）何梁何利基金奖

何梁何利基金奖是 1994 年由何梁何利基金设立的奖项,旨在奖励取得杰出成就和重大创新的科学技术工作者,促进中国的科学与技术发展。梁何利基金奖主要面向自然科学领域,共设有何梁何利基金科学与技术成就奖(奖金 100 万港元)、何梁何利基金科学与技术进步奖(奖金 20 万港元)、何梁何利基金科学与技术创新奖(奖金 20 万港元),每年评选一次。采用提名制。[②]

（四）孙冶方经济科学奖

为纪念孙冶方对马克思主义经济学的重大贡献,由经济学家薛暮桥、于光远、许涤新等发起,于 1983 年 6 月 19 日成立了"孙冶方经济科学奖励基金委员会"。1985 年,孙冶方经济科学奖开始设立并评选,是中国经济学领域的最高奖项,被誉为"中国的诺贝尔经济学奖",以表彰和鼓励对我国经济学做出贡献的集体和个人。该奖每两年评奖一次,办事机构设在中国社会科学院经济研究所,分为经济学著作奖和经济学论文奖,著作奖每部奖金 20 万元,论文奖每篇奖 10 万元。采用个人申报和推荐制。[③]

（五）吴玉章人文社会科学奖

为纪念无产阶级革命家、教育家、历史学家、语言文字学家、中国人民大学第一任校长吴玉章同志,中国人民大学于 1983 年设立吴玉章奖金基金,

---

① 未来科技大奖[EB/OL]. (2020-09-03)[2021-01-06]. https://baike. baidu. com/item/%E6%9C%AA%E6%9D%A5%E7%A7%91%E5%AD%A6%E5%A4%A7%E5%A5%96/19285674.

② 何梁何利基金奖[EB/OL]. (2020-09-03)[2021-01-06]. https://baike. baidu. com/item/%E4%BD%95%E6%A2%81%E4%BD%95%E5%88%A9%E5%9F%BA%E9%87%91%E5%A5%96.

③ 孙冶方经济科学基金会. 孙冶方经济科学奖[EB/OL]. (2020-09-03)[2021-01-06]. http://sunyefang. cssn. cn/zwzd/zxdt/201712/t20171229_4303185. shtml.

2002 年更名为吴玉章基金。吴玉章人文社会科学奖面向全国,主要奖励国内有重大影响的优秀哲学社会科学专著,旨在促进我国哲学社会科学的发展和繁荣,每五年评选一次。该奖主要面向马克思主义理论、哲学、教育学、历史学、中国语言文学、新闻学、经济学和法学等八个学科,每个学科设特等奖、一等奖各 1 项,优秀奖 2—3 项,青年奖 1 项。奖金分别为 8 万元、5 万元、2 万元、1 万元,其中青年奖要求作者年龄在 45 岁以下。各奖项均采用专家推荐或网络同行提名的制度,评审组评定,基金委员会审定。除了吴玉章人文社会科学奖以外,该基金会还设立了吴玉章终身成就奖,奖金 100 万元。①

（六）胡绳青年学术奖

1997 年 4 月,全国政协原副主席、中国社会科学院院长胡绳捐出 30 万元稿费,倡议建立旨在鼓励社会科学人才成长的"青年学术奖励基金"。中国社科院成立以胡绳名字命名的"胡绳青年学术奖励基金",发起资金 100 万元,设立基金管理委员会。它是中国社会科学最高层次的民间青年学术成就奖,面向在社会科学、人文科学各学科取得优秀研究成果的全国青年（40 周岁以下）。该奖由胡绳青年学术奖评审委员会评选决定,每三年评选一次,采用提名的方式。评奖的学科分为六类:文学语言学科类、历史学科类、哲学学科类、经济学科类、国际问题研究类、综合学科类（含政治学、法学、社会学、民族学、新闻学等学科）。每届评选三类学科,前三类与后三类交替进行评选。除了胡绳青年学术奖以外,还设有提名奖,获奖成果颁发奖章、奖金、证书,获提名奖成果颁发奖金及荣誉证书。② 第一届的专著奖金为 2 万元、论文和研究报告各 1 万元、普及读物 1.5 万元。③

---

① 吴玉章基金.吴玉章奖[EB/OL].（2020-10-03）[2021-02-08].http://wuyuzhangprize. ruc.edu.cn/wyzprize/.

② 中国社会科学网.胡绳青年学术奖[EB/OL].（2020-10-03）[2021-02-08]. http:// husheng.cssn.cn/new_jijin/.

③ 第一届"胡绳青年学术奖"开始评选[J].抗日战争研究,1997(3):253.

四、高校的科研成果奖励项目

中国不少高校有自己设立的科研成果奖项，也有引入外部资金设立的科研成果奖项，分别以 A 大学和 B 大学进行说明。

1. A 大学设的校内科研成果奖项

A 大学基础性研究成果奖是该大学科技管理工作的重要组成部分，旨在表彰做出显著科研成绩的教师，面向基础研究和应用基础理论的研究。该奖每年评审一次，限额申报，各系、院、所限报 1～2 项。这些科研成果获校级科研奖后，有 53.7％获得了国家级、部委级科研成果奖励。[①] A 大学推广应用效益显著奖是该大学 1983 年设立的，面向各自然科学领域，科研成果使用后创新经济效益每年至少 100 万元，每年评选一次，学校颁发证书及奖金，不设等级，年经济效益达 100 万元的，奖金 500 元；年经济效益达 1000 万元的，奖金 800 元。A 大学做了一个简单的统计：1983—1996 年，共有 195 项科研成果获得校内的科研成果奖励，这 195 项科研成果校内获奖科研成果中有 43 项获得了国家级科技奖项。[②]

2. B 大学设的校内科研成果奖项

B 大学董氏东方文史哲研究著作奖是由香港董氏慈善基金会与该大学合作设立，资金由董氏基金会承担，主要适用于 B 大学文、史、哲等学科，面向 B 大学教师，奖励其年度正式出版的学术著作，分别设有一等奖、二等奖、三等奖，奖励额度分别是一等奖 3 万、二等奖 2 万、三等奖 1 万。[③] B 大

---

① A 大学. A 大学基础性研究成果奖 53.7％获国家级和部委级重大科技奖励[J]. A 大学学报（自然科学版），1995(35)：48.

② A 大学."A 大学推广应用效益显著奖"评审情况及实施效果[J]. 中国科技奖励，1998(1)：35.

③ B 大学人文学部. 关于公布第二十七届 B 大学"董氏文史哲研究奖励基金"评选结果的通知[EB/OL].（2019-09-03）[2020-05-29]. http://fah. zju. edu. cn/2020/0619/c38146a2156948/page. htm.

学哲学社会科学研究优秀著作奖奖励正式出版的哲学社会科学著作,含专著、编著、译著、工具书、古籍整理、普及读物等,每年评选一次,每年奖励不超过25项。专著奖和编著奖分为特等奖、一等奖、二等奖,奖励分别是10万元、5万元和2万元,其他奖不设等级,奖励均为2万元,采用推荐制。[①]

第二节　英国的大学教师科研成果奖励制度

1731年,英国皇家学会设立了世界上第一个具有制度化性质的科技奖励——科普利奖,奖励在物理、生物学方面做出突出贡献的科学家。虽然当时科普利奖章的奖金只有100英镑,但作为制度化科技奖励项目起源的标志,该奖在科技奖励史上具有里程碑意义。[②] 英国皇家学会的科普利奖章不仅是英国科研成果奖励的起源,也开了世界制度化科研成果奖励的先河。自此,英国开始了自己科研成果奖励制度的建设,并日益形成了自己的科研成果奖励系统。当前,从严格意义上来讲,英国并没有来自国家或政府层面颁发的纯粹的科研成果奖励项目,英国大学教师科研成果奖励的主体为民间专业的学术团体如英国皇家学会、英国皇家工程院等,当然,也有一些企业、基金会等颁发科研成果奖励项目,一些大学也设有自己的校内科研成果奖励项目。

一、全国性学术团体的科研成果奖励项目

(一)英国皇家学会

英国皇家学会作为英国国家科学院成立于1660年,全称"伦敦皇家自

---

① B大学社会科学研究院.社科院关于2020年B大学哲学社会科学研究优秀著作奖推荐工作的通知［EB/OL］.（2020-01-19）［2020-05-24］. https://rwsk. zju. edu. cn/2020/0506/c40200a2092672/page.htm.

② 姚昆仑.20世纪全球科技奖励的发展及特点分析[J].中国科技奖励,2008(3):30-33.

然知识促进学会"。学会的宗旨是促进自然科学的发展,是世界上历史最长且从未中断过的科学学会。该学会独立于政府存在,是英国地位最高的科学学术机构,在很大程度上代表着英国学术界的最高水平。2020 年,它共颁发了 29 个科研成果奖项。

1. 奖项名称和首次颁奖年份

科普利奖章(1731 年)、克鲁尼亚奖章和讲座(1738 年)、贝克里安奖章和讲座(1775 年)、拉姆福德奖章(1800 年)、皇家奖章(1825 年)、戴维奖章(1877 年)、达尔文奖章(1890 年)、布坎南奖章(1897 年)、休斯奖章(1897 年)、费里尔奖章和讲座(1928 年)、军械库和巴西公司奖(1985 年)、加博尔奖章(1989 年)、埃索能源奖(1999 年)、皇家学会葛兰素史克奖和讲座(2002 年)、弗朗西斯·克里克奖章和讲座(2003 年)、罗莎琳德·富兰克林奖和讲座(2003 年)、科恩奖(2005 年)、威尔金斯—伯纳尔—梅达尔奖章和讲座(2007 年)、豪克斯比奖(2010 年)、米尔纳奖和讲座(2010 年)、卡夫利奖章和讲座(2010 年)、卡夫利教育奖章和讲座、迈克尔·法拉第奖和讲座、皇家学会非洲奖、皇家学会雅典娜奖(2016 年)、皇家学会大卫·爱登堡奖和讲座(2019 年)、皇家学会穆拉德奖、皇家学会默瑟奖。[①]

2. 奖励形式和奖励出资者

英国皇家学会颁发的 29 项科研成果奖励项目,大部分都是自己出资设立,少部分是由外部捐赠设立。在具体的奖励形式上,奖章是普遍的奖励形式,但也有一些奖项采用了发放奖金和提供研究资助的方式(见表 6-1)。

---

① 部分奖项首次颁奖年份不详。

表 6-1　**2020 年英国皇家学会颁发的科研成果奖励项目的奖励形式和出资者频数**

奖励形式	频数	资金来源	频数
奖章	27	学会设立	21
奖金(10000 英镑)	2	外部捐赠	8
奖金(2000 英镑)	12		
奖金(1000 英镑)	3		
奖金(2500 英镑)	5		
奖金(5000 英镑)	3		
奖金(1500 英镑)	1		
研究资助(40000 英镑)	1		
研究资助(7500 英镑)	1		
研究资助(15000 英镑)	1		
研究资助(1500 英镑)	1		
研究资助(25000 英镑)	1		
资助公开的学术讲座	12		

（二）英国国家学术院

英国科学院(British Academy)成立于 1902 年,是英国人文和社会科学领域的国家科学院,由 900 名英国籍及外籍院士组成。1899 年,英国学者首次提出"建立英国促进历史、哲学和语言学研究的学院"的提议,以便使英国可以参加欧洲和美国学术界的会议,该组织此后就简称为"英国学院"(British Academy),于 1901 年 12 月 17 日成立,当时是一个非法人社团,并于 1902 年 8 月 8 日从爱德华七世国王手中获得了皇家宪章。现在,它致力于推进人文科学和社会科学的研究,已经成为英国研究人文科学和社会科学最重要的国家代言人。它的研究领域分为人文科学(古典、神学与宗教学、非洲和东方研究、语言学、现代语言、考古学、历史研究、哲学、艺术和音乐史、文化、媒体与表演等)和社会科学(法学、经济学、人类学、社会学、人口统计和社会统计、政治学、心理学、管理和商业研究、教育学等),为了支持人文与社会科学的发展,稳固英国在国际上的领先地位,该学会设立了威利经济学奖（Wiley Prize in Economics）、英国学院奖章（British Academy Medal）、塞雷娜勋章（Serena Medal）、格雷厄姆·克拉克奖章（Grahame Clark Medal）等18项科研成果奖励项目。

1. 奖项名称和首次颁奖年份

纳伊夫·鲁赞跨文化理解奖、英国学院院长勋章、罗斯玛丽·克劳西奖（1916年）、塞雷娜奖章（1920年）、以色列古兰兹爵士奖（1925年）、伯基特圣经研究奖章（1952年）、肯扬奖章（1957年）、德里克·艾伦奖（1977年）、格雷厄姆·克拉克奖章（1993年）、勒沃胡姆奖章（2002年）、景观考古奖章（2007年）、威利心理学奖（2009年）、彼得·汤森奖（2011年）、爱德华·乌伦道夫奖章（2012年）、威利经济学奖（2013年）、英国科学院奖章（2013年）、尼尔和萨拉斯史密斯语言学奖章（2014年）、布莱恩·巴利政治学奖（2014年）。①

2. 奖励形式和奖励出资者

英国国家学术院颁发的科研成果奖励项目主要是由其自行设立，奖励形式以奖章和奖金为主（详见表6-2）。

表6-2 2020年英国国家学术院颁发的科研成果奖励项目的奖励形式和出资者频数

奖励形式	频数	资金来源	频数
奖金（25000英镑）	1	自己设立	12
奖金（400英镑）	1	外部资助	6
奖金（5000英镑）	3		
奖金（500英镑）	2		
奖金（2000英镑）	1		
奖金（300英镑）	1		
奖章	8		

---

① 部分奖项首次颁奖年份不详。

二、各专业学术团体的科研成果奖励项目

（一）英国皇家历史学会

1868年，英国皇家历史学会（Royal Historical Society，简称RHS）成立，它的会员均为专业的历史学家，以在世界范围内促进历史学术研究。它面向全社会、大学生的奖励一共10项，其中大学教师可以申请和获得的科研成果奖为6项（见表6-3）。

表6-3　2020年英国历史学会颁发的科研成果奖励项目一览

奖项名称	奖励形式	奖励出资者	首次颁奖年份
惠特菲尔德专著奖	奖金（1000英镑）	学会出资	1976
格拉德斯通奖	奖金（1000英镑）	学会出资	1998
大卫·贝里奖	奖金（250英镑）	外部出资	
德国历史学会奖	奖金（500英镑）、在《德国历史》上发表论文一篇	外部出资	
里斯·戴维斯奖	奖金（250英镑）、在学会公开刊物发表学术论文	学会出资	
亚历山大奖	奖章、奖金（250英镑）、在学会公开刊物发表学术论文	外部出资	1868

（二）英国皇家化学学会

英国皇家化学学会（Royal Society of Chemistry）1841年成立，以推动化学科学的卓越发展为根本目的，是一个非政府的、公益组织。它也为英国的化学家和会员提供若干科研成果奖项，这些奖按照普通化学、分析化学、化学生物、有机化学、无机化学、材料化学6个领域来颁发，共16项科研成果奖：百周年纪念奖、科迪-摩根奖、哈里森-梅多拉纪念奖、跨学科奖、刘易

斯勋爵奖、RSC/SCF 化学联合讲座、蒂尔登奖、工业分析科学奖、杰里米·诺尔斯奖、诺曼·希特利奖、约瑟夫·查特奖、杰弗里·威尔金森爵士奖、生物有机化学奖、查尔斯·里斯奖、吉布森—福塞特奖、斯蒂芬妮·克鲁沃克奖。在奖励形式和出资者的频数上,学会的科研成果奖项大都是学会自行设立(见表 6-4),奖励形式以奖金、奖章和证书为主。

表 6-4　2020 年英国皇家化学学会颁发的科研成果奖励项目的奖励形式和出资者频数

奖励形式	频数	奖励出资者	频数
公开演讲	2	学会出资	15
奖金(5000 英镑)	5	外部出资	1
奖金(1000 欧元)	1		
奖金(2000 英镑)	11		
奖章	14		
证书	15		

三、高校的科研成果奖励项目

英国的高校普遍重视校内的科研资助,通过各种形式直接资助校内教师的科学研究工作,以产出卓越的科研成果,但较少直接奖励教师们的科研成果。

（一）牛津大学(Oxford University)

牛津大学建校于 1167 年,是英语世界最古老的大学。作为英国老牌公立大学,牛津大学在世界大学排名榜上名列前茅,在英国社会及整个高等教育系统中占据举足轻重的地位。它非常强调对校内的科研资助,如 2012 年设立了高等教育创新基金,设立近 50 个项目资助校内教师和学生的科研工作。有专门面向牛津大学社会科学领域教师的成功项目（success program）,为社会科学领域的教师提供一个项目 5 万英镑的资助经费,支持他们的科研工作；有专门支持校内教师与校内外合作研究的商业参与种子基金(business engagement seed fund)，提供 15000 英镑扶持教师们的校内外合作研究。①

(二)剑桥大学(Cambridge University)

剑桥大学成立于 1209 年，是英语世界第二古老的大学，是世界现存第四古老的大学，也是全球闻名、历史悠久、各国学者向往的世界顶尖研究型大学之一。与牛津大学一样，剑桥大学同样十分重视支持教师们的科研工作，它设立了各式各样的资助基金，如 2000 年与校外资本合作投资 400 万英镑设立了"大学挑战基金"、2008 年与校外的企业合作投资 500 万英镑设立了"大学发现基金"等。这些基金下设各式各样的项目，由校内的教师或校内外的研究人员合作申请这些项目基金，从而更好地开展研究工作。②

(三)帝国理工学院(Imperial College London)

帝国理工学院于 1907 年由维多利亚女王和阿尔伯特亲王将 1845 年建立的皇家科学院(Royal College of Science)、帝国研究院(Imperial Institute)、皇家矿业学院(Royal School of Mines)和伦敦城市与行会学院(City and Guilds of London Institute)合并组成。帝国学院在 1907 年 7 月获得了皇家特许状，成为一个统一的实体，现已发展成为世界顶尖级研究型大学。它同样十分重视对校内教师的科研资助，为教师们设置了校长卓越研究奖(President's Awards for Excellence in Research)，该奖下设卓越研究支持奖(Research Support Excellence)、杰出早期职业研究者(Outstanding Early Career Researcher)、外部合作卓越奖(Excellence

---

① Oxford University. Research[EB/OL]. (2020-07-01)[2020-12-09]. https://www. ox. ac. uk/research.

② University of Cambridge Research Impact and Engagement Awards[EB/OL]. (2020-07-05)[2021-01-14]. https://www. cam. ac. uk/public-engagement/information-for-staff-and-students/vice-chancellors-research-impact-and-engagement-awards.

External Collaboration)、杰出研究团队奖(重点倾斜跨学科合作团队)
(Outstanding Research Team)、创新和创业卓越奖(Excellence in
innovation and Entrepreneurship)等多个奖项,以全方位奖励和鼓励校内教
师的科研工作,但主要是资助科研,而非直接奖励科研成果。①

（四）南安普敦大学(University of Southampton)

南安普敦大学是1862年由英国亨利·罗宾逊·哈特利爵士的遗产创
办的,1952年取得皇家宪章,成为独立的大学,现在是英国和世界著名的研
究型大学。它与不同的企业、大学合作设立各式各样的科研资助项目,如南
安普敦大学FAPEMIG奖(University of Southampton FAPEMIG
Award),由米纳斯吉拉斯州的埃斯帕多萨斯佩萨地区基金会(FAPEMIG)
和南安普敦大学联合颁发,旨在支持位于米纳斯吉拉斯州(巴西)的大学与
研究中心和南安普敦大学之间为流动性而进行合作,每年将为每个申请提
供最多5,000英镑的资金,最长为24个月。② 还有如WUN(全球大学网
络)研究发展基金(WUN Research Development Fund),为每个项目提供1
万英镑的资助资金,以支持教师们的科学研究工作。③

第三节　日本的大学教师科研成果奖励制度

日本的大学教师科研成果奖励制度是典型的综合性科研成果奖励系

① Imperial College London. President's Awards for Excellence in Research[EB/OL]. (2020-07-05)[2021-01-14]. https://www. imperial. ac. uk/staff/college-staff-recognition-awards/research-excellence/.

② University of Southampton. University of Southampton FAPEMIG Award[EB/OL]. (2020-07-05)[2021-01-14]. https://www. southampton. ac. uk/research/research-funding/fapemig-award. page.

③ University of Southampton. WUN Research Development Fund[EB/OL]. (2020-07-05)[2021-01-14]. https://www. southampton. ac. uk/research/research-funding/wun-research-development-fund. page.

统,既有多元的政府科研成果奖励项目,也有丰富的民间科研成果奖励项目,各大学也设有辅助性的科研成果奖励项目,其中政府科研成果奖励和民间科研成果奖励在科研成果奖励系统所占的比重和发挥的作用都十分重要。

一、日本政府的科研成果奖励项目

日本政府层面的科研成果奖励主要有日本直属中央机构设立的各科研奖项,含文部科学大臣表彰、日本学士院奖等。

(一)文部科学大臣表彰

日本文部科学省 2004 年通过了"科学技术领域文部科学大臣表彰规程规定",并设了文部科学大臣表彰奖,主要奖励为日本科技发展、科技研发和科普等做出突出贡献的日本籍研究人员,下设科学技术特别奖、科学技术奖、青年科学家奖、创意功劳者奖、研究支持奖,其中大学教师可以获得的主要有科学技术特别奖、科学技术奖、青年科学家奖和创意功劳者奖。

1. 科学技术特别奖

科学技术特别奖奖励在科学与技术研发方面取得特别杰出成就、在公众对科学技术的兴趣和理解方面做出了重大贡献,或者在研究方面取得了显著成就的个人或团体。

2. 科学技术奖

科学技术奖主要是对科学技术开发、研究、振兴、技术、增进理解五个领域做出了贡献的个人或团体的表彰。

3. 青年科学家奖

青年科学家奖奖励在萌芽性研究、具有独创性视野的研究领域,表彰那些具有高度的研究开发能力并且取得了显著的研究成果的、40 岁以下的青年研究者。

4. 创意劳动者奖

创意劳动者奖是对通过出色的创造力为科学技术进步或发展做出贡献的个人或团体进行表彰。①

（二）日本学士院奖

1879 年,日本为了表彰在学术上做出显著成绩和卓越贡献的知名人士,以促进科学事业的发展与普及,设立了东京学士会院。1947 年东京学士会院改名日本学士院。2020 年,日本学术院主要设立了四个科研成果奖:恩赐奖、日本学士院奖、日本学士院爱丁堡奖和日本学士院学术奖励奖。

1. 日本学士院奖

原称帝国学士院奖,于 1911 年 11 月设立,相当于"学部委员会奖"或"院士委员会奖",分为人文科学部和自然科学部,由学士院会员提名推荐,学士院奖授予奖状、奖牌和 50 万日元的奖金。

2. 恩赐奖

恩赐奖于 1911 年 4 月设立,是日本学术院颁发的最高奖项,自 1911 年颁奖以来从未间断过,每年从日本学士院奖中精选出 9 项日本当年最优秀的学术成果,由日本皇室亲自颁奖,奖金 100 万日元,还有奖状和日本皇家徽章的银质花瓶 1 个。

3. 日本学士院爱丁堡奖

日本学士院爱丁堡奖是由日本学士院名誉会员爱丁堡公爵于 1987 年设立的,主要用来奖励在自然资源保护方面做出优秀学术成果的研究人员,每隔一年评选出一名获奖人,奖金为 100 万日元。

---

① 文部科学省.令和 2 年度科学技術分野の文部科学大臣表彰受賞候補者の推薦について[EB/OL].(2020-03-20)[2020-07-04]. https://www. mext. go. jp/b_menu/boshu/detail/1417596. htm.

4．日本学士院学术奖励奖

日本学士院学术奖励奖于 2004 年设立，主要用来奖励青年研究人员，候选人从日本学术振兴会的日本学术振兴会奖的获奖者中选出，每年控制在 6 项之内。[①]

二、日本民间的科研成果奖励项目

日本民间团体和企业的科研成果奖励活动也十分活跃，是日本科研成果奖励体系的重要组成部分，主要集中在财团、新闻出版社、业界协会、学术团体以及个人基金等，其中有很多在世界也享有盛誉。

（一）日本各学会设立的奖项

1．日本化学会奖项

日本化学会成立于 1878 年，主要宗旨是通过推动化学及化学技术的进步来实现构建人类发展与地球生态相互共存的社会体系。为了鼓励更多的科学家从事化学等相关研究，日本化学会设立了众多奖项，主要包括：日本化学会奖、学术奖、进步奖、女性化学家奖励奖（40 周岁以下的女性化学科研工作者）、化学技术奖、技术进步奖、化学教育奖、化学教育有功奖、化学技术有功奖和功劳奖等。该奖采用提名和代表作制度。[②]

2．日本物理学会奖项

日本物理学会成立于 1946 年，前身是 1877 年启动的东京数学会社。它作为日本第一个自然科学学会，为促进日本的学术研究和科技进步发挥了主要作用，目前拥有会员 18000 多名。日本物理学会的主要奖项包括：论

①　吴香雷.日本科技奖励体系简析[J].全球科技经济瞭望,2015(8):60-67.
②　日本化学会.日本化学会赏［EB/OL］.（2020-03-01）［2020-10-23］. http://www.chemistry.or.jp/activity/prize/index.html.

文奖、青年奖励奖等。

3. 日本光学会奖项

1952 年,日本光学恳谈会成立,作为日本光学会的前身,在光学领域为日本的光学发展做出了贡献。日本光学会主要颁发的奖项有:光学论文奖、日本光学会奖励奖、OPJ 最佳发表奖和光未来奖励金(柯尼卡美能达科学技术振兴财奖)。

4. 日本癌症学会奖项

1908 年,作为日本癌症学会前身的日本癌症研究基金会成立,在全日本学者合作的基础上,为了促进进一步研究的途径,也为了适应癌症研究发展迅速的态势,1941 年日本癌症学会正式成立。该学会目前拥有会员15000 名左右,以为癌症研究做研究和贡献为宗旨,学会主要颁发的科研成果奖项包括:吉田富三奖(基础医学领域、100 万日元的奖金)、长兴奖(癌症临床、社会医学等领域,100 万日元的奖励)、JCA-Mauvernay 奖(癌症学会的会员、年满 50 周岁、一年一名、奖金 12500 瑞士法郎)、JCA-CHAAO 奖(癌症医疗领域、100 万日元)、JCA 国际奖(除了所有国外研究者、奖金 3 万日元)、JCA 女科学家奖(在本学会 7 年以上的女性科学家、奖金 3 万日元)、青年研究人员奖(在本学会 3 年以上且 40 周岁以下的癌症领域的青年科学家,无奖金)。[①]

5. 日本经济学会奖项

1934 年 12 月,日本经济学会成立。该学会设有两个科研奖项。石川奖:2004 年设立,主要奖励在经济方面对于经验和政策方面提出重要观点的日本经济学会会员。该奖项非常重视对解决日本经济和社会问题的研究成果,获奖者年龄不超过 50 岁,一年一名获奖者,奖金为 50 万日元。中原

---

① 日本癌学会.日本癌学会学術賞[EB/OL].(2020-03-01)[2020-10-23].https://www.jca.gr.jp/member/award/index.html.

奖：1995 年创立，奖励 45 周岁以下的获得了国际认可成就的日本年轻经济学家，每年颁奖一次，奖励一名获奖者，奖励形式有奖金等。①

6. 日本历史学会奖项

1889 年创立的日本历史学会，是日本国内研究日本历史和世界历史的学术团体。2014 年，为纪念日本历史协会成立 125 周年，日本历史协会设立日本历史学会奖，该奖主要是为了促进年轻成员的出色研究活动并为历史发展做出贡献而设立的奖项，面向 40 周岁以下且在日本历史学会的杂志《历史杂志》上发表了论文的学会成员，有奖励证书但无奖金。②

（二）日本企业和基金会设立的奖项

1. 东丽科学技术奖

东丽科学技术奖是由日本东丽科学振兴会设立的奖项，主要奖励在理学、工学、农学、药学、医学（不包括临床医学）等领域拥有显著的优秀研究成果的科研人员。东丽科学技术奖设立于 1960 年，截至目前已经颁发了 55 次，每年由相关学会、协会以及推荐委员会推荐候选人，经过审查委员会审查后，提交理事会确定最终获奖人，每年奖励两项科研成果，奖金为 500 万日元。

2. 武田医学奖

武田医学奖是由日本武田科学振兴财团颁发的奖项，始于 1954 年，是为了表彰相关研究机构或个人而颁发的科研成果奖项（只面向日本人）。每年由财团信任的推荐机构推荐在日本医学界取得显著成绩，并做出巨大贡献的研究人员，经过选拔委员会审查同意后，确定每年的获奖人员，并于每

---

① 日本経済学会. 学会賞[EB/OL]. (2020-06-01)[2020-12-17]. https://www.jeaweb.org/awards.

② 史学会. 史学会賞[EB/OL]. (2020-06-01)[2020-12-17]. http://www.shigakukai.or.jp/award/about/.

年 11 月举办颁奖仪式,颁发奖金 1500 万日元。

3. 日本国际奖

日本国际奖由日本科学与技术基金会负责管理,于 1985 年开始颁发,旨在奖励通过科技发明创造了杰出成就为人类和平与繁荣发展做出贡献的个人,获奖者每人可获得一张获奖证书、一枚奖章,并一同分享单个奖项的约 60 万美元奖金。

(三)面向国际的民间科研成果奖项

1. 京都奖

京都奖于 1985 年由日本京瓷公司创始人稻盛和夫捐资设立,主要用于奖励为人类科学和文明的发展、为深化和提高人们的精神文化做出了显著贡献的人士,包括尖端技术(电子学、生物技术及医疗科学、材料科学和信息科学);基础科学含生物科学(进化、行动、生态、环境)、数理科学(含纯科学)、地球科学及宇宙科学、生命科学(分子生物学、细胞生物学、神经生物学)等;思想及艺术含音乐、美术(绘画、雕刻、工艺、建筑、设计)、电影及戏剧、思想及伦理等三大分支奖项,每个分支奖项奖金 5000 万日元。京都奖每年奖励一次,面向个人,可以多人同时获奖,获奖人没有国籍、人种、性别、年龄和信仰等各方面的限制。

2. 本田奖

在本田公司创始人本田宗一郎及其弟倡议下,本田财团于 1980 年设立本田奖,用来奖励为人类文明创造做出贡献的个人或者团队。本田奖是日本民间第一个国际科技奖项,每年奖励一名获奖人,11 月举行颁奖仪式,奖金为 1000 万日元。面向广泛的学术领域(机械、电子、航空航天工程学、化学、物理学、生命科学、农学、经济学、医学等)以及跨学科的研究人员或团队。候选者需要为解决人类发展面临的共同问题做出贡献,并有让世界人民受益的研究成果,而不是一个新发明、新发现等狭义的科技成果;每年年初由本田财团指定机构推荐候选人,不接受自我推荐,并且原则上要求不告知被推荐人。

3. 大川奖

大川奖是由大川信息通信基金(大川财团)颁发的国际科研成果奖项,始于 1992 年,主要用于奖励在信息通信领域为社会发展做出贡献的科研人员。大川奖审查委员会每年从众多候选人中选出一名日本研究人员和一名国外研究人员予以奖励,并于次年 3 月在东京举办颁奖仪式及相关活动,奖金为每人 1000 万日元。

4. 日经亚洲奖

日经亚洲奖是由日本经济新闻社在其创刊 120 周年之际,即 1996 年设立的,主要从经济和产业、科学技术和环境、文化和社会三个方面,对为亚洲地区(日本之外的亚洲地区)可持续发展做出贡献的人员进行表彰。该奖项每年通过网络广泛征集候选人,同时也接受国内外有识之士的推荐,但不会公开推荐人的姓名,也不接受自我推荐。原则上每个领域奖励一个团队或个人,于 5 月举办颁奖仪式及相关活动,奖金为 300 万日元。迄今为止,已有包括袁隆平在内的 6 名中国大陆科研人员获得该奖。[①]

5. 日本奖

日本奖由日本国际农业科学研究中心于 2007 年设立,是面向发展中国家 40 周岁以下的年轻研究人员的科研成果奖励项目,奖励农业、林业、渔业和相关产业的研究与开发。该奖每年最多奖励 3 位研究人员,每个研究机构(包括分支机构)只能推荐一名研究人员,奖励形式为 5000 美元的奖金,获奖者需要日本领奖。

---

① 吴香雷.日本科技奖励体系简析[J].全球科技经济瞭望,2015(8):60-67.

三、高校的科研成果奖励项目

日本的大学基本都会给本校教师提供各式各样的科研资助和奖励,但奖励并不是大学主要的科研激励手段,具体举例如下。

1. 东京大学的杰出研究奖

东京大学的杰出研究奖面向全校教师,奖励在学术研究领域做出了杰出贡献的教师,一年奖励一次。除此之外,东京大学还设立了科学研究补助金、杰出研究者计划、年轻研究者支持计划、女性研究者支持计划等大量的科研资助项目与计划。[①]

2. 日本天主教大学·短期大学联盟的研究鼓励奖

日本天主教大学·短期大学联盟的研究鼓励奖主要奖励校内在学术研究中做出杰出贡献的研究人员,一年颁发一次,奖金 30 万日元。除了该奖项外,日本天主教大学·短期大学联盟还设立了专门的"研究基金"等各式资助项目,以"研究基金"为例,它鼓励教师们努力开展研究活动,资助金额为 100 万日元。[②]

3. 中央大学的学术研究奖

中央大学的学术研究奖面向本校教师,奖励那些取得了高水平研究成果且在国内外学术界产生了学术影响力的教师,一年颁发一次,颁发奖励证书和奖金。[③]

4. 神奈川大学的学术成就奖

神奈川大学的学术成就奖是每年面向全校教师基于研究成果的学术奖

---

① 東京大学. 研究者支援制度パンフレット 2019[EB/OL]. (2020-06-01)[2020-12-23]. https://www.u-tokyo.ac.jp/ja/research/systems-data/support.html.

② 日本カトリック大学·短期大学連盟·学術奨励金·奨学金——名種募集要項[EB/OL]. (2020-06-01)[2020-12-23]. http://www.catholic-u.jp/shogaku.html.

③ 中央大学. 中央大学学術研究表彰[EB/OL]. (2020-06-01)[2020-12-23]. https://www.chuo-u.ac.jp/research/performance/award/.

励,奖励为奖金 50 万日元。除此之外,神奈川大学还设立了学术研究促进基金、联合研究奖励金、科研补助金、出版补助金等多项科研资助项目。①

5．帝京大学的研究促进金

帝京大学主要提供各式各样的研究促进金,以鼓励本校教师的科研活动,提供的科研资助金额有 50 万日元一个项目等。②

日本各种类型的科研成果奖励,无论是政府的、民间的,还是大学的,都以他人推荐制为主,以文部科学大臣表彰的各项科研成果奖励为例:由推荐组织和推荐人提交推荐书,推荐书交到专门的审查委员会。由专门的审查委员会完成对推荐书的审核工作以及奖励的评选和公示等所有工作。

第四节　澳大利亚的大学教师科研成果奖励制度

近年来,澳大利亚为鼓励科研人员对科学技术开展基础研究和创新研究,也逐步建立了与其科技及经济社会发展相适应的科研成果奖励体系,并日益成为澳大利亚政府和社会鼓励其基础研究和引导技术创新的重要手段。澳大利亚的科研成果奖励体系主要由以下几个层面组成:第一,政府层面:包括联邦政府和州政府设置的奖励,以及部分严格意义上不完全属于政府管理、但由政府部门参与颁发的一些奖项。第二,社会层面:这一层面涉及的组织机构比较复杂,包括科学院与研究所、各大专业学会、基金会以及由个人名义赞助并设立的奖项。第三,高校层面:包括八校联盟(G8)的研究型大学以及其他类型的普通高校。

---

① 神奈川大学. 神奈川大学学術研究振興資金［EB/OL］.（2020-06-01）［2020-12-23］. https://www.kanagawa-u.ac.jp/research/exhortation/scholarly_investigation/index.html.
② 帝京大学. 帝京大学研究奨励助成金［EB/OL］.（2020-06-01）［2020-12-23］. https://www.teikyo-u.ac.jp/teacher/encourage.

一、政府层面的科研成果奖励项目

(一)联邦政府

1. 总理科学奖(Prime Minister's Prize for Science)

澳大利亚总理科学奖是澳大利亚科学界最负盛名的科研成果奖项,它认可不同学科以及不同职业阶段的成就。该奖项由联邦政府的工业、科学、能源和资源部设立并管理,每年评选一次,并由澳大利亚总理和工业、科学、能源和资源部部长在堪培拉议会大厦的颁奖晚宴上颁发,获奖者将一同分享75万美元的奖金。该奖设有三个类别——科研奖、创新奖和教学奖,共颁发七个奖项。科研奖主要是科学研究杰出成就奖,它包含有三个奖项:总理科学奖(奖金25万澳元)、弗兰克·芬纳年度生命科学家奖(奖金5万澳元)、马尔科姆·麦金托什年度物理科学家奖(奖金5万澳元)。每位获奖者将会收到奖金、一枚奖章和一份获奖证书。①

2. 澳大利亚博物馆尤里卡奖(Australian Museum Eureka Prizes)

澳大利亚博物馆尤里卡奖于1990年创立,现已成为澳大利亚最杰出、最具影响力的国家科学奖之一,旨在通过表彰推动澳大利亚科学的活力、原创性和卓越性,每年评选一次,授予在澳大利亚科学研究及科学传播方面取得杰出成就的团体和个人。该奖分为4个大项,16个小项,分别为基础科学研究及科技创新奖(8项)、科学领袖奖(4项)、公众参与科学奖(3项)、青少年科学探索奖(2项)。② 尤里卡奖是由澳大利亚博物馆与国家科学机构、

---

① Austrilian Govermment. Prime Minister's Prize for Science[EB/OL]. (2020-03-01)[2020-08-19]. https://www. industry. gov. au/funding-and-incentives/science-and-research/prime-ministers-prizes-for-science

② Anon. The Australian Museum Eureka Prizes[J]. Australian Science Teachers' Journal, 2002(9):18.

政府组织、大学和企业合作颁发的,自 1990 年该奖项首次设立以来,已经颁发了超过 400 万澳元的奖金和 416 个奖项。①

　　澳大利亚博物馆尤里卡奖颁发的科研成果奖项主要有 8 个。应用环境科研奖(Applied Environmental Research)——澳大利亚环境、能源和科学部颁发,主要奖励为改善或保护澳大利亚自然环境做出了实际贡献的科研成果。数据科学卓越奖(Excellence in Data Science)——悉尼科技大学颁发,主要奖励高影响力的数据科学研究成果。跨学科科研卓越奖(Excellence in Interdisciplinary Scientific Research)——新南威尔士大学合作颁发,奖励将两个或多个不相关的学科整合在一起的科研成果。传染病研究奖(Infectious Diseases Research)——澳大利亚传染病中心合作颁发,主要奖励对人类健康有益或潜在有益的杰出传染病研究成果。科技创新奖(Innovative Use of Technology)——由澳大利亚政府的 ANSTO(Science、Ingenuity、Sustainability)合作颁发,主要奖励新技术或对现有技术创新的研究成果,研究成果要对澳大利亚甚至全球具有显著的影响。杰出青年科研工作者(Outstanding Early Career Researcher)——由麦格理大学合作颁发,主要奖励博士毕业五年内的研究人员,35 周年以下,其研究成果对澳大利亚甚至全球都产生了明显的影响。保护澳大利亚杰出科学奖(Outstanding Science in Safeguarding Australia)——澳大利亚国防部颁发,奖励为保护澳大利亚国家安全和创新解决方案的杰出研究成果。科学研究奖(Scientific Research)——新南威尔士大学颁发,主要奖励由于好奇心驱动的杰出科学研究成果。上述八个奖的奖励形式均为奖金 1 万澳元。②

---

　　① Australian Museum Eureka Prizes about Eureka Prizes[EB/OL]. (2020-03-01)[2020-08-19]. https://australianmuseum. net. au/get-involved/eureka-prizes.

　　② Australian Museum. About Eureka Prizes[EB/OL]. (2020-03-01)[2020-08-19]. https://australianmuseum. net. au/get-involved/eureka-prizes.

（二）州政府

澳大利亚是一个联邦制国家，由六个州、一个首都直辖区（堪培拉）、一个领地（北领地）组成。各州享有较大的自主权，除联邦政府外，几乎每个州政府都为科研工作者设立了符合各州特点、能够促进各州经济科技发展的科研成果奖项。这些奖项大多是由所在州政府设立、管理并提供资金，也有个别奖项由州政府名义颁发，但是由其他社会组织或企业提供赞助。

1. 新南威尔士州

（1）总理奖（NSW Premier's Prizes）。该奖项取代了新南威尔士州科学与工程奖（从 2008 年至 2014 年每年举行一次），并反映了州政府对促进当地科研和社会发展的坚定承诺。奖项分为 9 个类别，每个类别的获奖者都会得到一个奖杯和 5000 澳元的奖金，旨在提高社会对科学家和工程师为日常生活所做重要贡献的认可和尊重，并鼓励在这两个领域开展专业研究。9 个类别分别是：数学、地球科学、化学或物理方面的卓越研究奖；生物科学卓越奖（生态，环境，农业和有机）；医学生物科学卓越奖（细胞和分子、医学、兽医和遗传学）；工程或信息通信技术卓越奖；新南威尔士州年度最佳研究员（生物科学）；新南威尔士州年度最佳研究员（物理学）；新南威尔士州创新奖；新南威尔士州公共部门科学与工程创新奖；新南威尔士州科学或数学教学创新奖。

（2）新南威尔士州年度杰出科学家奖（NSW Scientist of the Year）。享有盛誉的新南威尔士州年度杰出科学家奖授予对科学或工程的发展做出重大贡献的杰出个人，该个人已经或有可能使新南威尔士州人民受益。新南威尔士州年度杰出科学家奖获得者将得到一个奖杯和 6 万澳元奖金。[①]

2. 昆士兰州

（1）昆士兰杰出人士奖（Queensland Greats Awards）。昆士兰杰出人

---

① NSW. NSW Scientis of the year[EB/OL]. (2020-03-01)[2020-08-19]. https://www. chiefscientist. nsw. gov. au/home.

士奖于 2001 年设立,该奖表彰杰出人士和机构的努力和成就,表彰他们对昆士兰州的历史和发展做出的宝贵贡献。目前,共有 95 位个人、15 家机构、5 位已故人士和 1 位荣誉获奖者被授予昆士兰州杰出人士称号。①

(2)昆士兰女性科技奖(Queensland Women in STEM Prize)。昆士兰女性科技奖项主要奖励在科学、技术、工程和数学领域工作的昆士兰女性的创新与研究工作,面向所有在该领域工作的女性,包括来自公司、机构、政府、大学、非营利机构或教育机构的专业人士、科学家、研究员或学生,博士生,硕士生或任何从事科学、技术、工程和数学领域工作不少于 12 年的人都有资格申请,但申请人必须是澳大利亚公民或澳大利亚永久居民,并且必须在昆士兰州居住。该奖项由昆士兰博物馆、昆士兰政府以及必和必拓(BHP)基金会颁发,设有 5000 澳元的现金奖励。②

3. 维多利亚州

(1)维多利亚创新奖(Veski Innovation Fellowships)。维多利亚创新奖旨在奖励维多利亚州在科学和创新技术领域具有杰出技能的人才,特别是在他们所属领域中排名前 5% 的人。在生物技术、生物医学、先进制造业(包括食品科学和生物工程)、数字农业、网络安全、环境和能源技术、赋能科学、太空和交通等八个领域从事研究的个人均可提出申请。获奖者每年最多可获得 5 万澳元的奖金。

(2)维多利亚科学与创新奖(Victoria Prize for Science & Innovation)。维多利亚科学与创新奖项着重表彰领导力与创造力方面,它还重视在维多利亚州进行的具有国际意义的研究和开发,具体表彰其某项科学发现或技术创新,以及一系列可以显著提高知识水平的成就。该奖每项奖金为 5 万

---

① Queensland Government. Awards[EB/OL]. (2020-03-01)[2020-08-19]. https://www.qld.gov.au/about/events-awards-honours/awards.

② Queensland Government. Queensland Women in STEM Prize[EB/OL]. (2020-03-01)[2020-08-19]. https://advance.qld.gov.au/entrepreneurs-and-startups/queensland-women-stem-prize.

澳元。[①]

4. 南澳大利亚州

南澳大利亚州颁发了一些科研成果奖,但面向大学教师的主要有南澳大利亚年度科学家奖(South Australian Scientist of the year)。该奖项颁发给在科技、工程、数学等领域表现卓越的研究者。获奖者还应在激励年轻科学家从事科研工作方面起到过示范作用。奖励是2.5万澳元的奖金。[②]

5. 西澳大利亚州

(1)总理科学奖(Premier's Science Awards)。该奖项表彰西澳大利亚州的杰出科学研究与合作,涵盖了包括自然科学、医学、应用和技术科学、工程和数学在内的自然科学领域。该奖项由西澳大利亚州政府发起,由就业、旅游、科学和创新部管理,除"年度科学家"之外,其他4个奖项分别由雪佛龙公司、埃克森美孚公司、壳牌公司和伍德赛德公司赞助。2020年的五个类别是:年度科学家奖(5万澳元奖金)、伍德赛德早期职业科学家奖(1万澳元奖金)、埃克森美孚年度学生科学家奖(1万澳元奖金)、壳牌土著STEM年度学生奖(1万澳元奖金)和雪佛龙年度科学参与计划(1万澳元奖金)。

(2)西澳大利亚科学名人堂(WA Science Hall of Fame)。西澳大利亚科学名人堂成立于2007年,旨在表彰西澳大利亚人对科学、技术、工程或数学领域的杰出贡献,入选者会在一年一度的总理科学奖颁奖典礼上予以宣布。若要进入西澳大利亚科学名人堂,入选者必须至少满足以下几个条件:在西澳大利亚承担了大量的工作;有丰富的科学家工作经验;在该领域享有国际声誉;在促进西澳大利亚的思想或政策发展方面发挥了重要作用;从事外联工作;通过发展STEM从业者的职业生涯,对他人的指导产生了影响;

---

① Veski. Inspiring Innovation[EB/OL]. (2020-03-03)[2020-09-18]. https://www.veski. org.au/fellowships.

② SA Science Excellence + Innovation Awards. 2020 Award categories[EB/OL]. (2020-03-03)[2020-09-18]. https://www.scienceawards.sa.gov.au/2020-award-categories.

成为学术学院的成员或具有类似的地位。①

二、社会层面的科研成果奖励项目

除上述的政府层面的科研成果奖励以外,澳大利亚的一些科研院所、专业协会、基金会及个人等社会力量也组织了一些奖项。其中有些重量级奖项往往能代表本学科或本领域的最高荣誉,是对科研工作者学术科研成果的认可和肯定。在众多的民间组织及其所提供的科研成果奖励中,本研究选取澳大利亚科学院和澳大利亚社会科学院所提供的科研成果奖励项目,以它们来呈现澳大利亚社会力量的科研成果奖励情况。

(一)澳大利亚科学院(Australian Academy of Science)

澳大利亚科学院是一个非营利性组织,由英国皇家学会的澳大利亚研究员、杰出的物理学家马克·奥列芬特爵士于1954年2月16日创立并担任创始主席,其成员由众多对科学和研究做出杰出贡献的个人组成。科学院旨在为澳大利亚提供有权威和影响力的科学建议,促进国际科学合作,提高公众对科学的认识和理解能力,并鼓励和支持澳大利亚科学的卓越成就。澳大利亚科学院在大洋洲的学术地位,相当于我国的科学院或英国的皇家学会。

澳大利亚科学院共颁发了23个科研成果奖。早期职业成就奖主要有9项,分别是安东·霍尔斯奖、克里斯托弗·海德奖、多萝西·希尔奖、芬纳奖、戈特沙尔克奖、约翰·布克奖、莫兰奖、帕夫西奖、弗雷德里克·怀特奖,主要面向地球科学、数学科学、生物科学、医学、工程科学、航空科学、物理科学、农业科学、天文科学等领域,早期职业成就奖主要面向获得博士学位不

---

① Government of Western Australia. Premier's Science Award[EB/OL]. (2020-03-03)[2020-09-18]. https://www.jtsi.wa.gov.au/what-we-do/science-and-innovation/science-award-programs/premier's-science-awards.

超过 10 年的科研人员或大学教师,其中,多萝西·希尔奖主要奖励地理科学方面的年轻女性科学家,奖励形式有奖金 6000 澳元、3000 澳元等,还可能根据研究需要进行资助研究。中期职业成就奖主要有 3 项,分别是雅克·米勒实验生物医学奖、南希·米里斯奖、古斯塔夫·诺萨尔全球健康奖,面向医学、自然科学、免疫学等领域,主要向获得博士学位 8～15 年的处于职业中期的科学家颁奖,南希·米里斯奖主要面向女性科学家,奖励形式是资助后续的研究,持续资助 20 年或者一个独立的研究项目等。终身职业成就奖主要有 11 项,分别是大卫·克雷格奖和讲座、汉南奖、耶格奖、马修·福林达斯奖和讲座、鲁比·佩恩—斯科特科学女性奖和讲座、苏珊娜·科里奖、托马斯·兰肯·莱尔奖、哈顿·弗雷斯特·金奖、伊恩·沃克奖和讲座、麦克法兰布尔内特奖和讲座、莫森奖和讲座,面向化学、数学、地理科学、物理科学、生物科学等自然科学领域,主要奖励获得了重大的科学成果和做出了卓越的科研贡献的科学家,其中鲁比·佩恩·斯科特科学女性奖和讲座面向女性科学家,奖励形式有提供公开的学术演讲,参加包括总统等出席的公开晚宴、3000 澳元的奖金、7000 澳元的科研资助等。这些奖项几乎涵盖了各个自然科学研究领域。首先,除极个别的奖项只对科学院院士开放外(比如鲁比·佩恩·斯科特科学女性奖和讲座)以外,其他奖项均对全国的科研工作者开放。其次,科学院非常鼓励提名女性候选人并有专门为女性设立并颁发的奖项。最后,澳大利亚科学院各个奖项的资金来源大多来自于民间,包括企业集团、各大专业学会、高校及个人的捐赠和赞助。[①]

（二）澳大利亚社会科学院

1971 年设立的澳大利亚社会科学院,是一个独立的非政府组织,由近 700 名澳大利亚杰出的社会科学研究人员和专业人员组成。它设有保罗·伯克早期职业研究奖,该奖的设立是为了纪念澳大利亚社会科学院前任主

---

① Australian Academy of Science. Awards and opportunities[EB/OL]. (2020-06-03)[2020-09-18]. https://www.science.org.au/supporting-science/awards-and-opportunities.

席保罗·弗朗西斯·伯克(Paul Francis Bourke),一年颁发一次,采用提名制,主要面向尚未获得副教授且获得博士学位五年内的社会科学研究工作者,颁发奖章和奖状,没有奖金。该奖项一共设有四个领域,分别是:人类学、人口统计学、地理学、语言学、社会学、管理学;会计、经济学、经济史、市场营销、统计;历史、法律、哲学、政治学;教育学、心理学、社会医学。[①]

三、高校的科研成果奖励项目

澳大利亚的大学历史悠久,享有崇高的社会地位和学术地位。第二次世界大战以后,澳大利亚大学进入了高速发展的鼎盛时期,从原来的 10 所发展到现在的近 40 所。[②] 澳大利亚的高校普遍重视科研职能,目前澳大利亚除两所私立大学以外,其余都是公立大学。排名全球前 100 的八大名校——著名的澳大利亚高校联盟(G8),联盟成员均为享誉国际的顶尖研究型大学;另有许多近几十年来的新兴的年轻大学,目前也在不断提升科研水平,积极寻求自身发展。

(一)昆士兰大学(The University of Queensland)

昆士兰大学始建于 1909 年,是昆士兰州第一所综合性大学,也是澳大利亚最大、最有声望的大学之一。昆士兰大学自建校以来已经培养出了两位诺贝尔奖得主、117 位"罗德学者"以及不胜枚举的杰出科研人员,取得如此傲人的成就与学校历来重视科研的传统息息相关。昆士兰大学尤其重视对本校的杰出研究人员进行表彰和认可,不仅积极支持他们获得国内和国际奖项的提名,而且在学校内部也设立了一系列奖项来鼓励其科研人员进行研究。如昆士兰大学设立了昆士兰基金会卓越研究奖(Foundation

---

① Academy of the Social Sciences in Australia. Awards[EB/OL]. (2020-06-03)[2020-09-18]. https://socialsciences. org. au/awards/.

② 王斌华.澳大利亚教育[M].上海:华东师范大学出版社,1996:28.

Research Excellence Awards)、卓越研究合作伙伴奖(Partners in Research Excellence Awards)和高等学位卓越研究奖(Awards for Excellence in Higher Degree by Research)在内的多项奖项。昆士兰基金会卓越研究奖认可昆士兰大学早期至中期职业研究人员的卓越研究,卓越研究合作伙伴奖旨在表彰昆士兰大学与社会各行业合作的、对业界和社会有益的杰出研究。①

（二）堪培拉大学(University of Canberra)

堪培拉大学创建于1967年,位于首都堪培拉。堪培拉大学非常重视通过设立科研成果奖励来调动广大科研人员的积极性,鼓励并认可他们取得的一系列卓越成就。每年,堪培拉大学都会表彰学校的科研工作者在若干研究领域内取得的杰出成就,设有"卓越研究与创新奖",该奖项包括卓越研究奖、职业早期卓越研究奖、参与度与影响力卓越奖、杰出研究与创新团队成就奖。

（1）卓越研究奖(Research Excellence)和职业早期卓越研究奖(Early Career Researcher Excellence):这两个奖项表彰在过去三年内取得过杰出研究成果的教师,其中卓越研究奖针对所有教师,而职业早期卓越研究奖主要针对处于大学教师职业早期的青年教师。评选委员会一般会把个别人士对学校做出的贡献纳入考虑范围,包括他们的领导才能和创业精神。这两项奖励涉及四个领域:健康、科学技术、社会科学、人文及创意艺术。在上述几个领域中取得最优异成绩的研究人员将获得奖励。获奖者每人可获3000澳元的资助金,用以资助与其研究有关的活动。

（2）参与度与影响力卓越奖(Distinction in Engagement and Impact):该奖表彰在研究领域表现卓越、并致力于为受益人带来积极影响的个人或

① The University of Queensland. UQ's finest researchers awarded[EB/OL]. (2020-05-02)[2020-09-18]. https://www. uq. edu. au/news/article/2019/09/uq％E2％80％99s-finest-researchers-awarded.

团队,奖励颁发给取得最优异成就的研究人员或研究小组,获奖者(个人或团队)将获得 3000 澳元科研资助金,用于支持与其研究相关的活动。

(3)杰出研究与创新团队成就奖(Outstanding Team Achievement in Research and Innovation):该奖颁发给在过去 12 个月为大学的研究及创新工作做出杰出贡献的团队。获奖团队将获得 3000 澳元,用于支持进一步的团队研究或创新活动。该奖项向直接从事学术研究或创新,以及为堪培拉大学间接提供研究和创新支持的学术团队与专业人员开放。①

第五节　大学教师科研成果奖励制度的国际比较分析

中国、英国、日本、澳大利亚、美国五个国家的大学教师科研成果奖励制度各有不同,中国的大学教师科研成果奖励制度以政府为主导,英国的大学教师科研成果奖励制度以社会力量为主导,而美国、澳大利亚、日本的大学教师科研成果奖励制度是政府和社会力量较为综合的制度体系,其中日本和美国又以社会力量为主,澳大利亚则以政府为主。除了制度体系的不同之外,五个国家的大学教师科研成果奖励制度在具体的实施上,共性多于差异。

一、普遍倾向自然科学领域

从中国、英国、日本和澳大利亚的大学教师科研成果奖励制度来看,自然科学是这些国家普遍倾斜的科研成果奖励领域,这不仅体现在数量方面,也体现在奖励形式等多个方面,这与美国十分相似。

① University of Canberra. Research Excellence Awards 2019[EB/OL]. (2019-06-03)[2019-09-18]. https://www. canberra. edu. au/myuc-s/business-units/DVC-and-VPRI/research-excellence-awards-2019.

中国的大学教师科研成果奖励制度以政府为主导，国家级科研成果奖励是全国最具影响力的奖项。中国国家级层面的科研成果奖励有五个，分别是国家最高科学技术奖、国家自然科学奖、国家技术发明奖、国家科学进步奖和国际科学技术合作奖，这五个国家级科研成果奖励全部面向自然科学领域，除了国际科学技术合作奖以外，其他的奖金分别为 800 万元、150 万元、30 万元、15 万元不等。中国的省部级科研成果奖励中，无论是部级还是省级，都有两类科研成果奖励项目，分别是科学技术奖和人文社科奖，奖金也是科学技术奖多，很多省部级人文社科奖都以精神奖励为主。在中国大学教师科研成果奖励制度中，民间科研成果奖励数量越来越多，但同样向自然技术类倾斜，例如未来大奖、求是奖、何梁何利基金奖等，都是以高额的奖金奖励自然科学领域的科学研究成果，人文社科的民间科研成果奖励也有，但奖金和数量都少于自然科学领域。

英国的大学教师科研成果奖励制度以民间科研成果奖励为绝对主导，从前面的内容可知，无论是综合学会还是专业学会，其科研成果奖励项目无论是数量还是奖金等，都是自然科学占优势：英国皇家学会设立了 30 个自然科学领域的科研成果奖，国家学术院设置了 18 个人文社科科研奖，奖金上自然科学领域奖金高的有 25000 英镑，最少的也有 2000 英镑，而人文社科领域的科研成果奖，除了一个面向全球的奖项其奖金有 25000 英镑以外，其他的基本以 300 英镑、400 英镑和 500 英镑等为奖金数量。英国历史学会颁发了 6 个历史领域的科研成果奖，而英国化学学会颁发了 16 个科研成果奖；历史学会的奖金为 1000 英镑、250 英镑不等，以 250 英镑为主，化学学会的奖金为 5000 英镑、2000 英镑不等，以 2000 英镑为主。

日本的大学教师科研成果奖励制度中，政府层面的最高奖——文部科学大臣表彰及其下设的各类奖，主要面向自然科学领域；日本学术院奖和日本学术振兴会奖既有面向人文社科类和自然技术类的奖项，也有单独面向医学、生物学等的奖项，但以自然科学领域的奖项居多。在日本的民间科研成果奖励项目中,同样也以自然科学领域为主,特别是企业、基金会等更倾向于奖励自然科学领域的科研工作者和科研成果,包括日本特设的面向国际的科研成果奖励中,也都以自然科学领域为主。

在澳大利亚的大学教师科研成果奖励制度中,联邦政府的科研成果奖励以总理科学奖和澳大利亚博物馆尤里卡奖为主,这些奖下设各式各样的奖,但主要都是面向自然科学领域的,如总理科学奖、应用环境科研奖、传染病研究奖、科技创新奖、安全科学杰出奖等。在各州政府提供的科研成果奖励中,无论是新南威尔士州的 9 个类别的科研成果奖励项目、维多利亚州的创新奖学金,还是南澳大利亚的年度科学家奖、西澳大利亚的年度科学家奖等,大都面向自然科学领域。社会层面的科研成果奖励项目中,以澳大利亚科学院和澳大利亚社会科学院为例,澳大利亚科学院以职业阶段为划分依据,面向早期、中期和终身成就三个阶段共颁发了 23 个科研成果奖,全部面向自然科学领域,而澳大利亚社会科学院仅仅面向早期研究者颁发了 1 个科研成果奖项,且没有奖金。

二、大学所承担的角色以间接资助为主,也设有数量不多的科研成果奖项

在大学教师的科研成果奖励制度中,中国、英国、日本、澳大利亚和美国的大学所扮演的角色是相似的,均重视对大学教师科研工作的支持,但支持的方式以间接的科研资助为主,一些研究型大学也会设立直接的科研成果奖项,但数量较少。中国、日本、英国和澳大利亚的一些高校设有自己本校的科学研究成果奖,如英国帝国理工学院的校长卓越研究奖、日本东京大学的杰出研究奖、中国清华大学的基础研究成果奖、澳大利亚昆士兰大学的卓越研究奖等,通过专门的科研成果奖去奖励本校教师的科研成果和激励其科研努力,这类科研成果奖励的普遍形式大都是一年一次、全校一项或几项。除了这类专门性质的、直接的科研奖以外,英国、澳大利亚、日本、中国

等不同国家的大学更倾向于以项目等形式去孵化或培育科研成果奖项,通过提供科研资助激励教师们努力科研并获得优秀的科研成果,基于优秀的科研成果以获得更多外部的科研成果奖励。英国剑桥大学、牛津大学、南安普敦大学等都设置了各式各样的科研资助基金来支持校内大学教师的科研工作。尽管澳大利亚堪培拉大学的卓越研究奖和职业早期卓越研究奖是为了奖励在科研领域取得了优异成绩的科研人员,但3000澳元的奖金主要是用于该获奖者后期的科研活动。日本的东京大学、神奈川大学、帝京大学等,除了综合的科研奖以外,都设置了数量远超过科研成果奖励的科研资助项目,如研究基金、科研补助金、研究促进基金、杰出研究计划等,这些都是用于资助教师的科研,以激励教师创造出更杰出的科研成果,从而去争取与获得外部的科研项目和科研成果奖励。

三、奖励领域既综合也有专门针对性,奖励形式多元;提名 制、代表性成果是较为普遍的候选人遴选制度

日本、英国、澳大利亚、中国等的科研成果奖项基本都有针对性,大都专门针对某一领域,即便是综合性质的奖项,也都以自然科学、人文社会科学等为分类领域,在这样大的分类基础上,专门奖励某一具体领域的研究人员,如物理学、天文学、化学、社会学、经济学等。一般来讲,政府类的、全国性或综合性学会的科研成果奖项面向领域与范围更广泛,具体的某一学会或者企业、基金会等的科研成果奖励范围则更为具体,甚至会具体细化到一级学科以下的二级学科,这是各国在奖项范围上的共性。除了有奖励范围上的针对性以外,各国在具体科研成果奖励的具体设置上,也会有另外的倾斜,例如澳大利亚的科研成果奖励强调按照早期、中期和终身职业成就等来设置奖项,这不仅体现在联邦政府和州政府的科研奖项上,民间和大学层面的科研成果奖项也同样如此。日本的科研成果奖励制度中,特别是民间的科研成果奖项和大学层面的科研成果奖项,会有专门针对青年研究人员、女

性研究人员的科研成果奖项,大学层面的科研奖项也会倾斜于青年教师和女性教师。中国的大学教师科研成果奖励制度,省部级的科研成果奖项,不论是自然科学领域还是人文社会科学领域,在奖励对象上越来越多地强调青年科学工作者获奖的比例,以确保有更多的青年研究工作者可以获奖,保障他们能在职业早期获得更多激励,从而产出更多且更高水平的科研成果。除了奖励领域既综合也有专门针对性以外,英国、日本、澳大利亚等国家的科研成果奖励形式也很多元,除了奖章和奖金这些常见的科研成果奖励形式以外,资助科研、讲座、交流、发表文章等也是这些国家不同科研成果奖项都在采用的奖励形式。

在奖项的评审上,提名制、代表性成果一直是英国、日本、澳大利亚等国家的科研成果奖的遴选制度。中国的科研成果奖项,以前以自我申报、单位推荐等为主要的遴选制度。进入 21 世纪以来,越来越多的奖项开始采用提名制,如国家层面的自然科学奖、科学技术奖等,省级层面的自然科学技术奖等,同时也有一些民间的科研成果奖开始采用提名制,如未来科学大奖等。当然,也有一些奖项仍然采用个人申报和单位推荐的遴选制度,但从当前的发展趋势来看,提名制将越来越普及。提名制是由专家提名候选人,提名一般不接受自荐,机构可以参与提名,但一般要附一定数量的知名专家的推荐函。推荐制一般是自我推荐、单位推荐等。这两种遴选制度在候选人的产生上各有优势,而且推荐制在一定程度上也具有提名的特点,所以,推荐还是提名,更重要的是背后的科研成果,也就是评估标准更倾向于综合性的科研成果还是代表性的成果? 日本、英国、澳大利亚等采用提名制的主要原因是背后的科研成果以代表性成果制度为支撑,基于候选者的代表性成果来提名候选人,即便是终身成就奖,也是基于代表性成果及其影响力,而不是终身的所有成果,或者是近几年的所有成果。由此可见,不论是提名制还是推荐制,关键在于评审什么,是评审成果的数量还是质量。质量即影响力,如果重质量,代表性成果及其影响力是最佳的遴选方式,如果是数量,那么就是近几年的所有作品的总和。但从科研成果奖项的本意出发,应在于奖励质量和影响,而非数量,所以,应以代表性成果为主。

四、中国有自己特色的做法,但日益综合是各国共同的发展趋势

与美国、英国、日本、澳大利亚等国家相比,中国的大学教师科研成果奖励制度有两个较为突出和鲜明的特色。第一,科研成果奖内部具有等级性。如中国国家自然科学奖、国家技术发明奖、国家科学进步奖均设立特等奖、一等奖和二等奖。省部级、市级科研成果奖励也同样如此,普遍设立一等奖、二等奖和三等奖等。除了主体的政府科研成果奖项以外,中国的一些民间科研成果奖项和大学内部设立的科研成果奖项也有等级,如吴玉章奖设立特等奖、一等奖、优秀奖等几个等级,董氏东方文史哲研究著作奖分设一等奖、二等奖、三等奖,等等。第二,中国还设有专门针对大学教师的科研成果奖项,这也是中国大学教师科研成果奖励制度所独有的。世界上的各类科研成果奖励,不论其面向国内还是国外,大都是针对所有的科研工作者,很少有专门针对大学教师群体的,尽管大学教师群体是科研工作者的主要群体之一。大学教师从事科研工作,与其他群体从事科研工作有一定的区别,主要体现在大学教师还需要从事教育教学和社会服务工作,他们在教育教学和社会服务工作的同时进行科学研究,因此,中国设立专门针对大学教师的科研成果奖励项目对于大学教师而言,是十分有价值和意义的做法。

从前面的研究内容来看,中国的大学教师科研成果奖励制度是典型的政府主导型体系,国家级——省部级——市厅级——大学,奖项间的层级性和等级性比较明显。英国的大学教师科研成果奖励制度是典型的民间力量主导型体系,社会力量中综合性学会、专业性学会、企业、基金会相互合作,共同设立各式各样的科研成果奖项。日本、澳大利亚、美国等国家的大学教师科研成果奖励制度则是比较综合的科研成果奖励体系,既有政府的科研奖,也有民间的科研奖。从当前的发展趋势来看,中国越来越多的民间社会

力量开始设立科研成果奖,政府也鼓励民间力量参与科研成果奖,起到了很好的规范作用。英国是世界上最早颁发制度化科研成果奖的国家,其最早的制度化的科研成果奖是民间力量设置的,但这民间力量也受到了英国政府的保障。近年来,尽管英国的大学教师科研成果奖励仍然以民间力量为主,英国政府也越来越多地融入科研成果奖项。例如伊丽莎白女王工程奖,以英国女王的名字命名的科研成果奖项,由独立的基金会管理操作,奖金100万英镑,两年评选一次,奖励面向全球的工程成果,还有女王潜力奖、女王科学与工程合作奖等多个以女王的名义来命名的科研成果奖项,可见英国政府也越来越多地涉入科研成果奖励事务之中。从中国、英国等的发展趋势可见,以政府为主导的科研成果奖励制度开始鼓励民间奖项,以民间力量为主导的科研成果奖励制度里政府的作用与影响也在逐步加大,大学教师科研成果奖励制度呈现出了日益综合的发展趋势,逐步形成政府单独设立、民间力量单独设立、政府与民间合作设立等多样式、多元融合的"百花齐放、百家争鸣"的发展态势,政府与民间力量合作、民间力量与大学合作、政府与大学合作等多种形式也越来越受到各国的青睐。

第七章　结语与思考

在时间的演进中,不同国家的大学教师科研成果奖励制度呈现出了不同的发展势态,带来了不一样的发展机遇。那么,美国的大学教师科研成果奖励制度遇到了什么样的挑战? 它是如何应对的呢? 综合美国的大学教师科研成果奖励制度及其特点,以及中国、英国、日本、澳大利亚等不同国家的制度及其共性与差异等,大学教师科研成果奖励制度又该如何发展呢?

第一节　挑战与应对

一、挑战与应对

（一）日益割裂的学术职业

当前,美国大学的学术职业主要由全职终身制(full-time tenured)教师、全职终身轨(full-time tenure)教师、全职非终身制(full-time non-tenure track)教师和兼职(part-time)教师组成。 只要不严重失职,全职终身制教师可以一直工作到退休;全职终身轨教师一般在至多 7 年的试用期结束后可以申请成为全职终身制教师;全职非终身制教师与大学签订工作合同,合同期满可能需要另谋出路;兼职教师主要从事教学工作,大学仅向其支付教学工作的薪水。其中,全职终身制和全职终身轨教师属于终身制教师,而全职非终身制和兼职教师属于非终身制教师。①

1975 年,美国经历了二战以来的首次经济大衰退。同年,美国大学里全职终身制教师比例是 36.0%,全职终身轨教师为 20.0%,而全职非终身轨教师是 14.0%,兼职教师为 30.0%,终身制教师的比例高过非终身制教师。到 2020 年,全职终身制教师的比例是 21.9%,全职终身轨教师为 8.9%,二者合计为 30.8%,比 1975 年减少了 25.2%;而全职非终身制教师的比例为 17.6%,兼职教师为 51.6%,二者合计为 69.2%,比终身制教师的比例高出 38.4%。②

随着非终身制教师日益成为美国大学的主要学术力量,除了副学士学位授予学院终身制教师的比例从 2009 年的 16.3% 增长到 2019 年的 16.7% 以外,博士学位、硕士学位和学士学位授予大学的终身制教师的比例都在减少,其中博士学位授予大学的降幅最大,十年间减少了 6.4%,硕士学位授予大学减少了 4.5%,学士学位授予大学减少了 1.3%。单就全职非终身制教师的比例来看,公立博士学位授予大学全职非终身制教师从 8.7% 增长到了 27.1%,私立博士学位授予大学从 12.5% 增长到了 30.0%,公立硕士学位授予大学从 10.3% 增长到了 22.6%,而私立硕士学位授予大学从 8.9% 增长到了 27.9%,公立学士学位授予大学从 10.4% 增长到了 24.7%,公立副学士学位授予学院从 30.1% 增长到了 37.3%,私立学士学位授予大学从 5.1% 增长到了 18.6%。③ 从美国大学教师的最终学位来看(见表 7-1),无论是何种类型的大学,拥有博士学位的终身制教师的比例均远超非终身

① American Association of University Professors. Contingent Faculty Positions[EB/OL]. (2021-02-01)[2021-03-18]. https://www.aaup.org/issues/contingency.

② American Association of University Professors. The Annual Report on the Economic Status of the Profession[R]. Washingto D. C. : American Association of University Professors,2020:11.

③ American Association of University Professors. The Annual Report on the Economic Status of the Profession[R]. Washingto D. C. : American Association of University Professors,2019:4.

制教师。在终身制教师群体中,拥有博士学位的全职终身制教师比例略高于全职终身轨教师;在非终身制教师群体中,拥有博士学位的全职非终身制教师比例高于兼职教师。① 在具体的分工上,终身制教师主要承担教学、科研等全面系统的学术工作;全职非终身制教师以教学为主要工作,同时也进行科研、社会服务等工作,兼职教师基本只从事教学工作,为了生计甚至奔波于多所不同的大学承担大量的教学工作。

表 7-1　美国不同类型大学终身制和非终身制教师的最高学历构成②

大学类型	终身制教师				非终身制教师			
	终身制		终身轨		全职非终身制		兼职	
	博士	硕士	博士	硕士	博士	硕士	博士	硕士
研究型大学	90.5%	9.1%	84.7%	12.8%	53.8%	40.1%	47.1%	43.6%
博士学位授予院校	89.3%	10.0%	88.5%	11.4%	49.9%	47.3%	46.3%	45.0%
综合型大学	81.8%	17.4%	80.3%	19.3%	26.1%	67.1%	28.4%	61.2%
私立文理学院	74.5%	24.8%	74.5%	24.7%	31.7%	63.7%	26.7%	57.4%
公立两年制学院	23.3%	65.4%	23.2%	60.4%	20.8%	46.5%	11.0%	59.2%

非终身制教师群体以繁重的教学工作作为自己的学术主业:在博士学位授予院校,全职非终身制教师的教学时间比终身制教师多50.0%,在其他四年制大学,全职非终身制教师的教学时间也比终身制教师多15.0%。③非终身制教师的主体中,兼职教师平均每学期教授 4~5 门本科生课程,大多数都教授基础核心课程,同一门课程可能要教 1~5 个班;他们大多是被临时聘用的,甚至每次只签署半年或者一年的合同,收入基本上基于承担的

①　Benjamin E. Reappraisal and Implications for Policy and Research[J]. New Directions for Higher Education,2003(123):79-113.

②　Benjamin E. Reappraisal and Implications for Policy and Research[J]. New Directions for Higher Education,2003(123):79-113.

③　Benjamin E. Reappraisal and Implications for Policy and Research[J]. New Directions for Higher Education,2003(123):79-113.

教学时数或课程数等,如果在一所大学任教所得的收入不够,就会同时到多所大学从事教学工作。① 除了教学占据了大量的工作时间以外,非终身制教师群体也没有强烈的科学研究意愿。调查显示,在承担"需要长期的收集才能获得研究结果"这一事务上,终身制教师的承担意愿为 57.0%,而兼职教师仅为 27.0%;在承担"需要长期的分析才能获取研究结果"这一事务上,终身制教师和兼职教师的意愿分别是 55.0% 和 25.0%;而在承担"研究结果不能公开发表"这一事务上,两者的承担意愿分别是 52.0% 和 39.0%。② 大量以教学工作为学术主业、既没有时间也没有意愿进行科研工作去获取同行承认的非终身制教师群体出现在大学校园里,这对于学术职业和科研成果产出都将产生严重的影响。

如前面所言,学术职业与其他的社会制度一样,也发展出一种经过精心设计的系统,给那些以各种方式实现了其规范要求的人颁发奖励。它基于独创性给予最先发现者以荣誉,同时通过学术共同体的评价来承认和肯定其贡献。其实质是独创性的科研成果通过同行评议获得同行的承认,从而获得学术界的认可。同行承认,是学术职业的硬通货,越多的同行承认,越多的学术认可和学术资本,这是成为学术精英的必经之路,否则,只能沦为学术职业的"边缘人"。在这种学术精英取向之下,终身制教师普遍将学术重心放在科学研究上,以获得更多的科研成果和更多的同行承认。这既需要花费大量的时间,也需要努力去提高研究质量,从而造成学术职业内部终身制教师和非终身教师之间的严重割裂,越来越少的终身制教师是学术职业里从事研究工作的主要群体,这不仅不利于保障科研成果产出的数量与

---

① American Association of University Professors. Contingent Appointments and the Academic Profession [EB/OL]. (2021-02-01)[2021-03-18]. https://www. aaup. org/report/contingent-appointments-and-academic-profession♯b1.

② American Association of University Professors. Higher Education at a Crossroads:The Economic Value of Tenure and the Security of the Profession[R]. Washington D. C.:American Association of University Professors,2016:17.

质量,还加剧了终身制教师之间的科研竞争,可能导致越来越多的科研越轨行为。同时,这种学术割裂致使非终身制教师(以全职非终身制教师群体为主)进入终身制教师群体的难度加剧,他们不得不更加努力地投入科研工作,学术竞争日趋激烈,也可能诱发更多的科研越轨行为。

（二）日益增多的科研越轨行为

学术界的越轨行为,即科研不端行为。什么是科研不端呢?目前学术界尚未形成共识,不同的学者、不同的机构等对科研不端有着不同的界定:美国国家卫生院（National Institute of Health）在拨款指南中指出科研不端是"在开展研究或报告研究结果中有捏造、伪造、剽窃等严重情节的;严重不符合美国联邦法规,影响开展研究的特定要求的,如人作为被试者等"。[①]英国皇家物理学会（Institute of Physics）等将科研不端界定为"侵权、盗用他人成果;抄袭与剽窃;伪造数据和弄虚作假等"。学者大卫·B.雷斯尼克（David B. Resnik）认为不端行为是在提议、设计、进行、审查或报告研究时严重和故意地违反公认的科学实践、常识性的道德规范或研究法规。[②] 著名的科学社会学家朱克曼（Zuckerman）认为科研不端主要有违反认识规范和违反社会规范的两类行为。违反认识规范是无视或忽视了认识规范而产生的疏忽大意的不体面的错误;违反社会规范的行为包括欺骗,如伪造、篡改和隐瞒资料,各种形式的剽窃,教条主义和学术垄断。需要惩罚的是违反社会规范的不端行为。[③] 尽管概念的表达多样,但这些概念的核心是一致的,均认为科研不端主要指的是伪造与捏造、篡改与隐瞒、抄袭与剽窃等违反社会规范的科研行为,这类行为人具有明知错误却有意为之的主观意识

　　① Steneck N H. Fostering Integrity in Research: Definitions, Current Knowledge and Future Directions[J]. Science and Engineering Ethics, 2006(12): 53-74.

　　② David B R. From Baltimore to Bell Labs: Reflections on Two Decades of Debate about Scientific Misconduct[J]. Accountability in Research, 2003(10): 123-135.

　　③ 徐梦秋,欧阳锋.科学界的奖励系统与越轨行为——默顿学派对默顿科学规范论的丰富和发展[J].科学技术与辩证法,2007(2):101-105.

和动机,是非诚实的错误。

随着学术职业日益割裂,非终身制教师群体日益增多,美国大学教师群体的科研越轨行为也日益增多。虽然不能直接证明非终身制教师增多是科研越轨的直接原因,也暂无数据表明它们两者之间呈显著相关,但因为非终身制教师群体增长导致学术职业割裂和学术竞争日趋激烈,是学术越轨行为日益增多不可回避的重要原因。1974 年到 1981 年,美国各个研究机构被披露的研究不端行为约 12 起。2016 年到 2020 年,5 年的时间,仅仅美国卫生和公众服务部(U.S. Department of Health & Human Services)一个部门发生和披露的大学科研不端行为就有 24 例(见表 7-2)。

表 7-2　2008—2020 年美国卫生和公众服务部的科研不端行为一览①

序号	机构及职位	科研不端行为	年份
1	罗恩大学副教授	在 8 篇已经发表的文章、1 篇未发表审稿中的手稿以及在给美国国家卫生研究院的课题申报书中,故意伪造数据	2016
2	西奈山医学院博士生	多篇已经发表的论文和提交的资助申请书中有伪造数据	2016
3	密歇根大学博士生	在 3 篇美国国家卫生院的课题申请书、1 本已经出版的专著、7 篇已经发表的论文等中伪造数据	2016
4	佛罗里达大学教授	在 8 篇已经发表的论文中伪造数据	2017
5	佛罗里达大西洋大学讲师	提交给美国公共卫生服务中心并获得了立项的资助申请书捏造实验结果、伪造日志和数据	2017
6	北卡罗来纳大学教堂山分校博士生	在已经发表的论文和资助申请书上伪造数据、重复和错误使用图像	2018

① The Office of Research Integrity. Case Summaries[EB/OL]. (2021-09-04)[2021-12-28]. https://ori.hhs.gov/case_summary.

续表

序号	机构及职位	科研不端行为	年份
7	得克萨斯大学讲师	在2篇已经发表的论文和2篇提交给美国国家卫生院的课题进度报告中伪造数据	2018
8	科罗拉多大学教师	在已经发表的多篇论文中伪造数据	2018
9	韦恩州立大学教师	在3篇科研资助申请书和2篇已经发表的论文中，作者排序造假	2018
10	阿拉巴马大学伯明翰分校博士生	多篇已经发表的论文数据造假	2018
11	纽约大学教师	在3篇公开发表的论文和7篇提交给美国国家卫生院的课题申请书中伪造数据	2018
12	密歇根大学教师	在多篇已经发表的论文中伪造数据	2018
13	俄亥俄州立大学博士生	在其博士论文中伪造数据	2018
14	波士顿大学教师	在多篇论文、课题申请书、演讲ppt等中伪造数据	2019
15	约翰·霍普金斯·彭博公共卫生学院教师	在其已经公开发表的论文和博士学位论文中伪造数据	2019
16	纽约大学医学院教师	在4篇已经公开发表的论文和6篇美国国家卫生院资助的申请书中伪造数据及研究方法造假	2019
17	杜克大学医学院教师	在39篇论文和3篇正审核稿件中伪造数据	2019
18	亚利桑那大学教师	在多篇公开发表的论文和课题申请书中伪造数据和图片	2020

续表

序号	机构及职位	科研不端行为	年份
19	马里兰大学巴尔的摩分校 教师	在 6 篇已经发表的论文和 4 份课题申请书中伪造数据和图片、篡改数据和图片	2020
20	得克萨斯理工大学健康科学中心 教师	在多篇论文和课题申请报告中剽窃他人成果并伪造数据	2020
21	马里兰大学 教师	在 7 篇已经发表的论文和 2 篇课题申请报告中伪造数据和图像	2020
22	哈佛大学医学院 教师	在 3 篇已经发表的论文和 1 个会议演讲中伪造图像、重复使用相同图像等	2020
23	马萨诸塞州医学院 教师	在 1 篇已经发表的论文和 2 篇课题资助申请报告中篡改和伪造数据	2020
24	韦恩州立大学 教师	在 2 篇课题申请报告中伪造数据	2020

由此可见，这些科研不端行为主要是发生在科研成果形成时期，为了发表更多的论文和获得更多的课题资助，出现了剽窃、伪造数据和图像、作者排序造假等学术不端行为。而只有更多的课题资助和更多的论文发表，才可能有更多的机会获得科研成果奖励。由此，科研成果奖励制度，看似是科研越轨行为的间接影响方，实则也是科研不端行为的诱发因素，毕竟"科研成果奖励制度把原创性看得至为宝贵，间接地激发了一些科学家的越轨行为"。科研成果奖励制度诱发科研不端行为主要是因为积累优势，科研成果奖励制度不仅引发名校的积累优势以外，还引发科研人员在成果上的积累优势。因为更多的课题资助，更多的论文发表，更高水平的论文发表，都是科研成果获奖的重要前提。在这样不断积累且持续循环的模式下，便导致了科研不端行为的出现。在这样一个持续循环的科研成果产出链条中，科

研成果奖励制度是其中十分重要的一环,所以,科研成果奖励制度不仅与科研不端行为有关,而且应该担负起重要的责任来,这才能与追求独创性的科研系统相一致。

（三）应对:负责任的研究行为

为了应对非终身制教师群体迅猛增长引发的学术职业割裂和日益激烈的学术竞争,以及频发的科研不端行为,美国实施了"负责任的研究行为"措施以确保和提升科研诚信,从而保障包含科研成果奖励制度在内的整个科研系统的社会责任。

1. "负责任的研究行为"在美国的源起

1981 年,美国众议院科学技术委员会调查与监督小组委员会举行了美国历史上首次关于研究不端行为的听证会,自此,研究不端成了美国社会的公共问题。20 世纪 80 年代初,美国国会对美国社会的研究不端行为非常关注,并认为大学、研究机构等对此没有做出充分的回应,但它们应当负起最主要的责任。[①] 1985 年,美国国会通过相关法案,要求研究资助机构或受赠机构必须建立"审查研究欺诈报告的行政程序",并向国会秘书处报告任何涉嫌欺诈的调查。同时,它还要求卫生和公众服务部(U. S. Department of Health and Human Services)下属的国家卫生研究院(National Institutes of Health,简称 NIH)建立一个接受和回应研究不端行为的专门程序。1989 年,美国国家卫生研究院在其研究指南中首次提出了"负责任的研究行为"(Responsible Conduct of Research)这一概念,将其定义为:"具有诚信的研究实践行为,是在实施与研究相关的所有活动中对已建立的专业规范和道德原则的认识和应用",它还要求所有获得研究资助的机构都必须要有与"负责任的研究行为"相关的教学与培训活动,否则不能获批研

---

① The Office of Research Integrity. Historical Background[EB/OL]. (2021-01-03)[2021-04-05]. https://ori. hhs. gov/historical-background.

究资助。同时,这一概念和相关规定也被纳入了美国联邦法规。事实上,早在美国国家卫生研究院提出"负责任的研究行为"及其教学与培训活动之前,美国不少大学就已经思考甚至开展了相关的研究诚信培训活动,展开了对负责任的研究行为的探索活动。1984 年,美国密歇根大学(University of Michigan)学术诚信联合工作组在《维护学术诚信》的报告中首次提出了应该在研究生教育中增加关于道德意识和责任的教育,以提高未来研究人员的研究诚信。1986 年,得克萨斯州大学生物医学研究生院为研究生举办了关于良好研究行为的午餐研讨会,这也是美国第一堂关于良好研究行为的教育课程,教学内容主要涉及研究诚信和生物医学伦理道德。①

为了更好地实践负责任的研究行为,1989 年,美国联邦政府在卫生与公共服务部设立了美国历史上的第一个研究诚信办公室(The Office of Research Integrity)。1993 年,时任美国总统克林顿将该办公室确立为卫生与公共服务部中的一个独立实体机构,专门负责美国的研究诚信事务。②自 20 世纪 80 年代美国国家卫生研究院提出"负责任的研究行为"及其培训活动以来,美国一些大学开始慢慢实施负责任的研究行为,但成效不佳。1996 年,美国科学政策办公室和公共与卫生服务部通过调查发现,不少专业的研究生并没有接受过"负责任的研究行为"教育。2004 年,美国《今日物理》(Physics Today)杂志发表文章提到物理学科的研究道德伦理教育都是在非正式教育中获得的,缺少系统的课程教育。在这样的背景下,美国研究生院在美国国家科学基金会委员和美国研究诚信办公室的支持下启动了"负责任的研究行为"教育计划(Responsible Conduct of Research,简称 RCR 项目),资助了杜克大学等 10 所示范学校在行为与生命科学领域建立

---

① 胡剑.美国负责任研究行为(RCR)教育的演进、特点及启示[J].外国教育研究,2012(2):120-128.

② National Institutes of Health. Update on the Requirement for Instruction in the Responsible Conduct of Research[EB/OL]. (2021-01-04)[2021-04-05]. https://grants.nih.gov/grants/guide/notice-files/not-od-10-019.html.

并规范研究生的负责任研究行为。2006 年,美国国家科学基金会继续资助美国研究生院在科学与工程领域开展了为期两年的"研究伦理道德教育项目",并将 RCR 纳入整个研究生教育框架,布朗大学等 8 所大学成为参与项目的示范学校。① RCR 教育计划是美国国家卫生研究院提出"负责任的研究行为"这一概念之后,美国首次实施和推进的负责任研究行为行动,该项目一共开展了四期,有 29 所大学分别成为其参与学校并有 65 所大学成为其合作学校。随着 RCR 项目的推进,"负责任的研究行为"成了美国学术界乃至全社会普遍接受和认可的概念,RCR 项目也日益发展成了由美国大学实施的常态工作,"负责任的研究行为"也由 RCR 项目的实施慢慢转移到了大学,毕竟大学是研究生教育、开展研究工作等的主要阵地。那么,大学是如何落实"负责任的研究行为"的呢? 本研究在美国闻名世界的八所常春藤盟校中,选取了曾参与 RCR 项目第二期的布朗大学,以此详细阐述美国大学实施"负责任的研究行为"的作为,并由此思考大学在"负责任的研究行为"中的角色与作用机制。

2."负责任的研究行为"在美国的具体落实:以布朗大学为例

(1)实施由联邦研究资助机构推动的"负责任的研究行为"教育项目。当前,美国联邦研究资助机构如国家卫生研究院、国家科学基金会、国家粮食与农业研究所等都对申报其研究项目的申请者做出了"负责任的研究行为"的培训要求:接受且完成基本的 RCR 培训是项目申请资格的必要前提。美国国家卫生研究院规定:至少接受过 8 小时的 RCR 面对面的培训或研讨,最好是在博士生初期或者硕士研究生阶段就完成了 RCR 培训。美国国家科学基金委员会、国家粮食与农业研究所等规定必须接受"负责任的研究行为"的培训,培训的方式有两种:合作机构培训(Collaborative Institutional Training Initiative,简称 CITI)的在线 RCR 培训和大学的面

---

① 李素琴,边京京,李淑华.美国研究生负责任研究行为教育最佳实践——RCR 教育项目研究[J].学位与研究生教育,2014(9):63-67.

对面培训。基于这些研究资助机构的要求,布朗大学制定和实施了自己的"负责任的研究行为"培训项目(RCR Programs at Brown),具体内容包括:布朗大学伦理和负责任研究行为教育项目、生物和医学部 RCR 培训系列课程、公共卫生学院 RCR 培训系列课程。

布朗大学伦理和负责任研究行为教育项目主要面向处于研究职业早期的研究者(本科生、硕士生、博士生、博士后、新入职教师等),对接美国国家卫生研究院和美国国家科学基金委员会的 RCR 要求。该项目提供三门核心课程并全年提供各种选修课,主题分别是研究不端行为、可疑的研究实践和著作权、严谨性和可重复性、数据管理和使用、利益冲突、人类和动物研究中的伦理考虑、管理研究经费、作者身份以及排序等,其中研究不端行为、可疑的研究实践和著作权、数据管理和使用是核心课程,这些课程均由布朗大学在这些领域有所专长的教师来承担,授课方式以案例为主,包含讨论等多元形式。美国国家卫生研究院要求学习者必须在每个职业阶段即本科、硕士生、博士生、博士后、大学教师各完成一次 RCR 培训,而且频率不少于每四年一次,每次需要在这里面选择三个核心主题会议、完成两节选修课、完成在线 CITI 的 RCR 基础模块,并完成所有的作业。美国国家科学基金委员会要求学习者完成 8 小时的培训即可。尽管国家科学基金委员会要求低于国家卫生研究院,但布朗大学鼓励所有学生和老师按照国家卫生院的要求来完成 RCR 培训。生物和医学部 RCR 培训系列课程都是国家科学基金委员会和国家卫生研究院针对生物和医学领域的博士生、大学新教师等提出的负责任研究行为的培训要求,要求他们必须有两次面对面的课程,每次都需上课 4 小时以上,分别在春秋两季完成。公共卫生学院 RCR 培训系列课程是获得博士学位、联邦课题资助等的必要条件,要求学习者接受四次授课,每次不少于 2 小时的面授课程,授课和讨论相结合,以满足国家卫生研究院的最低 8 小时的面授课要求,还需要通过考试。

除按照联邦研究资助机构的要求开展负责任研究行为的教育与培训项

目以外，布朗大学还设有负责任研究行为方面的定制课程：任何学院、系、师生个人等，都可以与布朗大学的研究诚信办公室联系，双方商讨共同制定相关的教学计划，以满足其具体的、特定的负责任研究行为的要求。[①]

（2）采用随机抽查、最佳实践清单等质量保障项目尽力监督研究过程。研究不端行为都是在研究过程中失范所致，为了更好地监督研究过程，布朗大学研究诚信办公室实施了布朗质量保障/质量改进项目（brown's quality assurance/quality improvement program），该项目的目的在于确保所有发生在布朗大学的研究行为都是负责任的、诚信和符合规范的。[②] 为此，布朗大学特别设立了质量保障和改进专门工作人员（简称 QA/QI 人员），以开展质量保障项目的所有工作。

第一，为布朗大学新入职教师提供一对一、面对面的入职培训。为了确保每一位新教师都能完全了解美国联邦各研究资助机构的资助政策和研究诚信政策、布朗大学的研究政策等，QA/QI 人员在新入职教师正式入职前便与教师取得联系，然后安排一对一的专门培训。在新教师入职后，有任何"负责任的研究行为"方面的疑问，也可以联系 QA/QI 人员，安排或定制培训。

第二，设计研究行为的最佳实践清单，并开展对研究现场的随机检查，提供负责任研究行为的定制服务。布朗质量保障/质量改进项目基于国内外的相关研究诚信政策、研究的共性要求和不同学科领域的特定要求、国内外的最佳研究行为案例等，设计出布朗大学的最佳研究行为实践清单（best practices offerings），并基于最佳研究行为实践清单展开随机抽查。QA/QI 人员随机随时对布朗大学的任何一个研究项目的研究过程展开现场的抽

①　Brown University. Responsible Conduct of Research(RCR)[EB/OL]. (2020-10-21)[2021-02-12]. https://www. brown. edu/research/rcr.

②　Brown University. QA/QI Human Subjects Research Program[EB/OL]. (2020-12-22)[2021-02-13]. https://www. brown. edu/research/conducting-research-brown/research-compliance-irb-iacuc-coi-export-control-research-data-management-and-data-use-agreements/qa-qi-program.

查,例如人体受试者是否安全、实地调查是否科学规范、数据的收集与处理等是否符合伦理规范等,按照最佳实践清单来检查研究行为是否合规,并在现场向研究人员提出质量改进建议。除此之外,QA/QI 项目还设有一对一的个性化审查,当有些教师在研究的过程中不确定自己的研究行为是否合乎规范时,可以随时联系 QA/QI 人员,让他们进行一对一、个性化的负责任研究行为的监督与检查,个性化、定制检查的前提是自愿。

第三,奖励负责任的研究行为。布朗大学设有专门的研究成果奖(research achievement award),将全校研究领域分为人文社科领域、物理科学领域和生命科学与公共卫生领域,并面向这三个领域设置了早期职业研究成果奖(Early Career Research Achievement Award)和杰出研究成果奖(Distinguished Research Achievement Awards)。早期职业研究成果奖主要面向助理教授或者在近一年内新晋升为副教授的教师,杰出研究成果奖主要面向教授,两个奖项均基于研究项目、出版或发表成果等做出评判,除了着重于对学科的贡献、国内外的专业认可度等,还重点考察作者及其研究成果是否诚信,是否实施了负责任的研究行为。[①]

第四,出具负责任研究行为的年度质量报告。QA/QI 项目每年都出具布朗大学的负责任研究行为的年度报告,该报告不仅详尽阐述这一年里布朗大学随机抽查的研究行为和抽查结果,还会针对校内研究政策、研究诚信等提出质量改进建议等。

(3)设计完善且详尽的制度调查与处理科研不端行为。布朗大学研究诚信办公室设立专门的研究诚信官(RIO),一般由学校的研究副校长或研究副校长指定的专门人员担任,他负责布朗大学所有研究不端行为的处理,如图 7-1 所示。在收到对布朗大学教师研究不端行为的指控之后,研究诚

---

① Brown University. Research Achievement Award Guidelines[]EB/OL]. (2019-01-21)[2019-03-28]. https://www. brown. edu/research/conducting-research-brown/research-achievement-awards/research-achievement-award-guidelines.

信官需要评估该指控是否可信或具体、是否符合布朗大学对研究诚信的政策规定、是否涉及外部研究资助机构等。在初步评估之后,研究诚信官确定指控足够可信和具体,便组建初步调查委员会启动初步调查工作。此次调查的前提不是就不端行为是否确实发生或者是谁应该负责等,而是客观地收集信息和展开事实调查,是为了确认指控是否具有实质内容,且是否有必要展开正式调查。初步调查委员会的人员应由与该案件不存在实际或明显利益冲突且具备专业知识的人员组成。初步调查委员会与研究诚信官一起审查和讨论指控,并调查相关的证据和证词,然后由初步调查委员会出具第一次的调查报告(草案)并建议是否继续展开进一步的真正调查。在这个过程中,第一次的调查报告(草案)出台后还需要提供给被投诉人申辩的机会,调查委员会应该对被投诉人提出的申诉意见予以讨论,并做出最终是否展开进一步调查的决定。由此可见,在第一次调查的这个过程中,被投诉人的申诉意见是重要的,这也体现了保护被投诉人的态度。初步调查委员会在第一次调查后的 60 天做出是否展开进一步调查的决定,当然,如果有特殊原因,报告的出具也可以延期。

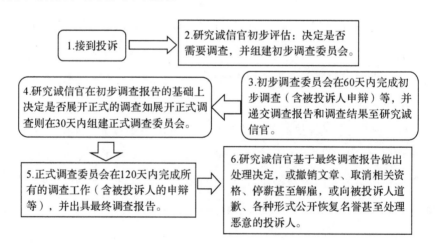

图 7-1　布朗大学处理研究不端行为的调查程序

　　在确定需要正式调查的 30 天内,研究诚信官与其他相关人员协商,组建一个正式调查委员会,正式调查委员会由三人以上组成,具有专业的知识且与案件不存在实际或明显的利益冲突,校内外人员均可。五天后将调查委员会名单通知给被投诉人和投诉人,被投诉人和投诉人可以就正式调查委员会的人员组成提出质疑,研究诚信官考虑是否更换人员。正式调查委员会人员最终确定后,便启动正式调查程序:调查是否存在不端行为、是谁不端、多大程度的不端问题、所涉及的其他相关机构等,通过详尽全面地调查所有的文件,并充分深入地与投诉人、被投诉人、相关人员等进行面谈,然后由调查委员会出具调查报告草稿,随即将调查报告草稿提供给被投诉人,被投诉人在 30 天内提出申诉和质疑,如果有质疑的地方,还可以将草稿转交给相关专业机构如法律机构等来商讨决定。最后调查委员会确定调查报告,递交给研究诚信官,研究诚信官基于美国联邦政府对研究不端行为的定义、大学的政策与程序、调查委员会的调查与分析证据等多方面证据做出最终的处理决定,如果研究诚信官的决定与正式调查委员会的决定不一致,可以将报告返回,由正式调查委员会继续调查。直到对案件做出了一致的决定后,研究诚信官以书面的形式通知被投诉人和投诉人,并决定是否通知相关的专业协会、相关的期刊编辑、合作者、相关导师及其机构等。整个正式调查过程和调查结果的出具,共 120 天的时间。当然,如有正当理由,调查结果的出具也是可以延期的。

　　布朗大学对经过调查得到了证实的研究不端行为进行处理,也有十分详细的规定。如果不端行为次数较少(如 1 次)且程度较轻,则撤回或更正对已经发表的有伪造或剽窃现象的论文,如果是还在审稿期间的论文,则直接撤稿。如果是发表的论文或报告且与研究项目相关,则直接取消该研究项目的资格。如果研究不端行为情节严重(如 2 次或 3 次等),则会出具谴责信,取消其在三年、五年甚至十年内申报相关机构项目的资格。如果研究不端行为频繁、反复且态度特别恶劣等,则可能会减薪,如果调查期间拒不配合调查甚至还存在破坏调查等严重行为的,则降低职位甚至直接解雇。但是,如果经过调查发现不存在研究不端行为,或者是无意识、误操作等所引发的、并非主观意识上的研究不端行为,研究诚信官也要努力恢复被投诉人的声誉,例如由投诉人公开道歉,或者在已经公开了不端行为的媒体上公布调查结果,尽量减轻对被投诉人的影响。同时,研究诚信官还要调查评估投诉人的投诉是否有恶意,如果是恶意的打击报复等,研究诚信官也要决定是否对投诉人做出行政或其他相关处理。[①]

第二节　发展建议

"像绝大多数的艺术家、作家、医生、银行家和出版家一样,绝大多数的科学家几乎没有什么希望实现重大的和有决定性意义的独创。对我们大多数从事研究工作的匠人来说,把成果付梓出版,成了与做出重大发现有同等意义的一种象征。没有这些无穷无尽的、报告精心研究成果的文章,科学也不能进步,即使这些文章仅仅是普遍的文章而不是出类拔萃的独创。报告研究成果是必不可少的,但是它有可能会转化成一种对发表成果的渴望,进而这种倾向又会被加强,在许多学术机构中又把发表文章的数量变成了科学和学术成就仪式化的衡量标准。"[②]科研成果奖励制度的意义也正在于此,它是一种象征,也是一种激励;它是一种荣誉,也是一种鼓励。"在最近这几十年里,由全世界知名科学家提名而获得诺贝尔奖,或许就是在科学界得到承认的成就的最高证明。"[③]科研成果奖励是科学研究的最高证明,是

---

① Brown University. Research Misconduct Policy [EB/OL]. (2020-11-21) [2021-02-26]. https://www.brown.edu/research/research-misconduct-policy.

② R.K.默顿.科学社会学 [M].北京:商务印书馆,2016:430-431.

③ R.K.默顿.科学社会学 [M].北京:商务印书馆,2016:406.

最后一环,也是起点,激励着科研工作者们为了科学研究更卓越的发展而一直且持续地努力。那么,作为最高证明的科研成果奖励制度,也是为了促进科学研究事业得到更好地发展。所以,为了更好的、更卓越的科学研究工作,科研成果奖励制度的设计与实施者也应为了更完善的制度而努力,以更好地服务于整个科学研究系统。基于中国、美国、日本、英国、澳大利亚等不同国家大学教师科研成果奖励制度的具体内容与特点、所面临的挑战与做出的应对措施等,本研究为大学教师科研成果奖励制度的发展与完善提出如下发展建议。

一、公正是科研成果奖励制度的首要与核心原则

科研奖励制度是为了承认独创性,牛顿与莱布尼茨事件的焦点是谁享有优先权,这需要有一个完善的科学制度,否则,当独创性的成果可以随时被他人占为己有之时,谁来保障人们的创造发明的激情与热情呢?社会又如何进步呢?这才逐步有了论文发表、课题申请、科研成果奖励等科学建制。为鼓舞人们尽可能地占有优先权,这必然需要营造一个公正的科学环境和科学制度。在这个科学制度中,谁是评判者和决定者?在历史的变迁和世界各国的制度中,已经有了明确的答案:那就是同行专家。为什么是同行专家?因为只有同行才真正懂得与理解同行及其科学成果,他们被认为是最公正的裁判,同行评议也正是为了公正的科研奖励制度。但是,从缘起到路径都指向和基于公正的科研奖励制度为什么会带来积累优势和越轨行为这些看似不公正的结果与影响呢?到底什么是公正?公正是一个价值判断,意为公平正直,没有偏私,没有偏私但不是毫无偏私,是在一定的标准下没有偏私。作为一个复杂的学理概念,学者们从各个学科发挥出了很多关于公平的理论与解释,概括起来主要有分配公正、程序公正和互动公正三种公正观。美国心理学家约翰·斯塔西·亚当斯(John Stacey Adams)所提

出的社会比较理论,指向分配公正,①"不患寡而患不均",强调结果上大家都一样。1975 年,美国社会学家锡博特(John W. Thibaut)和华尔克(Lanren Walker)提出了公正的过程是首要的,指向程序公正。美国哲学家罗尔斯(John Bordley Rawls)在构筑他的正义理论体系时,也是倾向于程序公正。② 1986 年,美国的贝斯(Bies)和莫格(Moag)提出"人们不但重视分配结果与分配过程的公平程度,而且也十分关注他人对自己的态度和方式",指向互动公正。后来,美国的格林伯格(Greenberg)将互动公正扩充为人际公正和信息公正。

从三种公正观中可见,无论是为了保护独创性和优先权,还是路径上十分倚重同行评议的科研奖励制度都主要指向的是程序公正。罗尔斯认为程序公正分为三种,即纯粹的、完善的、不完善的程序公正。纯粹的程序公正是一切取决于程序要件的满足,不存在关于结果正当与否的任何标准。完善的程序公正是指在程序之外存在着决定结果是否合乎正义的某种标准,且同时也存在着满足这个标准的结果得以实现的程序。不完善的程序公正是指"虽然在程序之外存在着衡量什么是正义的客观标准,但是百分之百地使满足这个标准的结果得以实现的程序却不存在"。③ 除了完善的程序公正竭力满足结果公正以外,程序公正强调的是过程,无法确保结果公正。由此,重视且倚重同行评议的科研奖励制度,无论从何种意义上来讲,并不能确保论文发表、课题申请、科研成果奖励等众多事务的结果公正,积累优势、越轨行为等既不是同行评议所导致的,也不是其所能避免的。尽管如此,作为影响每一个国家和民族发展的科研奖励制度,还是应该努力去完善自己,努力建设公正且良序的科研奖励制度应当是人类社会的共同追求。不同的公正观认为公正一定有不同的偏私,但也都在努力地开出自己的药方。那

---

① Adams J S. Inequity in Social Exchange[M]. New York: Academic Press, 1965: 8.

② 约翰·罗尔斯. 正义论[M]. 北京:中国社会科学出版社,2009:18.

③ 约翰·罗尔斯. 正义论[M]. 北京:中国社会科学出版社,2009:110.

么,科研成果奖励制度应当如何做到更加公正且良序呢?

（一）以质量为导向

2020 年 10 月,党中央和国务院在《深化新时代教育评价改革总体方案》中指出,改进高校教师科研评价,应突出质量导向。在科研奖励制度这一评价制度中,质量是公正的保障,只有高质量的同行评议专家和同行评议过程,才能评议出真正高质量的学术论文和课题项目,也才能推动高质量的科研成果的产出和科研成果奖的出现。科研奖励制度的质量导向,意味着独创性是首要评价标准,将论文、课题、其他相关成果的理论价值与应用价值、学术贡献与社会贡献放在首要位置,这才有可能减轻"劣币驱逐良币"、马太效应、积累优势、越轨行为等影响。以质量为导向,注重结果,但不以数量论英雄,而是重视真正具有影响力和代表性的高质量作品;尊重过程,不以短时期为范畴,而是以较长时间为轴线,关注长周期内的连续性产出和贡献。以质量为导向,需要相对开放的信息环境,应充分利用现代信息技术,尽可能地公开相关信息,包括公开评议时间与流程、同行评议专家的评议意见、评议结论等,越公开越公正,越能产生真正高质量的科研成果。以质量为导向的原则,需要与科研奖励制度相关的每一名成员在评议过程中都秉持质量导向的原则,尊重和承认独创与贡献,为每一位科研工作者营造"只要努力去创造和贡献,就能获得承认"的公正的科研奖励制度。

（二）完善同行专家评议制度

科研奖励制度源于保护独创性,这必须基于公正,并依赖同行评议这一路径去实现公正。这一路径的关键在于所有参与同行评议的人员和评议过程的公正性,只有如此,才能真正做到保护奖励独创及其背后的努力。完善同行专家评议制度,首先一定要确保的是同行专家在评议学术论文、科研课题、科研成果奖等,因为只有同行才真正懂得与理解同行及其科学成果,他们被认为是最公正的裁判,从而能确保评议的科学性、专业性与客观性。与此同时,还需要建设同行专家数据库并采取随机抽样的方式抽取评议专家、实施背对背的评议方式、摸索同行专家个人评价和集体评价相结合的模式、公开同行评议专家的相关信息、评议过程设置监督机制、定期评估同行专家的评议行为等,从而确保同行专家评议过程的公正性。除此之外,为了尽可能地避免同行专家评议过程中的不公正,在定期评估同行专家的基础上,通过"红榜"等多元形式奖励认真且公正的评议专家,通过黑名单、取消评议资格等方式惩罚那些寻租、营私舞弊的评议专家,也可以在一定程度上完善同行专家评议制度。作为一个评价制度,除了同行评议专家之外,还要确保整个科研评议过程中每一环节的工作人员的专业性与诚信度,以推进科研奖励制度的公正。

（三）严惩越轨

朱克曼等学者认为科研越轨是因为对科研奖励的过度信奉。排除认识层面的越轨,大部分的越轨都是违反社会规范,也就是明知错误却故意为之,为什么呢?因为在发现和论证独创性的过程中还存有漏洞,有些漏洞如剽窃等随着技术的发展可以逐步得到遏制,而有些如一稿同时多投、伪造、篡改、教条主义、学术垄断等越轨行为却不是技术在短时期内能解决的。但这些漏洞的滋生也并非科研奖励制度不公正,即便是再公正、再专业和再诚信的评审人员与制度设计都无法完全杜绝这些问题,当然,学术垄断除外。尽管越轨并非不公正而起,但一个尽可能公正的科研奖励制度一定是有利于遏制越轨行为的。事实上,越轨与否很大程度上取决于科研人员自身的诚信素养,提升诚信有自律和他律两条路径,自律可以借助科研诚信教育来提高认知,他律则需要外部力量的介入,最直接与有效的他律就是惩罚越轨行为。当然,惩罚越轨行为不能矫枉过正,也不是一竿子打死、更不是打击报复,应当区分越轨行为当时发生的时代背景、外部条件、越轨者当时的心理动机等,并且要放在长时间轴线上来看待偶发的、散发的、一次性的越轨行为和长期的、连续的、有预谋的越轨行为。那些长期的、连续的、有预谋的越轨行为,应当严厉惩罚,那些散发的、一次性的、偶发的甚至是无意识的越轨行为可以采用诚信教育、适当的惩戒等措施。毕竟惩罚不是为了削弱或打消人们对于科学研究的激情，而应是基于公正的惩罚，这也是为了更公正的科研奖励制度。

二、学科平衡、形式多元、标准严格、全程监督是科研成果奖励制度的重要取向

确立了公正这一核心原则，具体到大学教师科研成果奖励制度，还应从学科平衡、形式多元、标准严格和全程监督等几个方面来优化奖励制度。

（一）学科平衡

从前面的比较分析中可知，无论是美国、中国还是英国、日本或澳大利亚，无论是数量还是奖励形式等，自然科学较人文社会科学在科研成果奖励制度中均占更大的比重与优势。是否应加强对人文社会科学的科研成果奖励呢？答案是肯定的，人文社会科学与自然科学都是科学不可分割的重要组成部分，无论是从事自然科学研究还是人文社会科学领域的研究，都需要鼓励与激励，因此，应重视对每一个科学领域的奖励。当然，学科平衡、加强或重视并不是指相同的奖励数量、相同的奖金等，而是指不失之偏颇，并基于时代和社会的发展需求等来设置科研奖。而且，因为自然科学和人文社会科学等在研究范式、研究方法等上有着很大的区别，所以在具体的奖项设置上，应基于不同科学领域的发展规律来设置科研奖，使科研成果奖励的效应最大化。

（二）形式多元

中国大学教师的科研成果奖励以政府为主导，英国的以社会力量为主导，美国、日本、澳大利亚等则是政府和社会力量并重。21 世纪以来，中国越来越多的民间力量开始设立科研成果奖项，政府也鼓励民间力量参与科研成果奖。英国，主要由民间力量设立科研成果奖，但有很多民间力量是受

英国政府保障的,近年来,英国政府也越来越多地参与科研成果奖,例如英国设立了伊丽莎白女王工程奖、女王潜力奖、女王科学与工程合作奖等多个以女王的名字命名的科研成果奖,可见英国政府越来越多地关注与参与科研成果奖。因此,多元越来越成为大学教师科研成果奖励制度的重要形式,主要体现在以下几个方面。第一,多方合作设立科研成果奖项。如政府与民间力量合作、民间力量与大学合作、民间力量与民间力量合作、跨国或跨区域科研成果奖、跨学科科研成果奖等多种合作形态可能会越来越受到各国的欢迎与青睐。第二,多元形态的奖励形式。奖金、奖牌、奖状等是比较常见的科研成果奖励形式,但公开演讲、发表论文、出版专著、科研资助、创设合作机会等都可以成为各类科研成果奖的奖励形式。第三,多种形式的奖励设置。可以既有面向专门大学教师的科研成果奖,也有面向所有科研工作者的科研成果奖;既有只指向国内的,也有面向国际的,等等。但不论如何多元的发展,始终需要坚持的是科研成果奖的唯一与纯粹目的:肯定与认同、鼓励与激励自然科学和人文社科领域的所有科学家们努力于科学研究,为国家和社会的发展做出贡献,并通过完善各类制度的设计避免科研成果奖成为追名逐利的工具。

(三)标准严格

采用什么样的标准和形式来评价科研成果呢? 美国、英国、日本、澳大利亚,包括近年来的中国,提名制是日渐被各国政府和民间力量普遍使用的科研成果奖项评选制度。为什么提名制被越来越普遍地采用,是因为提名制的关键前提是被提名者有代表性的科研成果被外界熟知,能被外界熟知的科研成果一定是已经具有了一定的影响力并产生了实际的价值,不论是思想价值还是经济价值等。提名制与代表性成果是紧密联系在一起的,或者说提名制自身就是代表性成果的体现,是由他人真正基于科研成果的实际价值和影响力来推荐获奖者的一种制度。否则,就会陷入追求数量而不重质量等的怪圈,也无法评审出真正有价值的科研成果。所以,科研成果奖采用何种评审制度,其背后的关键是评审什么？是关键性的、具有实际影响力的科研成果,而不是数量多的科研成果,更不是研究者个人的学术影响力。当然,提名制同样也可能滋生"熟人提名"等寻租现象,如何才能阻止这些有失公允的问题的产生,关键同样在于是否真正基于代表性成果,只要是真的基于科研成果的价值、影响力等来评选,即便由熟人提名,也应是无可厚非的。提名制与背后的代表作制,自身就是科研成果奖严格标准的一种体现,毕竟只有被外界熟知且产生了实际影响的代表作才能被提名。与此同时,在提名代表作的实施过程中,还应以"负责任的研究行为""公正""真正有影响力"等严格的标准来要求和审核,以真正做到严格且有效。

(四)全程监督

为了避免科研成果奖励制度这一好的制度滋生腐败与不公平,避免出现严重的分层与"马太效应"等问题,以确保科研成果奖励制度的成效最大化,应重视与加强对奖励的公平与质量建设,这就需要建立一个贯穿全过程的监督与评估机制。当前,国际上不同国家如美国、日本等都非常重视对科研成果奖励制度的过程性监督。具体应当如何实施全程监督呢？首先,应实施全过程的公示:除了评审前的材料公示和评审结束后公示结果以外,还应该公示评审过程的相关信息,如评审会议的时间、评审专家的信息、评审流程等,做到评审全过程的公开与透明,最大程度地保障公正,同时也可以监督评审专家和评审过程,尽可能减少寻租等的腐败行为。其次,落实真正的同行评审,突出同行专家的作用:除了突出同行专家在提名、评审等中的角色与作用,还应该确保同行专家在评审中的比例,尽可能地减少评审的行政色彩,哪怕是官员,也应该首先是该领域的专家,而且要将学者型官员的数量控制在一定的比例之内。除了确保是真正的同行在评审科研成果奖之外,还应该设立专门的评审监督专员参与评审过程,他们应由第三方机构推荐或者与评审无任何利益关系,最好还是该领域的专家,才可以更好地保障评审过程和评审结果的公平与质量。最后,各科研成果奖励项目还应该设置定期的自评估制度。各科研成果奖励项目的颁发机构应定期对影响奖励自身质量的所有要素如专家评审委员会的成员构成情况、奖励时间与范围、奖励所设的获奖数量和奖励标准、获奖群体的分布等进行三年左右或其他时长的定期评估与反馈,及时发现问题和改进问题,提升科研成果奖励项目自身的质量,为促进科学研究事业做出贡献。

另外,在科研成果奖励制度的具体设计上,还有四个具体问题值得探讨。一是科研成果奖励项目的数量与质量问题。科研成果奖励制度立足于奖励高质量的、卓越的、独创性的科研成果,所以质量是最重要的。具体到科研成果奖励制度自身而言,设置高质量的科研成果奖励项目,是让科研成果奖励制度日益卓越和科学研究事业日益卓越的第一要务。在追求高质量的基础上,尽可能惠及更多的科研工作者,使更多的科研人员受到鼓舞与激励。即科研成果奖励制度应当是以质量为前提,在确保高质量的基础上,再考虑数量问题。二是科研成果奖是否需要分等级。科研成果奖主要在于肯定与认同、表彰与激励等,不同科研成果或代表性成果在水平、效应等上的区别与高低很难辨别,如果设置等级,不仅增加了评审的难度,而且还容易给奖励自身的激励性和公平性等增添不必要的困难。所以,应当淡化科研奖的等级性,强化奖励的激励,让所有的获奖者得到平等的肯定与激励。三是科研成果奖的国际性问题,即颁奖范畴问题。关于科研成果奖励项目是否面向国际,当前世界上不同国家有很多种不同的做法,例如设立专门的国际奖,或者奖项面向全世界所有科研成果、科研人员等。是否面向国际、如何面向国际,这与各国的历史传统、科研成果奖的颁奖主体及其性质与范畴、科研成果奖项的设置目的等有着很大的关系。以激励、强化为主要导向的科研成果奖励制度,不管其范畴如何,最重要的前提是实实在在地奖励并激励那些努力于科研工作并取得了卓著成果的科研人员,在条件允许的前

提下,能激励到更多的人,也是科研成果奖励制度可以发展的方向。四是是
否需要设置专门面向大学教师群体的科研成果奖励项目呢?从世界上不同
国家的做法来看,中国有专门针对大学教师的科研成果奖励项目,而美国、
日本、澳大利亚、英国等则没有。是否要设立这样专门性质的项目,同样与
各个国家的历史传统、发展需求等有着密切的联系,专门针对某一群体的科
研成果奖励项目,有利于奖励与强化某一群体的科研积极性、科研努力以及
科研产出,也有利于同一群体内部的良性竞争。当前,不同学会组织设立的
各式各样的科研成果奖也主要是针对某一学科内部的科研成果奖,其实也
具有专门针对性。由此,相较专门的大学教师科研成果奖励项目而言,更重
要的是重视大学和大学教师在科研成果奖励制度中的角色并发挥出其
作用。

三、重视大学和大学教师在科研成果奖励制度中的角色并激励其发挥作用,确保"负责任的研究行为",促进科学研究事业的高质量发展

(一)大学教师不仅是科研成果奖励制度的主要获奖群体和高质量
科研成果的主要产出者,也是负责任的研究行为和高质量科研工作人员
的主要培育者

统计数据显示:美国国家技术和创新奖自 1985 年颁奖以来,共有 183
人获奖,其中获奖的大学教师有 23 人,占比 12.57%。美国国家人文奖章
自 1997 年颁奖以来,共有 180 人获奖,其中有 53 名大学教师获奖,占比例
为 29.4%。美国数学学会科尔代数奖自 1928 年颁奖以来,共有 27 名获奖
者,其中 25 名获奖者为大学教师,占比 92.6%。美国政治科学学会的拉尔
夫·J.邦奇奖自 1978 年颁奖以来,一共有 64 名获奖者,其中获奖的大学教
师为 53 名,占比 82.8%。卡弗里奖共颁奖 47 人,获奖大学教师共 38 人,

占比81%。由此可见,大学教师是最主要的获奖群体。作为科研成果奖励项目的最主要获奖人群和高质量科研成果的主要产出者,大学教师在科研成果奖励制度中有十分重要的作用和责任。

作为科研成果奖励制度的主要获奖群体,大学教师首先要确保自己的科研成果是以负责任的研究行为为前提的。只有科研成果是基于负责任研究行为所产生的成果,才可能确保公正的科研成果奖励制度。科研工作者为什么伪造、篡改或抄袭？是因为对科研体系的过度信奉,论文、专著、专利、科研项目等能给其带来金钱、职称、荣誉等物质和精神多方面的利益与好处,越多的论文等会带来越多的利益,所以,便形成了恶性循环。这一恶性循环折射的是过分强调发表和出版、立项等的科研激励机制,过分追求数量的科研管理体制,不开放不利于监督的同行评议体制,不合作不共享的学科交流机制等,从而造就了急于求成、急功近利等“不负责任”的科研氛围,科研工作者内卷其中,科研不端行为便应运而生了。尽管如此,除了无知所产生的科研不端行为以外,其余的所有的科研不端行为都是由科研工作者的主动意图导致的。所以,为了卓越的科研成果奖励制度,一定要有一群能以身作则的科研工作者,而作为获奖的主要群体,大学教师应当承担起这样的责任。不仅因为大学教师自己要承担科研工作和产出科研成果,更重要的是因为他们还需要培养本科生和研究生的负责任研究行为,这不仅需要通过课程来实现这一培养目标,更需要大学教师自身的言传身教。

在整个科学研究系统里,科研成果奖励制度起到的是“功能强化”“激励与促进”等作用,这些作用主要还是要作用于从事科学研究工作的人,也就是科研工作者。大学教师一方面是高质量科研成果的缔造者,另一方面是高质量科研工作者的培育者。只有培养一批又一批、一代又一代既能践行负责任研究行为,又能进行高质量科研工作并产生高质量科研成果的科研工作者,才能使质量科研成果生生不息、科学研究日益繁荣,而这也是科研成果奖励制度日益卓越的重要前提。

（二）大学是"负责任研究行为"的课程设计者、监督者和保护者，也是科学研究事业高质量发展的组织者和支持者

大学是科学研究的主要承载机构，既可以设立自己本校的科研成果奖励项目，也可以从财力、资源、制度等各个方面大力资助本校教师的科学研究工作，从而促进大学教师的科研成果产出与科研成果质量。大学的这些角色与作用，在中国、美国、日本、英国和澳大利亚等国家的具体做法中已经得到了充分地体现。但大学教师科研成果奖励制度是一个完整、系统的体系，它不仅需要有高质量的科研成果产出，更需要的是基于负责任的研究行为所产出的高质量科研成果，只有这样，才能从源头确保科研成果奖励制度是诚信的，而且，只有诚信的才是公正的。2008 年以来，美国卫生和公众服务部共调查处理了 32 起科研不端案件，在这 32 起案件中，25 起发生在大学，7 起发生在其他研究机构。[①] 这一方面体现出了大学是一个国家与民族科学研究事业主要承载机构的角色与地位，另一方面也凸显了大学应该在诚信的科学研究奖励制度中有所作为，从而确保所有科研成果都源自负责任的研究行为。所以，不仅应当发挥大学在科研成果产出与质量中的作用，更应该挖掘出其在保证负责任的研究行为、预防和杜绝科研不端行为和确保科研成果奖励制度诚信与公正事务中的角色与作用。

1. 大学是"负责任研究行为"的课程设计者、监督者和保护者

第一，大学是负责任研究行为的课程设计者。自中世纪大学诞生以来，大学最基本和最重要的职能是教育，在培养和塑造一批又一批"负责任的研究者"上，大学的首要角色是教育者，在负责任的研究行为上，大学的首要责任是"要让教师和学生知道什么能做，什么不能做"，[②]让其成为能自我负责

---

① The office of Research Integrity. Case Summaries[EB/OL]. （2021-02-21）[2021-03-01]. https://ori. hhs. gov/content/case_summary.

② Alfredo K，Hart H. The University and the Responsible Conduct of Research：Who is Responsible for What？[J]. Sci Eng Ethics. 2011(17)：447-457.

的研究者。那如何做呢？结合美国联邦研究资助机构与布朗大学的做法，作为"负责任研究行为"的教育者，大学在结合研究资助机构的要求的基础上，从本科生阶段开始设置"负责任研究行为"的选修课程，让有志于研究的同学选修相关课程，以对研究诚信、负责任研究行为有基本的了解。在硕士研究生阶段设置"负责任研究行为"的必修性质的全校性通识课程，以"负责任研究行为"的基本原则、基本规范等为具体内容，让每一位硕士研究生都掌握和了解"负责任研究行为"的基本要求。同时，各学院还应设置专业领域的"负责任研究行为"的专业专门课程，以在基本要求之上能熟悉学科专业的"负责任研究行为"要求。进入博士研究生阶段，各个专业领域设置"负责任研究行为"的必修课程，以各个专业领域的负责任研究行为的具体要求和特殊要求等为主要内容，重点加强博士研究生围绕专业领域开展深入研究的负责任研究行为。加强对学生期间特别是研究生阶段的"负责任研究行为"教育，是每一所大学在培养"负责任研究者"上的基本责任和义务，只有如此，才能确保每一位研究工作者接受了系统专业的负责任研究行为的教育，进而成为自我负责的研究行动者。自我负责的研究行动者的塑造，有赖于自我知识和意识的形成，而自我知识和意识的形成，往往仰赖于教育。① 这些课程，在具体的实施上，可以采用多元的形式：讲授、案例讨论、讲座、合作研讨等。除了重视和加强学生期间特别是研究生阶段的"负责任研究行为"的教育工作以外，新入职教师也是大学需要培训的对象。一般来讲，大学的新进教师都是各个大学毕业的博士，在学习期间已经得到了较为系统的培训，尽管在负责任研究行为上有很多共性的要求和规范，但具体到不同的学校，还是会存在一些操作和实施上的差别。因此，在新教师入职培训方面应该有负责任研究行为的培训模块，以强化其"负责任研究行为"。

---

① Dean M. Governmentality: Power and Rule in Modern Society(2nd)[M]. London: Sage, 2010: 51.

另外,"负责任研究行为"的内容和规范会因为时代的变化而变化,因此,还应与时俱进地加强处于不同职业阶段教师的负责任研究行为的教育工作,可以采用研讨、讲座、定制服务等多元形式来实施。

第二,大学是负责任研究行为的监督者。接受了系统专业且与时俱进的"负责任研究行为"的教育,就确保一定能成为负责任的研究者了吗? 答案是否定的。接受了教育,只能确保他们有了负责任研究行为的知识和意识,进入大学真正开展研究工作后,受到数量主导的科研考核、急功近利的科研文化等多方面因素的影响,仍然有可能因侥幸、铤而走险等而成为失范的研究者。如何让大学里每一位研究者都是负责任的呢? 这不仅需要每一位研究者个体在开展研究时实施自我审视,同时也需要对其研究过程进行外部监督。对研究过程实施外部监督,是一个较为困难的过程,毕竟研究是每一位研究者个体或团队在实施,但无论如何,大学责无旁贷,应发挥好外部监督的作用,这从布朗大学采用各种方式尽力去监督研究过程中可见一斑。当然,研究过程是一个复杂、专业的过程,对研究过程是否负责任、是否失范等需要的是专业的监督。"个人成员能很好地进行自我管理,社会就会更好。这里自我管理针对的是自我,但自我管理也可以产生相互监督的作用,这也就能使自我管理发挥出集体监督的作用。"①由此,大学组织专业研究人员对任一研究过程展开随机的抽查,既能实现大学教师的自我监督,也能发挥出大学集体监督的作用。同时,大学层面出具负责任研究行为的最佳实践清单、学校负责任研究行为的年度报告等也是十分积极的集体监督行为,通过这些清单和报告,在大学里从事研究且熟知负责任研究行为规范要求的个体研究者们能不断地自我检视,从而成为肯自我负责且能自我负责的研究行动者,在最佳负责任研究行为清单、负责任研究行为年度报告等

---

① Foucault M. The Government of Self and Others[M]. New York, N. Y. Palgrave Macmillan, 2011: 303.

的指引下,大学教师们在从事研究的时候不仅可以自我监督,更可以相互监督,形成大学里的负责任研究行为监督文化。大学里的研究者个体或团体因为努力于研究,因此产出了重大的研究成果和做出了重要的研究贡献,而且其研究过程是高度负责任的、合乎规范的、诚信的,大学通过奖励来回报这种努力且负责任的研究行为,也可以产生十分积极的回报性道德效应。所以,奖励也是一种监督,是一种正向的、积极的和有回报性的监督行为,大学通过奖励负责任研究行为和成果以构建校内的负责任研究行为支持性系统,形成校内的正向道德规范与指引,①从而强化教师们去积极地践行负责任的研究行为。

　　第三,大学是负责任研究行为的保护者。在高等教育系统里,人类和真知的关系就是高深学问的传递和承接,真知成为"象牙塔"的象征和高等教育不受"外界"污染的标志。② 由此,作为高等教育系统主体的大学,应该时刻把学术放在第一位,大学作为公开追求真理的场所,以发现知识也就是研究作为一项无止境的任务,但发现知识是一项探索未知世界和不确定事物的工作③,除了要在负责任意识的引领下加倍努力和付出艰辛外,也需要适宜的研究环境。大学作为世界上最为松散且无序的组织之一,为大学教师们有序且严谨地从事负责任的研究提供了较为适合的土壤。那如果大学组织内有教师在从事研究时出现伪造、剽窃、抄袭等失范行为,大学作为大学教师所依赖的组织应该基于什么样的立场和扮演什么样的角色呢? 从美国布朗大学的做法来看,大学是保护者。这里的保护,不是徇私舞弊的维护,也不是不分对错的庇护,而是基于客观与公正、出于尊重与爱惜的保护。出于保护的立场,在收到研究不端行为的投诉后,大学作为大学教师赖以生存

---

　　① Allan J, Catts R. Schools, Social Capital and Space[J]. Cambridge Journal of Education, 2014. 44(2): 217-228.

　　② Philipson R. Linguistic Imperialism[M]. Oxford: Oxford University Press, 1992: 65.

　　③ 伯顿·克拉克. 高等教育系统——学术组织的跨国研究[M]. 杭州:杭州大学出版社, 1994: 15.

的家园,首先做的不是划清界限,而是启动严谨且客观、务实的调查工作。开启调查工作的前提是制定清晰、具体、全面、可行的研究不端行为的调查和处理程序,具体的调查负责人、具体的调查步骤和流程、被投诉人的申辩机制、调查时间及其灵活度、调查结果的处理等所有环节和具体细节都应该尽可能考虑到并做出详细的规定。详细且具体、可操作的研究不端行为的调查与处理程序是大学在面对研究不端行为时保护教师的重要方式,这样有条例可依,有程序可遵循,既公正,同时还可以发挥正向的引导和监督效应。在可知、可行且公正的规范指引之下,展开公正且负责任的调查工作,并给予被投诉教师多次申辩的机会,最后出具详尽的调查结果报告。基于调查报告呈现出的真实调查结果,大学应做出不偏不倚的判断和处理,如果是校内教师研究不端,按照不端动机或严重程度等进行分级,程度不同予以不同程度的惩处,但如果是本校教师被人恶意报复或诬告等,大学也应尽最大可能还教师公道和清白。著名的管理学家彼得·德鲁克曾经说过:"管理就是最大限度地激发他人的善意",作为大学教师的组织机构、管理方和精神家园所在,大学应尽可能地让校内的每一位教师都能得到公正的保护,让他们都能被尊重和爱惜,进而激发出他们高昂的研究热情和激情,而且这种高昂的研究热情和激情是在对自己和他人、对社会和人类负责任的前提下展开的。

2. 大学应为大学教师高质量地培育科研工作者和高质量地从事科研工作保驾护航

第一,加强对本科生科研素养的训练,从严要求对研究生的培养过程。普遍认为科研训练、科学素养等是从研究生阶段开始,从美国名校对于本科生的培养可见事实并非如此。而且,传统的授课方式或者学习方式对于知识的获取或生成效果不及研究性的学习,本科生也需要有研究性的学习。由此,为了培养出更优秀的毕业生,大学应该加强对本科生科学素养的培养,通过设置一些专门的课程如研究方法、定性与定量等,课堂上教师更多地采用研究性教学,设置多元的项目让学生参与与实施科研等多种方式来培养本科生的科学素养。除了加强对本科生科研素养的训练外,还应严格要求对研究生的培养的全过程,只有严格的科研训练过程才可能培养出真正具有研究能力并拥有高水平研究能力的研究生。严格的培养过程包含严格的课程与学分要求、多次的考核与淘汰机制、大量的阅读和丰富的研究体验与经验等。

第二,明确学校各科研管理机构的系统服务理念。当前,国内外高校都十分重视科研工作,都在努力地为本校教师提供各式各样的科研服务,但一个比较普遍存在的问题是:这些服务工作并不系统,需要什么便赶紧提供什么的,临时性很强或者比较零散,从而导致科研服务的成效有待提升,这与缺乏明确的服务理念引领有着很大的关系。由此,大学的科研管理机构首先应该建立起明确的科研服务理念,基于"服务"理念,在全面深入分析本校学科、大学教师科研等特征的基础上,建设一个基于科研规律与本校实际科研需求的全过程系统服务体系,以确保能为本校教师的科研提供全面而周到的服务工作,尽可能减少教师们花费在非科研工作上的时间,从而提升大学教师科研工作的质量与效果。

第三,建设科研资源数据库,促进科研合作。随着知识的日益细化,学科间的边界越来越模糊,这对科研工作也提出了新的要求。一个课题或者项目有时不仅需要跨学科的团队才能完成,也需要科研设备、实验室等各方面的资源互助与共享。在跨学科团队等科研合作事务上,如果纯粹依靠教师个人自己去组建,这不仅费时费力,而且结果也不尽然是理想的。由此,各学校的科研机构应建立专门的含有教师、科研设备等的全面科研资源数据库,在教师科研工作需要人力或设备资源等时,数据库可以随时帮助匹配合适的资源,并牵线搭桥帮助教师们去获取这些资源。除此之外,科研资源数据库不应只搜集整理校内的人力、物力资源,还应该尽可能地整合一些校外的合作资源,如合作学校、校友资源等,一旦教师有需求,能在第一时间为教师提出其所需要的科研合作资源,促进教师的科研工作及提高成效,确保高质量的科研工作和科研产出,从而为科学研究成果奖励制度和科学研究事业的高质量发展做出必要且积极的贡献。

参考文献

一、中文文献

1. 阿什比.科技发达时代的大学教育[M].北京：人民教育出版社,1983.

2. 阿特巴赫.比较高等教育：知识、大学与发展[M].北京：人民教育出版社,2001.

3. 阿特巴赫,伯巴尔,冈普奥特,等.21世纪美国高等教育——社会、政治、经济的挑战[M].北京：北京师范大学出版社,2005.

4. 比尔德.美国文明的兴起[M].北京：商务印书馆,1991.

5. 克拉克.高等教育系统——学术组织的跨国研究[M].杭州：杭州大学出版社,1994.

6. 克拉克.高等教育新论——多学科的研究[M].杭州：浙江教育出版社,2002.

7. 布鲁贝克.高等教育哲学[M].杭州：浙江教育出版社,2002.

8. 别敦荣.中美大学学术管理[M].武汉：华中理工大学出版社,2000.

9. 波丢.人：学术者[M].贵阳：贵州人民出版社,2006.

10. 陈学飞.美国高等教育发展史[M].成都：四川大学出版社,1989.

11. 陈宝森.当代美国经济[M].北京：社会科学文献出版社,2001.

12. 陈攀.我国985高校科研奖励政策的内容分析[D].兰州：兰州大

学,2015.

13. 崔毅.一本书读懂美国史[M].北京:金城出版社,2010.

14. 董继民.美国近代史述评[M].北京:中国社会科学出版社,2004.

15. 杜德斯达.21世纪的大学[M].北京:北京大学出版社,2005.

16. 高山.美国的科技奖励[J].全球科技经济瞭望,2002(6).

17. 高洪善.美国的国家科技奖励及其特点[J].中国科技奖励,2002(4).

18. 华勒斯坦.学科·知识·权力[M].北京:生活·读书·新知三联书店,1999.

19. 赫兹琳杰.非营利组织管理[M].北京:中国人民大学出版社,2000.

20. 胡剑.美国负责任研究行为(RCR)教育的演进、特点及启示[J].外国教育研究,2012(2).

21. 黄福涛.外国高等教育史[M].上海:上海教育出版社,2003.

22. 洪峡.美国科技奖励机制的研究[J].全球科技经济瞭望,2009(6).

23. 加斯顿.科学的社会运行[M].北京:光明日报出版社,1988.

24. 克尔.大学的功用[M].南昌:江西教育出版社,1993.

25. 克雷明.美国教育史[M].北京:北京师范大学出版社,2002.

26. 克奥.科学史导论[M].北京:北京大学出版社,2020.

27. 库恩.科学革命的结构(第四版)[M].北京:北京大学出版社,2019.

28. 王斌华.澳大利亚教育[M].上海:华东师范大学出版社,1996.

29. 王名.非营利组织管理概论[M].北京:中国人民大学出版社,2002.

30. 王英杰.美国高等教育的发展与改革[M].北京:人民教育出版社,2002.

31. 文军,王世军.非营利组织与中国社会发展[M].贵阳:贵州人民出版社,2004.

32. 王利东.美国科技奖励法制对我国的启示[J].沧桑,2010(10).

33. 王海芸,张钰凤,王新.科技奖励视角下的创新团队激励研究[J].科研管理,2017(1).

34. 吴昕芸,吴效刚,吴琴.我国科技奖励设奖与科技发达国家的比较[J].科技管理研究,2014(21).

35. 刘澎.当代美国宗教[M].北京:社会科学文献出版社,2001.

36. 刘杰.当代美国政治[M].北京:社会科学文献出版社,2001.

37. 刘永涛.当代美国社会[M].北京:社会科学文献出版社,2001.

38. 刘宝存.大学理念的传统与变革[M].北京:教育科学出版社,2004.

39. 罗尔斯.正义论[M].北京:中国社会科学出版社,2009.

40. 李素琴,边京京,李淑华.美国研究生负责任研究行为教育最佳实践——RCR 教育项目研究[J].学位与研究生教育,2014(9).

41. 默顿.科学社会学(下册)[M].北京:商务印书馆,2016

42. 米尔斯.权力精英[M].北京:新华出版社,2017.

43. 马来平.科学发现优先权与科学奖励制度[J].齐鲁学刊,2003(6).

44. 欧阳锋,徐梦秋.默顿学派对"普遍主义"规范的经验性研究[J].自然辩证法通讯,2010(4).

45. 帕灵顿.美国思想史[M].长春:吉林人民出版社,2002.

46. 乔玉全.21 世纪美国高等教育[M].北京:高等教育出版社,2000.

47. 尚智丛,杨辉.中国科协与美国科促会的科技奖励比较[J].自然辩证法研究,2009(5).

48. 托克维尔.论美国的民主(上、下卷)[M].北京:商务印书馆,1988.

49. 徐梦秋,欧阳锋.科学界的奖励系统及越轨行为——默顿学派对默顿科学规范论的丰富和发展[J].科学技术与辩证法,2007(2).

50．许爱军.《五月花号公约》和美国精神[J].国际关系学院学报,2012(1).

51．肖利,汪飚翔,耿雁.中国科技奖励体系的缺欠——基于中美国际科技奖的比较研究[J].科学学研究,2016(5).

52．夏托克.高等教育的结构和管理[M].上海:华东师范大学出版社,1987.

53．希尔斯.学术的秩序[M].北京:商务印书馆,2007.

54．徐炜,杨忠泰.基于科技奖励理论的高校科研奖励政策同质化与科研异化探究[J].科技管理研究,2021(11).

55．阎光才.识读大学——组织文化的视角[M].北京:教育科学出版社,2002.

56．阎光才.美国的学术体制:历史、结构与运行特征[M].北京:教育科学出版社,2011.

57．姚昆仑.中国科学技术奖励制度研究[D].合肥:中国科学技术大学,2007.

58．姚远.近代早期英国皇家学会社团法人的兴起(1660—1669)[D].长春:吉林大学,2008.

59．姚昆仑.美国、印度科技奖励制度分析——兼与我国科技奖励制度的比较[J].中国科技论坛,2006(6).

60．杨子荣.美国科技奖励情况介绍[J].中国科技奖励,1999(4).

61．杨克瑞.美国《高等教育法》的历史演变分析[J].比较教育研究,2005(4).

62．颜丙峰,宋晓慧.教育中介组织的理论与实践[M].上海:上海人民出版社,2006.

63．赵一凡.美国的历史文献[M].北京:生活·读书·新知三联书店,1989.

64．朱克曼.科学界的精英——美国的诺贝尔奖金获得者[M].北京:

商务印书馆,1993.

65. 朱世达.当代美国文化[M].北京:社会科学文献出版社,2001.

66. 帕普克.知识、自由与秩序[M].北京:中国社会科学出版社,2011.

67. 张斌贤.美国高等教育史[M].北京:教育科学出版社,2019.

68. 张红伟.高校人文社会科学科研奖励办法比较[J].高教发展与评估,2017(2).

69. 张晋超,刘理.地方高校科研奖励与论文产出关系的实证研究[J].湖南理工学院学报(自然科学版),2020(4).

70. 张陆,王研.中美科学共同体设立科技奖励比较——以中国科协和美国科促会为例[J].科技管理研究,2013(20).

71. 周建中.中国不同类型科技奖励问题与原因的认知研究——基于问卷调查的分析[J].科学学研究,2014(9).

72. 周建中,肖雯.科技工作者对不同类型科技奖励的认知与评价研究——基于问卷调查的结果[J].科技促进发展,2014(3).

二、外文文献

1. Brody A. The American State and Higher Education: The Legal, Political and Constitutional Relationships [M]. Washington, D. C.: Amercian Council on Education, 1935.

2. Havighurst R J. American Higher Education in the 1960's[M]. Columbus: Ohio State University Press, 1960.

3. Babbidge Jr, Homer D, Rosenzweig R M. The Federal Interest in Higher Education[M]. New York: Mcgraw-Hill Book Company, 1962.

4. Adams J S. Inequity and Social Exchange [M]. New York: Academis Press, 1965.

5. Ben-David J. Trends in American Higher Education[M]. Chicago:

The University of Chicago Press，1972.

    6. Johns R，Alexander K K，Jordan F. Financing Education：Fiscal and Legal Alternatives[M]. Golumbus：Charles E. Merrill Publishing Company，1972.

    7. Henry D D. Challenges Past，Challenges Present：An Analysis of American Higher Education since 1930[M]. San Francisco：Jossey-Bass Publishers，1975.

    8. Altbach P G，Berdahl R O，ed. Higher Education in American Society(Revised Edition)[M]. Buffalo，NY：Prometheus Books，1987.

    9. Clark B R. The Higher Education System：Academic Organization in Cross-National Perspective[M]. Berkeley • Los Angeles • London：University of California Press，1983.

    10. Wilson J T. Academic Science Higher Education and the Federal Government（1950—1983）[M]. Chicago：The University of Chicago Press，1983.

    11. Barnes G A. The American University：A World Guide[M]. Philadelphia：ISI Press，1984.

    12. Zuckerman H. Sociology of Science：In Handbook of Sociology [M]. Newbury Park，Calif. ：Sage Publications，1988.

    13. Cowley W H，Williams D. International and Historical Roots of American Higher Educantion[M]. New York：Garland Publishing，1991.

    14. Kerr C. The Great Transformation in Higher Education（1960—1980)[M]. Albany：State University of New York Press，1991.

    15. Philipson R H L. Linguistic Imperialism[M]. New York：Oxford University Press，1992.

    16. Ingram R T. Governing Independent Colleges and Universities：A

Handbook for Trustees, Chief Executives, and Other Campus Leaders [M]. San Francisco: Jossey-Bass Publishers, 1993.

17. Blau P M. The Organization of Academic Work(2nd)[M]. New Bruswick: Transaction Publishers, 1994.

18. Kerr C. Troubled Times for American Higher Education: The 1990s and Beyond[M]. Albany: State University of New York Press, 1994.

19. Lucas C J. American Higher Education: A History[M]. New York: St. Martin's Press,1994.

20. Graham H D, Diamond N. The Rise of American Research Universities:Elites and Challengers in the Post—war Era[M]. Baltimore: Johns Hopkins University Press, 1997.

21. Cohen A M. The Shaping of American Higher Education: Emergence and Growth of the Contemporary System[M]. San Francisco: Jossey-Bass Publishers,1998.

22. Altbach P G, Berdahl R O, Gumport P J, (eds). American Higher Education in the Twenty-first Century: Social, Political, and Economic Challenges[C]. Baltimore: Johns Hopkins University Press, 1999.

23. Goonen N M, Blechman R S. Higher Education Administration: A Guide to Legal, Ethical, and Practical Issues [M]. Westport, Connecticut • London: Greenwood Press, 1999.

24. Bogue E G, Aper J. Exploring the Heritage of American Higher Education: the Evolution of Philosophy and Policy[M]. Phoenix: The American Council on Education and the Oryx Press, 2000.

25. Duryea E D. The Academic Corporation:A History of College and

University Governing Boards[M]. New York: Falmer Press, 2000.

26. Rudolph F. The American College and University: A Histroy [M]. New York: Vintage Books, 1962.

27. Thelin J R. A History of American Higher Education[M]. Baltimore Johns Hopkins University Press, 2004.

28. Dean M. Governmentality: Power and Rule in Modern Society (2nd)[M]. London: Sage Publications, 2010.

29. Foucault M. The Government of Self and Others[M]. New York: St. Martin' Press, 2011.

30. League of European Research Universities. Towards a Research Integrity Culture at Universities: From Recommendations to Implementation[M]. The Frontiers of Innovative Research, 2020.

31. Pusey N M. American Higher Education (1945—1970): A Personal Report[R]. Cambridge, Massachusetts: Harvard University Press, 1978.

32. European Commission. Providing Researchers with the Skills and Competencies They Need to Practice Open Science[R]. European Commission, 2017.

33. Association of Universities the Netherlands. Netherlands Code of Conduct for Research[R]. Association of Universities the Netherlands, 2018.

34. University of Oxford. Annual Research Integrity Statement-2019 [R]. Oxford: University of Oxford, 2019.

35. European Commission. Progress on Open Science: Towards a Shared Research Knowledge System[R]. European Commission, 2020.

36. Stephen C, Rubin L, Cole J R. Peer Review and the Support of

Science[J]. Scientific American, 1977(10).

37. Resnik D. From Baltimore to Bell Labs: Reflections on Two Decades of Debate about Scientific Misconduct [J]. Accountability in Research, 2003(10).

38. Steneck N H. Fostering Integrity in Research: Definitions, Current Knowledge and Future Directions[J]. Science and Engineering Ethics, 2006(12).

39. Alfredo K, Hart H. The University and the Responsible Conduct of Research: Who is Responsible for What? [J]. Science and Engineering Ethics, 2011(17).

40. Allan J, Catts R. School, Social Capital and Space[J]. Cambridge Journal of Education, 2014(2).

41. Breit E, Forsberg E-M, Vie K—J. Promoting Integrity as an Integral Dimension of Excellence in Research[J]. Printeger, 2018(16).

42. Gorman D M, Elkins A D, Mark Lawley M. A Systems Approach to Understanding and Improving Research Integrity[J]. Sci Eng Ethics, 2019(25).

43. Science-Social Science. Study Results from Stanford University Broaden Understanding of Social Science (What Age Is In a Name?)[J]. Science Letter, 2020(10).

44. The COVID-19 Response Illustrates That Traditional Academic Reward Structures and Metrics Do Not Reflect Crucial Contributions to Modern Science[J]. PLOS Biology, 2020(10).

45. Davies S W, Putnam H M, Ainsworth T, etc. Promoting Inclusive Metrics of Success and Impact to Dismantle a Discriminatory Reward System in Science[J]. PLOS Biology, 2021(6).

附　录

2020 年美国国家科学院颁发
的科研成果奖励项目

1. 亨利·德雷珀奖(Henry Draper Medal):美国国家科学院颁发的最古老的奖项,1886 年首次颁奖;主要奖励在天文学和物理学领域的原创性、突破性的研究,其研究成果要对科学界十分重要且得到认同。该奖四年颁发一次,奖金为 2.5 万美元。亨利·德雷珀是美国国家科学院会员、医学博士和业余天文学家。

2. 詹姆斯·克雷格·沃森奖(James Craig Watson Medal):主要表彰在天文学领域的杰出贡献,奖励镀金铜牌和 2.5 万美元、5 万美元的研究资金(颁发给单位),该奖项每两年颁发一次,由詹姆斯·克雷格·沃森设立,1887 年首次颁奖。

3. 劳伦斯·史密斯奖(J. Lawrence Smith Medal):1888 年首次颁发,是莎拉·朱莉娅·史密斯(Sarah Julia Smith)为纪念其丈夫而设立的奖项,三年颁发一次,奖金 5 万美元,主要奖励在流星体的研究领域有突出成绩的研究者。

4. 亚历山大·阿加西奖（Alexander Agassiz Medal）：1911 年设立，1913 年首次颁奖，主要奖励杰出的海洋学家，该奖项每五年颁发一次（颁发时间并不固定，可以根据具体情况来决定），每次奖励的人数在一人次左右，获奖者可以荣获 2 万美元奖金。该奖项是一个名叫约翰·默里的爵士为纪念其好朋友亚历山大·阿加西而设立的，阿加西曾在 1901 年到 1907 年期间担任国家科学学院长。

5. 康斯托克物理学奖（Comstock Prize in Physics）：由塞勒斯·B.康斯托克（Cyrus B. Comstock）基金会成立，主要奖励在电、磁性、辐射等方面的创新发现或研究，面向美国公民，奖励 5 万美元的奖金和 5 万美元的研究资金，1913 年首次颁奖，五年颁发一次。

6. 国家科学院公益奖（NAS Public Welfare Medal）：是国家科学院最负盛名的奖项，每年颁发一次，以表彰科学对公共利益的贡献。奖励形式为奖章，1914 年首次颁奖。

7. 国家科学院地球和生命进化奖（NAS Award in the Evolution of Earth and Life）：2017 年 6 月由国家科学院合并丹尼尔·吉拉德·埃利奥特奖（Daniel Giraud Elliot Medal）和玛丽·克拉克·汤普森奖（Mary Clark Thompson Medal）而设立。在这之前两个奖项轮流颁发。丹尼尔·吉拉德·埃利奥特奖由玛格丽特·亨德森·埃利奥特（Margaret Henderson Elliot）小姐通过丹尼尔·吉拉德·埃利奥特（Daniel Giraud Elliot）基金设立，主要奖励动物学家和古生物学家，1917 年首次颁奖；玛丽·克拉克·汤普森奖主要表彰地质学和古生物学，于 1919 年设立，1921 年首次颁奖。奖励形式均为奖牌和 2 万美元奖金。

8. 约翰·J.卡蒂科学进步奖（John J. Carty Award）：由美国电话电报公司（American Telephone and Telegraph Company）为纪念他们的总工程师、副总裁和通用电信的创新者约翰·J.卡蒂所创立的，两年颁发一次，主要表彰在国家科学院宪章内任何科学领域的显著与杰出成就，奖励形式为奖章一枚和 2.5 万美元的奖金,1932 年首次颁奖。

9. 国家科学院早期地球和生命科学奖(NAS Award in Early Earth and Life Sciences):2018 年合并了玛丽·沃克斯·沃尔科特(Mary Vaux Walcott)夫人为纪念她的丈夫查尔斯·杜利特·沃尔科特(Charles Doolitt Walcott)而捐赠设立的查尔斯·杜利特·沃尔科特奖,以及通过美国国家科学院成员斯坦利·米勒(Stanley Miller)的遗赠而建立的斯坦利·米勒奖。它们都是奖励关于地球作为一个行星的早期研究,包括生命起源、行星面积、大气与海洋等的早期演化等,两个奖项轮流颁奖,三年一次,奖励形式为奖章和 10000 美元的奖金。查尔斯·杜利特·沃尔科特奖 1934 年首次颁奖,斯坦利·米勒奖 2007 年设立,2010 年首次颁奖。

10. 杰西·史蒂文森·科瓦连科奖(Jessie Stevenson Kovalenko Medal):主要表彰在医学科学的杰出研究,每两年颁发一次,奖励形式为2.5万美元的奖金和 2.5 万美元的研究经费,该奖是由迈克尔·S.科瓦连科(Michael S. Kovalenko)于 1949 年为纪念他的妻子杰西·史蒂文森·科瓦连科(Jessie Stevenson Kovalenko)而捐资给美国国家科学院设立的,1952 年首次颁奖。

11. 国家科学院分子生物学奖(NAS Award in Molecular Biology):由辉瑞公司赞助,奖励分子生物学领域 45 周岁以下的年轻科学家,且必须是美国公民,奖励形式为奖章和 2.5 万美元奖金,1962 年首次颁奖。

12. 吉布斯兄弟奖(Gibbs Brothers Medal):由威廉·弗朗西斯·吉布斯和弗雷德里克·H.吉布斯捐赠而成的吉布斯兄弟基金会设立,主要奖励在海军建筑和海洋工程领域的杰出成就。1965 年首次颁奖,两年或三年(有时四年)颁发一次。

13. J. C. Hunsaker 航空工程奖(J. C. Hunsaker Award in Aeronautical Engineering):由杰姆罗·克拉克·亨萨克(Jerome C. Hunsaker)教授和夫人设立,主要奖励航空工程领域的卓越成就,奖金为 5

万美元。1968 年首次颁奖,5 年颁发一次。

14. Selman A. Waksman 微生物奖(Selman A. Waksman Award in Microbiology):由瓦克斯曼基金会设立,奖励形式为 2 万美元的奖金,主要表彰在微生物领域的重大研究成果,1968 年首次颁奖。

15. 阿克托夫斯基奖(Arctowski Medal):1958 年由简·阿克托夫斯卡 (Jane Arctowska)为纪念其丈夫亨利克·阿托夫斯基而捐赠设立的,1969 年首次颁奖,主要表彰在太阳—物理和太阳—地球研究方面做出杰出贡献的科学奖,两年颁发一次,奖金为 10 万美元,另外还有 10 万美元的研究资助,这 10 万美元的研究资助直接下拨到获奖者的研究机构。

16. G·K.沃伦奖(G. K. Warren Prize):G·K.沃伦基金捐赠而设立,主要奖励在河流地质学和与之密切相关的地质学方面的杰出成就者,奖励为 2 万美元,1969 年首次颁奖,四年颁发一次。

17. 亚瑟·L.戴奖(Arthur L. Day Prize and Lectureship):由亚瑟·L.戴的遗孀捐赠设立,1972 年首次颁奖,主要奖励在地球物理学研究领域做出了持久贡献的科学家,该奖除了提供 5 万美元的奖金以外,还为获奖者提供演讲或者是讲座资金:所以它还需要获奖者提供公开演讲,获奖者还应该是一个优秀的演讲者,以传播和扩散地球物理学知识并提升该领域的研究等。

18. 理查德·朗斯伯里奖(Richard Lounsbery Award):两年颁发一次,主要面向年龄不超过 45 周岁的法国和美国科学者,表彰他们在生物学和医学方面取得的非凡成就,由美国国家科学院和法国科学院轮流管理,除了表彰杰出科学成就以外,该奖项还旨在促进美国和法国之间研究和科学的相互交流(通过系列讲座 Richard Lounsbery Award Lecture Series 的形式来进行),奖金为 5 万美元。该奖由维拉·朗斯伯里(Vera Lounsbery)为纪念她的先生理查德·朗斯伯里(Richard Lounsbery)而设立,并由理查德·朗斯伯里基金会赞助。1979 年首次颁奖。

19. 吉尔伯特·摩根.史密斯奖（Gilbert Morgan Smith Medal）：由海伦·史密斯 1968 年的遗赠建立，以纪念其丈夫吉尔伯特·摩根.史密斯——著名的植物学家、美国生理学会的第一任主席、美国科学院院士。该奖主要表彰植物学界特别是海洋淡水藻类的研究成果，三年颁发一次，奖励镀金铜牌和 5 万美元的奖金，1979 年首次颁奖。

20. 国家科学院化学科学奖（NAS Award in Chemical Sciences）：每年颁发一次，主要表彰在化学科学领域的创新研究，以更好地了解自然科学和造福人类，1978 年设立到 1996 年间主要由西方石油公司（Occidental Petroleum Corporation）资助奖励，1999 年以来由默克基金会（Merck Company Foundation）开始赞助，奖项为一枚奖章和 15000 美元奖金，1979 年首次授奖。至今，该奖项的获奖者中已经有 14 名获得了国家科学奖和 6 位获得了诺贝尔化学奖。

21. 国家科学院北美科学评论奖（NAS Award for Scientific Reviewing）：每年颁发一次，在生物科学、物理科学、社会科学等领域轮流进行，以奖励其评论综合了广泛而困难的材料，为科学提供了重要的发展，并影响了科学思想进程的作者。奖励形式为 2 万美元奖金，主要为了纪念 J.默里·勒克（J. Murray Luck），1979 年由年度评论和科学信息研究所首次颁发。

22. 特洛兰研究奖（Troland Research Award）：每年颁发一次，一次7.5万美元的奖励，以表彰年龄不超过 40 岁的年轻科学家在广泛的实验心理学领域所取得的显著的成就，它是由伦纳德·T.特洛兰的遗赠所建的一个信托基金会于 1931 年设立的，1984 年首次颁奖。

23. 玛丽亚姆·米尔扎卡尼数学奖（Maryam Mirzakhani Prize in Mathematics）：原是 1988 年设立的国家科学院数学奖（NAS Award in Mathematics），主要面向职业中期的数学家，以奖励他们在数学科学方面的杰出贡献。2017 年，因 40 岁的玛丽亚姆·米尔扎卡尼去世，她是伊朗数学家、斯坦福大学教授、美国科学院院士,也是第一个获得菲尔兹奖的女性,菲尔兹奖是数学界最负盛名的奖项,可以与诺贝尔奖相提并论,故将国家科学院数学奖改名为玛丽亚姆·米尔扎卡尼数学奖。该奖项四年颁发一次,1988 年首次颁奖。

24. 国家科学院神经科学奖(NAS Award in the Neurosciences):每三年颁发一次,以表彰对神经科学领域的进步做出的杰出贡献,包括神经化学、神经生理学、神经药理学、发育神经科学、神经解剖学以及行为和临床神经科学。该奖项由菲迪亚研究基金会(Fidia Research Foundation)设立,并颁发 2.5 万美元的奖金。1988 年首次颁奖。

25. 国家科学院工业应用奖(NAS Award for the Industrial Application of Science):主要颁发给在工业应用领域做出了重大、有益的贡献和应用的研究者,获奖者将获得 2.5 万美元的奖金,该奖是由 IBM 公司为纪念拉尔夫·E. 戈莫里(Ralph E. Gomory)而设立的,1990 年首次颁奖,三年颁发一次。

26. 威廉和凯瑟琳·艾斯特奖(William and Katherine Estes Award):由威廉和凯瑟琳·艾斯特遗赠所建,奖励形式为 2 万美元的奖金,主要表彰预防核战争的认知和行为研究。1990 年首次颁奖,三年颁发一次。

27. 国家科学院化学服务社会奖(NAS Award for Chemistry in Service to Society):由杜邦父子公司(E. I. du Pont de Nemours & Company)设立,每两年颁发一次,奖金 2 万美元,以表彰获奖者在化学的基础科学或应用方面的贡献,这些贡献显然满足了社会的需要。1991 年首次颁奖。

28. 亚历山大·霍莱德生物物理学奖(Alexander Holleander Award in Biophysics):1998 年首次颁奖,主要奖励在生物物理学方面做出了杰出贡献的科学家,它是由亨丽埃塔·W. 霍莱德(Henrietta W. Holleander)为纪念其丈夫而设立的。该奖项每三年颁发一次,奖金 2 万美元。

29. 普拉德尔研究奖(Pradel Research Award):每年颁发一次,表彰对神经系统研究做出重大贡献的职业中期神经科学家,奖励形式为 5 万美元的研究资金,2012 年首次颁奖。

30. 阿特金森心理学和认知科学奖(Atkinson Prize in Psychological and Cognitive Sciences):由理查德·C.阿特金森在 2013 年设立,2014 年首次颁奖,主要奖励在心理学和认知科学领域的重大进展,且对该领域的系统理论有重大意义的研究成果。该奖两年颁发一次,两个奖项合起来 10 万美元的奖金。

31. 国家科学院科学发现奖(NAS Award for Scientific Discovery):两年颁发一次,表彰过去五年里在天文学、生物化学、生物物理、化学、材料科学、物理科学等领域取得的基础研究成果与发现,获奖者必须在美国工作,2015 年首次授奖,奖励形式为一枚奖章和 5 万美元的奖金,以及 5 万美元的研究资金。

32. 国家科学院食品和农业科学奖(NAS Prize in Food and Agriculture Sciences):表彰对农业或食品以及促进生物学的理解包括动植物科学、微生物学、营养和食品科学、土壤科学、昆虫学、兽医学和农业经济学等领域做出的非凡贡献,获奖者将获得一枚奖章和 10 万美元的奖金。国家科学院食品和农业科学奖面向美国研究机构中的科学家(完成博士学位后最多 20 年)。该奖是由食品和农业研究基金会(Foundation for Food and Agriculture Research ,FFAR)、比尔和梅琳达盖茨基金会(Bill & Melinda Gates Foundation.)捐赠设立。2017 年首次颁奖。

33. 迈克尔和希拉奖(Michael and Sheila Held Prize):每年颁奖一次,奖金为 10 万美元,主要奖励在组合优化、离散优化领域或计算机科学中杰出、创新、创造性的和有影响力的研究成果,由迈克尔和希拉的遗赠在 2017 年设立,2018 年首次颁奖。

2020 年美国哲学学会颁发
的科研成果奖励项目

1. 美国哲学学会的麦哲伦保险奖（Magellanic Premium of the American Philosophical Society）：1786 年，英国伦敦的让·海辛斯·麦哲伦（Jean-Hyacinth Magellan）赞助了 200 几内亚，不定时颁发给在航海、天文学或自然哲学方面的发明者的奖项，奖励形式为金质奖章，仅限自然史或自然哲学。是美国最古老的科学成就奖，1790 年首次颁奖。

2. 亨利·M.菲利普斯奖（Henry M. Phillips Prize）：1888 年，由亨利·M.菲利普斯的妹妹捐赠设立，以奖励对法学中的哲学和科学（the science and philosophy of jurisprudence）真正有价值的最佳论文。1986 年到 1997 年，该奖项主要奖励在五年内对法学有最重要贡献的出版物；1999 年，该奖项着重于对法学领域和重要出版物做出了终身杰出贡献的论文进行奖励。1895 年首次颁奖，奖励形式不详。

3. 富兰克林奖（Benjamin Franklin Medal）：1906 年，为了纪念本杰明·富兰克林诞辰 200 周年，设立了富兰克林奖，奖励形式为奖章，1906 年颁发了第一枚奖章。1937 年到 1983 年，该奖项主要重点关注对美国哲学学会有特别贡献的研究与成果；1985 年到 1991 年，该奖成为哲学学会对人文和科学的最高奖；1987 年，该奖设立了杰出公共服务奖，以表彰对社会福祉做出杰出贡献的人（1987 年开始到现在）；1993 年，该奖项被指定用于表彰科学界的杰出成就（1993 年开始到现在），所以该奖现在是协会为杰出的公共服务和科学颁发的最高奖项。

4. 卡尔·斯宾塞·拉什利奖（Karl Spencer Lashley Award）：由拉什利博士于 1957 年设立，他是哲学学会的成员，也是一位杰出的神经科学家和神经心理学家，该奖项主要表彰行为综合神经科学方面的研究工作。

1959 年首次颁奖,颁奖形式为奖章。

5. 亨利·艾伦.莫伊人文科学奖(Henry Allen Moe Prize in the Humanities):1982 年由亨利·艾伦.莫伊的遗孀捐赠设立,为了纪念古根海姆基金会(Guggenheim Foundation)的长期负责人、1959 年至 1970 年的美国哲学学会会长,以表彰其在人文科学领域的成就和长期坚定不移的努力精神。奖励形式为奖章,并在学会会议上专门宣读获奖者的文章。1982 年首次颁奖。

6. 雅克·巴赞文化历史奖(Jacques Barzun Prize in Cultural History):由罗杰·威廉姆斯(Roger Williams)设立并资助,他曾是巴赞教授的学生,为了纪念雅克·巴赞先生而设立。雅克·巴赞先生是帮助建立现代文化史学科方面的杰出历史学家,1984 年曾被选为美国哲学学会会员。该奖每年颁发一次,主要颁给用英语撰写的专著,必须是专著而不能是编著,主题必须是美国或欧洲文化史,面向美国公民或美国永久居民,1993 年首次颁奖。

7. 托马斯·杰斐逊艺术、人文和社会科学杰出成就奖(Thomas Jefferson Medal for Distinguished Achievement in the Arts, Humanities, and Social Sciences):1993 年美国国会称赞美国哲学学会是"美国最古老的博学社会,是世界上主要的学术和科学机构之一",并称赞学会及其学会第三任主席托马斯·杰斐逊"致力于学习",由此设立了该奖,奖励形式为奖章,是学会在艺术、人文和社会科学方面的最高奖项,1993 年首次颁奖。

8. 贾德森·达兰德临床调查杰出成就奖(Judson Daland Prize for Outstanding Achievement in Clinical Investigation):面向全球表彰患者导向的研究(patient-oriented research),但获奖者必须在美国的机构工作,奖励形式是 5 万美元奖金,2001 年首次颁奖。

9. 帕特里克·苏普斯奖(Patrick Suppes Prize):2005 年,哲学学会成员帕特里克·苏普斯设立和资助的奖项,主要表彰哲学特别是科技哲学、心理学、科学史三个领域的研究成果,每年颁发一次,三年在上述三个领域轮流转换,2011 年首次颁奖。

2020 年美国数学学会颁发的科研成果奖励项目

1. 伯克霍夫应用数学奖/AMS-SIAM 乔治·大卫·伯克霍夫奖（Birkhoff Prize in Applied Mathematics/AMS-SIAM George David Birkhoff Prize）：1967 年设立,为了纪念乔治·大卫. 伯克霍夫教授,最初由伯克霍夫家族捐赠,后来又由其他人补充。由美国数学学会（AMS）和工业与应用数学学会（SIAM）联合颁发伯克霍夫应用数学奖,该奖项的奖金是 5000 美元,每三年颁发一次。

2. 博歇纪念奖（Bôcher Memorial Prize）：1923 年开始颁奖,颁发给在过去六年中公开发表、经过同行评议了的著名分析论文。论文必须在一个公认的、同行评议的场所发表。奖励形式是 5000 美元的奖金,每三年颁发一次。

3. 李理论的谢瓦莱奖（Chevalley Prize in Lie Theory）：2014 年设立,以表彰克劳德·谢瓦莱（Claude Chevalley1909—1984）对数学做出的贡献,主要面向在过去六年里发表了有关李理论的杰出成果,获奖者最多应在完成博士学位之后 25 年内发表杰出成果。奖励形式是 8000 美元奖金,偶数年奖励,只面向学会会员。

4. 科尔代数奖（Cole Prize in Algebra）：1928 年开始颁奖,表彰近六年来在代数方面公开发表了的、经过了同行评审的杰出研究成果。该奖项以及弗兰克·尼尔森·科尔数学理论奖是为纪念弗兰克·尼尔森·科尔教授担任美国数学学会秘书 25 年后退休而设立的,科尔还担任了 21 年的总编辑。最初的资金是科尔教授从退休时捐赠给他的钱中捐赠出来的,后来又得到了协会会员的捐款。其儿子查尔斯·科尔(Charles A. Cole)捐赠金额翻倍,并得到了家人的支持。乔治·卢斯齐格(George Lusztig)和一位匿名捐助者进一步补充了资金。奖励形式为奖金5000美元,每三年颁发一次。提名程序为提交提名信、被提名作品的完整书目引文、简短的引文、解释该作品为什么很重要。

5. 科尔数论奖(Cole Prize in Number Theory):与代数中的科尔奖属于同一来源,区别在于其主要奖励数论领域的杰出研究成果,奖励形式为奖金5000美元,每三年颁发一次。

6. 列维·L. 康南特奖(Levi L. Conant Prize):2000年设立,以表彰列维·L. 康南特(Levi L. Conant)对数学的贡献。奖励形式是公开演讲、1000美元的奖金。

7. 玛丽·P. 多尔恰尼杰出研究奖(Mary P. Dolciani Prize for Excellence in Research):由玛丽·多尔奇尼·哈洛兰基金会资助,以表彰玛丽·多尔奇尼·哈洛兰(1923—1985)对于数学的贡献。该奖主要奖励拥有积极的数学研究项目,并拥有良好的同行评议记录的人。奖励形式为5000美元的奖金,两年颁发一次。

8. 约瑟夫L. 杜布奖(Joseph L. Doob Prize):由保罗和弗吉尼亚·哈尔莫斯在2005年捐赠设立,以纪念美国数学学会主席约瑟夫·L. 杜布。该奖主要表彰在数学研究领域做出了开创性贡献、反映了最高标准的专著,应是在其领域产生深远和长期影响的、相对较新的杰出研究书籍。每三年颁发一次,奖励形式为5000美元的奖金。

9. 伦纳德·艾森伯德数学和物理奖(Leonard Eisenbud Prize for Mathematics and Physics):2006年,为了纪念数学物理学家伦纳德·艾森伯德(1913—2004),他的儿子大卫·艾森伯德和儿媳莫妮卡·艾森伯德设立了这个奖项。该奖主要奖励在过去六年里出版或发表了将数学和物理学联系在一起的作品。每三年颁发一次,奖励形式为5000美元的奖金。

10. 德尔伯特·雷·富尔克森奖(Delbert Ray Fulkerson Prize)：主要奖励在离散数学领域的杰出论文，由数学优化协会管理的捐赠基金资助。每三年颁发一次，奖励形式为 1500 美元的奖金。

11. 乌尔夫·格林纳德随机理论与建模奖(Ulf Grenander Prize in Stochastic Theory and Modeling)：2016 年，由格林纳德的同事捐赠，以表彰格林纳德在随机理论和建模等领域的贡献，主要表彰在随机理论和建模方面杰出的理论和应用贡献。每三年颁发一次，奖励形式为 5000 美元的奖金。

12. E·H·摩尔研究文章奖(E. H. Moore Research Article Prize)：2002 年设立，以纪念 E·H.摩尔对数学的贡献。该奖主要面向在过去六年里发表在美国数学学会主要期刊上的优秀文章，每三年颁发一次，奖励形式为 5000 美元的奖金。

13. 大卫·P.罗宾斯奖(David P. Robbins Prize)：2005 年设立，以纪念大卫·P.罗宾斯对数学的贡献，主要表彰在过去六年里代表了代数、组合数学或离散数学等方面新研究的论文。每三年颁发一次，奖励形式为 5000 美元的奖金。

14. 美国数学学会伯特兰·罗素奖(Bertrand Russell Prize of the AMS)：2016 年设立，以奖励数学家或相关专业人士通过数学促进人类进步的各项成果，每三年颁发一次，奖励形式为 5000 美元的奖金。

15. 露丝·莱特尔·萨特数学奖(Ruth Lyttle Satter Prize in Mathematics)：1990 年，琼·S.伯曼为纪念她的妹妹露丝·莱特尔·萨特捐赠设立，表彰在过去六年里对数学研究做出了杰出贡献的女性数学研究者。两年颁发一次，奖励形式是 5000 美元奖金。

16—18. 勒罗伊·P.斯蒂尔奖(1970—1992)(Leroy P. Steele Prize)：1970 年设立，1992 年美国数学学会将其分解成了下面的三个奖，为了纪念乔治·大卫·伯克霍夫、威廉·福格·奥斯古德和威廉·卡斯帕·格拉斯汀等对数学的贡献,由勒罗伊·P.斯蒂尔的遗赠设立。在 1970 年到 1992 年间,每年颁发给一名或多名在数学领域从事了杰出的研究并发表了杰出成果的数学研究者,奖金为 10000 美元。第一,勒罗伊·P.斯蒂尔终身成就奖(Leroy P. Steele Prize for Lifetime Achievement):1993 年开始颁发,主要奖励在数学领域的累积影响和较长时期内的贡献,一年颁奖一次,奖金 10000 美元;第二,勒罗伊·P.斯蒂尔数学博览会奖(Leroy P. Steele Prize for Mathematical Exposition):1993 年设立,奖励在数学领域的研究论文或书籍,一年颁奖一次,奖励奖金 5000 美元;第三,勒罗伊·P.斯蒂尔开创性贡献奖(Leroy P. Steele Prize for Seminal Contribution to Research):1993 年设立,主要奖励在数学领域的重大研究发现和重大贡献,每年在开放、分析/概率、代数/数论、应用数学、几何/拓扑、离散数学/逻辑六个领域轮流颁发,一年颁发一次,奖励 5000 美元。

19. 奥斯瓦尔德·维布伦几何奖(Oswald Veblen Prize in Geometry):1961 年,为了纪念奥斯瓦尔德·维布伦教授,由他的学生和同事捐资设立的,后来其遗孀将基金增加了一倍,2008 年一位匿名捐赠者慷慨地增加了该基金,2013 年又有人增加了基金。该奖主要奖励在过去的六年里在几何学或拓扑学方面的、得到了公认的、同行评议的研究工作和成果,每三年颁奖一次,奖励形式为 5000 美元的奖金。

20. 阿尔伯特·莱昂·怀特曼纪念奖(Albert Leon Whiteman Memorial Prize):1998 年设立,萨利·怀特曼夫人为纪念丈夫阿尔伯特·莱昂·怀特曼而捐资设立,主要表彰在数学史上的杰出论文、杰出学术成就。每三年颁奖一次,奖励形式为 5000 美元的奖金。

21. 诺伯特维纳应用数学奖(Norbert Wiener Prize in Applied Mathematics):设立于 1967 年,以纪念诺伯特·维纳教授,由麻省理工学院数学系的一项基金资助,主要为了表彰对应用数学做出杰出贡献的数学研究者。每三年颁发一次,奖励形式为 5000 美元的奖金,只面向数学学会的会员。

22. 琼和约瑟夫·伯曼女性学者奖金（Joan and Joseph Birman Fellowship for Women Scholars）：2017 年由琼和约瑟夫·伯曼捐赠设立，主要奖励在数学研究领域、特别有才华的女性研究学者，该女性学者最好是处于职业发展中期，在数学研究领域有着良好的学术研究积累和成果，并做好研究计划。每年颁奖一次，给予 50000 美元的研究资助。

23. 百年奖学金（Centennial Fellowships）：1973 年美国数学学会自己设立的一个研究奖学金项目，1988 年为了纪念美国数学学会百年诞辰，改名为百年奖学金。该奖金的判断标准是候选人的研究成果，获得者应该至少三年持有博士学位，但不得超过十二年，应在美国的学术机构担任终身教职、博士后等职位，一年颁奖一次，每年的奖金金额不一（由美国数学学会根据每年收到的捐款，确定奖励金额）。

24. 比尔奖（Beal Prize）：由著名银行家安德鲁·比尔（Andrew Beal）资助，主要奖励在数学领域通过发表或者出版物的形式证明或反例比尔猜想，关键在于激发人们思考方程式，以促进人们对数学的兴趣。因要确保颁给最优秀的人，所以没有确定的颁奖年限，奖励形式为 100 万美元的研究资金。

25. 斯特凡·伯格曼奖（Stefan Bergman Prize）：斯特凡·伯格曼（Stefan Bergman）的妻子为了纪念他在数学领域的贡献捐赠设立的，每年或两年颁发一次奖项，主要奖励领域为"核函数理论及其在实际和复杂分析中的应用；或和椭圆形偏微分方程理论中的函数理论方法，注意伯格曼算子方法"。每年的奖金也不一样，但奖金必须用于后续的研究。

26. 玛丽亚姆·米尔扎卡尼数学奖（Maryam Mirzakhani Prize，原名国家科学院数学奖 National Academy of Sciences Award in Mathmatics）：1988 年设立，主要表彰处于职业中期的数学家对数学科学做出的杰出贡献。该奖主要由莫里斯·雅克特和悉尼·古尔德向该学会赠送的礼物资助。该奖项最初是由美国数学学会设立的,以纪念国家科学院数学奖成立一百周年。在过去十年中,每四年颁发一次,奖励形式是 5000 美元的奖金。2012 年暂停了一段时间,2018 年改为现名,并开始大力推动并增加捐赠。

2020 年美国政治科学协会颁发的科研成果奖励项目

1. 伍德罗·威尔逊基金会奖(Woodrow Wilson Foundation Award):每年颁发的政治科学领域的最佳图书奖,由伍德罗·威尔逊基金会和普林斯顿大学赞助。它有 5000 美元的现金奖励,1947 年首次颁奖。

2. 本杰明·E. 利平科特奖(Benjamin E. Lippincott Award):由学会设立,两年颁发一次,1975 年首次颁奖,旨在奖励政治科学理论家的最杰出的作品,该作品自出版及之后的 15 年里都有很大的影响力和重大意义,奖励 5000 美元的奖金,由明尼苏达大学资助。

3. 查尔斯·梅里亚姆奖(Charles Merriam Award):1975 年首次颁奖,两年颁发一次,每次奖金为 500 美元,旨在奖励通过政治科学和社会科学的研究与应用为政府和管理做出了重大贡献的人士。该奖是为了纪念查尔斯·梅里亚姆,他将政治、社会科学及其他们为社会和国家提供实际服务的领域做了有效的结合,他在 20 世纪 20 年代至 40 年代创立了学会的社会科学研究委员会并担任主席。

4. 詹姆斯·麦迪逊奖(James Madison Award):表彰对美国政治做出了杰出贡献的美国政治科学家,每三年颁发一次,奖励形式为 2000 美元的奖金和在学会年会上发表演讲。1978 年首次颁奖。

5. 拉尔夫·J. 邦奇奖(Ralph J. Bunche Award):每年颁奖一次,每年度最佳的政治科学学术著作,特别是在探索多元文化领域,奖励形式为 1000 美元的奖金,1978 年首次颁奖。

6. 休伯特·霍拉蒂奥·汉斯莱奖(Hubert H. Humphrey Award)：每年颁奖一次,主要奖励为公众所提供的政治服务,奖励形式为 1000 美元的奖金,是为了纪念美国前总统汉弗莱杰出的公共服务事业和生活,面向全球,但获奖者必须要有政治学博士学位。1983 年首次颁奖。

7. 约翰·高斯奖(John Gaus Award)：主要奖励在政治科学和公共行政领域的终身榜样,奖励形式为 2000 美元的奖金和在学会的年会上发表演讲,1986 年首次颁奖。

8. 海因茨·欧拉奖(Heinz I. Eulau Award)：每年表彰在美国政治科学评论(American Political Science Review, APSR)上的最佳文章,一年奖励一篇,奖励形式为 750 美元的奖金,1988 年首次颁奖,2005 年的奖励是由剑桥大学出版社资助的。

9. 伊赛尔·德索拉·普尔奖(Ithiel De Sola Pool Award)：主要奖励为政治理论、政治行为、政治交流、科学技术政策和国际事务等方面做出杰出贡献的政治科学家,是为了纪念伊赛尔·德索拉·普尔(Ithiel de Sola Pool)所作出的贡献,三年奖励一次,1995 年首次颁奖,奖励形式为 2000 美元的奖金和在学会年度会议上演讲。

10. 弗兰克·J.古德诺奖(Frank J. Goodnow Award)：为该行业和美国政治科学协会提供杰出服务而设立的,不一定是一种学术生涯。这项服务可能由个人、团体或在政治科学专业发展和协会建设中发挥作用的公共和私人组织提供。1996 年,美国政治科学协会理事会设立了弗兰克·J.古德诺奖,以表彰在政治领域工作的教师、研究人员和公务员。弗兰克·J.古德诺奖,美国政治科学协会的第一任主席,司法政治发展的先驱,约翰霍普金斯大学的前校长,是这个奖项所代表的公共服务和志愿服务的典范。2000 年首次颁奖。

11. 维多利亚·舒克奖(Victoria Schuck Award)：每年奖励给最佳的政治科学学术著作,主要是在妇女与政治领域,奖励形式为 1000 美元的奖金,2003 年首次颁奖。(该奖项旨在表彰维多利亚·舒克对妇女和政治的终身承诺,表彰并鼓励该领域的研究和出版。1937 年,舒克在斯坦福大学获得了博士学位,在为女性开启职业之门方面发挥了领导作用。她不仅是一位杰出的女性导师,而且也在蒙特霍约克学院和莫特弗农学院担任高级行政职务,为下一代女性领导人打开了大门。)

12. 格拉迪斯·M.卡默勒奖(Gladys M. Kammerer Award):每年奖励一次,奖励在国家政策领域的最佳的政治科学学术著作,奖励形式为1000 美元的奖金,2004 年首次颁奖。

13. 罗伯特·A.达尔奖(Robert A. Dahl Award):每年颁发给一位没有终身教职的大学学者,奖励和表彰其在民主问题上的研究,奖励形式为750 美元的奖金。2016 年首次颁奖。

14. APSA-IPSA 西奥多·J.洛伊第一本书奖(APSA-IPSA Theodore J. Lowi First Book Award):纪念洛伊在政治研究方面的独特贡献而设立的,表彰在政治科学领域的第一本书的作者,奖励形式为 750 美元的现金奖励,2016 年首次颁奖。由美国政治科学协会和国际政治科学协会轮流管理。

15. 华尔顿奖(Hanes Walton, Jr. Career Award):是为了承认与奖励学术界的杰出的政治科学家为美国的种族和族裔政治做出的重大贡献,并启发民主社会的多样化,每两年颁发一次,2019 年首次颁奖。该奖是为了纪念从汉斯·沃尔顿,他是美国政治科学协会的终身成员,不仅为学会也为种族政治做出了卓越的贡献。

16. 富兰克林·L.伯德特/皮·西格玛·阿尔法奖(Franklin L. Burdette/Pi Sigma Alpha Award):每年颁发给学会会议上提交的最佳论文,由皮·西格玛·阿尔法支持。奖励形式为 750 美元的奖金。2019 年首次颁奖。

17. 芭芭拉·辛克莱讲座奖(Barbara Sinclair Lecture):为了纪念著名

的立法政治学者芭芭拉·辛克莱一生的学术成就,美国政治科学协会每年都奖励一位学者,在美国大学(American University)的国会奖学金项目(Congressional Fellowship Program)期间演讲,该讲座汇集了学科内外的精英学者和工作人员。奖励形式除了有机会演讲以外,还有 1000 美元的奖金。由美国大学公共事务学院的国会和总统研究中心(Center for Congressional and Presidential Studies at American University's School of Public Affairs)共同赞助。2019 年首次颁奖。

2020 年英国皇家学会颁发
的科研成果奖励项目

1. 科普利奖章(Copley Medal):英国皇家学会最古老和最有声望的奖项,更是全世界最古老的科研奖项,比诺贝尔奖都要早 170 年。1731 年,在戈弗雷·科普利基金会的捐赠下,授予最重要的科学发现或最大的实验贡献,该奖项在物理科学和生物科学(分别为奇数年和偶数年)之间交替颁发,采用提名制。著名的获奖者包括本杰明·富兰克林、多罗西·霍奇金、阿尔伯特·爱因斯坦和查尔斯·达尔文。

2. 克鲁尼亚奖章和讲座(Croonian Medal and Lecture):英国生物科学的首席和最重要的奖章与讲座。该奖章和讲座是由英国皇家学会的创始研究员之一威廉·克罗尼·弗莱斯设想的,1738 年他的遗孀设立,面向生物科学领域,奖章是镀银的,每年颁发一次,并附有 1 万英镑的奖金。

3. 贝克里安奖章和讲座(Bakerian Medal and Lecture):1775 年由亨利·贝克·弗罗斯特的遗赠设立,是英国物理科学领域最重要的奖章和讲座,每年颁发一次,颁发银质奖章和 1 万英镑奖金。

4. 拉姆福德奖章(Rumford Medal):授予在物理学领域的杰出研究。该奖项是由罗马帝国的本杰明·汤普森·弗罗斯特伯爵捐赠设立的,第一个奖项是 1800 年颁发的。奖章是镀银的,每年颁发一次,并有 2000 英镑的奖金。

5. 皇家奖章(Royal Medal):由英国国王乔治四世于 1825 年创立。1826 年至 1964 年间,每年颁发两枚奖牌。1965 年,皇家学会代表女王陛下开始颁发涵盖应用科学的第三枚奖章。每年颁发的三枚奖章,其中两枚分别表彰在物理科学和生物科学领域对"自然知识"的进步做出的最重要的贡献;第三枚奖章授予在应用科学领域做出杰出贡献的人。三枚皇家奖章,也称为女王奖章,每年颁发一次,采用提名制。

6. 戴维奖章(Davy Medal):授予化学领域的杰出研究员。这枚奖章以化学家、戴维灯的发明者汉弗莱·戴维·弗莱斯的名字命名,并于 1877 年首次颁发。奖牌是铜制的,每年颁发一次,并奖励 2000 英镑。

7. 达尔文奖章(Darwin Medal):授予在进化、种群生物学和生物多样性方面公认杰出的研究。达尔文奖章是为纪念查尔斯·达尔文而设立的,并于 1890 年首次授予著名生物学家和博物学家阿尔弗雷德·罗素·华莱士,"以表彰他对物种起源于自然选择理论的独立创新",该奖章为镀金银制,在 2018 年之前每两年颁发一次,现在每年颁发一次,并奖励 2000 英镑的奖金。

8. 布坎南奖章(Buchanan Medal):授予对生物医学科学做出杰出贡献的人。该奖项由纪念英国前首席医疗官乔治·布坎南·弗莱斯的基金设立,于 1897 年首次颁发。奖章是镀银的,每年颁发一次,并有 2000 英镑的奖金。

9. 休斯奖章(Hughes Medal):奖励能源领域的杰出研究工作者。该奖项是以科学家大卫·休斯的名字命名的,于 1902 年首次颁发。休斯是威尔士裔美国科学家和音乐家,他发明了第一个工作的无线电通信系统和第一个麦克风。奖章是镀银的,每年颁发一次,并有 2000 英镑的奖金。

10. 费里尔奖章和讲座(Ferrier Medal and Lecture):该奖章是为了纪

念神经学家和心理学家大卫·费里埃·弗莱尔而设立的,于1928年首次授予,主要面向神经系统结构和功能的自然知识的进步。奖牌为铜牌,每两年颁发一次,并奖励2000英镑的奖金。

11. 皇家学会葛兰素史克奖和讲座(Royal Society GlaxoSmithKline Prize and Lecture):在韦尔科姆基金会的捐赠下设立。自2002年以来,由葛兰素史克有限公司资助,第一个奖项颁发于1980年。皇家学会葛兰素史克奖和讲座每两年颁发一次,以表彰自获奖之日起十年内发表的对医学和兽医学的原创性贡献。奖章由黄金制成,并有2500英镑的奖金,还可以在皇家学会发表演讲。

12. 军械库和巴西公司奖(Royal Society Armourers & Brasiers' Company Prize):在巴西军械库公司的支持下设立。第一个奖项颁发于1985年。军械库和巴西公司奖每两年(偶数年)颁发一次,以表彰在功能或结构材料基础研究方面的杰出研究成果。

13. 加博尔奖章(Gabor Medal):1989年首次颁发,以表彰生命科学与其他学科之间公认的跨学科工作。该奖项是为了纪念诺贝尔奖获得者、全息摄影的发明者、工程师丹尼斯·加博尔·弗莱斯而设立的。奖章是镀银的,每年颁发一次,并奖励2000英镑的奖金。

14. 埃索能源奖(Royal Society Esso Energy Award):奖励"对科学、工程或技术进步做出的突出贡献,从而更有效地动员、使用或保护能源资源",由埃索石油有限公司支持,并于1999年最后一次颁发。奖牌是金牌,并奖励2000英镑的奖金。

15. 弗朗西斯·克里克奖章和讲座(Francis Crick Medal and Lecture):每年颁发给生物科学的任何领域,优先选择遗传学、分子生物学和神经生物学。这一讲座是由悉尼·布雷内·弗莱斯授予的,以纪念弗朗西斯·克里克·弗莱斯,他是脱氧核糖核酸分子结构的共同发现者。第一次开设讲座是在2003年,伴随演讲的是一枚奖章和2000英镑的奖金。该奖采用提名制。

16. 罗莎琳德·富兰克林奖和讲座(Royal Society Rosalind Franklin Award and Lecture):授予在科学、技术、工程和数学领域做出突出贡献的个人,并支持在科学、技术、工程和数学领域提高妇女地位。该奖项由美国商业、能源和工业战略部(BEIS)资助,并以生物物理学家罗莎琳德·富兰克林的名字命名,富兰克林对理解脱氧核糖核酸的精细分子结构做出了重要贡献。第一个奖项是 2003 年颁发的。伴随讲座的还有一枚镀金银质奖章、一笔 4 万英镑的科研资助和一份 1000 英镑的奖金。一般来讲,该奖项的获得者会将把一部分赠款用于实施一个项目,以提高妇女在科学、技术、工程和数学领域的形象。

17. 科恩奖(Royal Society Kohn Award):授予在英国从事高质量公众参与活动的早期职业科学家,这些活动对机构、组织和文化具有战略影响,他们的职业和未来公众参与活动也受益于该奖项。奖章是镀银的,并附有 7500 英镑的科学交流活动补助金和 2500 英镑的奖金。该奖项由科恩基金会支持,于 2005 年首次颁发。

18. 皇家学会和科学院微软奖(Royal Society and Acedemie des Sciences Microsoft Award):旨在表彰和奖励通过使用计算方法对科学进步做出重大贡献的欧洲科学家。该奖项由皇家学会和科学院在微软研究院的支持下共同设立。第一个奖项是 2006 年颁发的。目前,它已经被皇家学会米尔纳奖所取代。

19. 威尔金斯—伯纳尔—梅达尔奖章和讲座(Wilkins-Bernal-Medawar Medal and Lecture):奖励在科学史、科学哲学或科学的社会功能相关学科的卓越表现。威尔金斯、伯纳尔和梅达尔的讲座最初是作为三个单独的讲座举办的,每个讲座每三年举办一次。自 2007 年以来,它们被合并在威尔金斯—伯纳尔—梅达尔讲座的一个标题下。奖牌是铜制的,每年颁发一次,并附有 2000 英镑的奖金。

20. 豪克斯比奖（Royal Society Hauksbee Award）：2010 年开始颁发，旨在表彰和奖励英国在支持科学、技术、工程和数学方面的杰出成就，并纪念该学会成立 350 周年。

21. 米尔纳奖和讲座（Milner Award and Lecture）：微软研究院支持的皇家学会米尔纳奖和讲座是欧洲计算机科学的杰出成就奖。该奖项授予在欧洲计算机科学领域做出重大贡献的处于事业巅峰的候选人，其战略目标是支持欧洲的研究人员和机构。获奖者是欧洲研究员或在欧洲居住 12 个月或更长时间的研究员，由皇家学会理事会根据米尔纳奖委员会的推荐选出。该委员会由皇家学会成员、法国科学院成员和德国利奥波德纳成员组成，该奖项是为了纪念计算机科学的先驱罗宾·米尔纳·弗莱斯教授（1934—2010）。奖牌是铜制的，每年颁发一次，并有 5000 英镑的奖金。

22. 卡夫利奖章和讲座（Kavli Medal and Lecture）：现在每年颁发给与环境相关的所有科学和工程领域的杰出人士。奖章是青铜镀金的，并奖励 1000 英镑的奖金。

23. 卡夫利教育奖章和讲座（Kavli Education Medal and Lecture）：每两年颁发一次，授予对科学、数学或计算机教育有重大影响的个人、给予奖牌和 1000 英镑的奖金，获奖者将被要求在皇家学会或其他合适的场所发表获奖演讲。

24. 迈克尔·法拉第奖和讲座（Michael Faraday Prize and Lecture）：颁发给在用通俗语言交流科学思想方面具有专业知识的科学家或工程师。通常情况下，优先考虑执业科学家或工程师，但也可考虑主要专长为写作、广播或其他相关交流形式的其他个人。该奖项是以迈克尔·法拉第·弗莱斯的名字命名的，他是一位有影响力的发明家和电气先驱，在科学的公共传播领域表现突出，并在皇家学会创立了讲座。奖章是镀银的，每年颁发一次，并奖励 2500 英镑的奖金。

25. 皇家学会非洲奖（Royal Society Africa Prize）：表彰在非洲为非洲

建设做出重大贡献的杰出科学家。获奖者将获得一枚铜牌,奖奖 15000 英镑的研究项目资助和 2000 英镑奖金。

26. 皇家学会雅典娜奖(Royal Society Athena Prize):2016 年设立,每两年(偶数年)颁发一次,授予在英国学术和研究团体中工作的团队,他们对各自团体中科学、技术、工程和数学(STEM)多样性的发展做出了最大贡献。获奖者将获得一枚奖章和 5000 英镑的奖金。

27. 皇家学会大卫·爱登堡奖和讲座(Royal Society David Attenborough Award and Lecture):2019 年设立,颁发给杰出的鼓励公众参与科学的个人。该奖项向所有人开放,每年颁发一次,奖章是镀银的,奖励 2500 英镑的奖金。

28. 皇家学会穆拉德奖(Royal Society Mullard Award):由穆拉德有限公司董事会捐资给皇家学会设立。穆拉德奖授予在自然科学、工程或技术的任何领域有杰出学术记录,并且其工作目前正在或有可能为国家繁荣做出贡献的人。该奖章为镀金银质奖章,并奖励 1500 英镑的差旅费和 2000 英镑的奖金。

29. 皇家学会默瑟奖(Royal Society Mercer Prize):向学术组织、研究机构或任何其他研究和技术组织(包括中小企业和商业组织)的任何博士后研究员开放。该奖采用提名制,由学会会员、获得者、研究机构和行业等提名,允许自我提名。奖章是镀银的,并有 5000 英镑的奖金和一笔高达 25000 英镑的资助。

2020 年英国国家学术院颁发
的科研成果奖励项目

1. 纳伊夫·鲁赞跨文化理解奖(Nayef Al-Rodhan Prize for Transcultural Understanding):每年颁发一次,奖金为 25000 英镑,用于奖

励能促进全球文化理解的非小说类图书。

2. 英国学院院长勋章(The British Academy President's Medal):每年颁发一次,以奖励在科学和人文事业方面做出杰出贡献的学者,于 2010 年首次颁发。

3. 以色列古兰兹爵士奖(Sir Israel Gollancz Prize):于 1925 年首次颁发,每年颁发给从事早期英语语言文学、英语语言学或英语历史等相关工作的盎格鲁—撒克逊人,奖金为 400 英镑。

4. 威利经济学奖(Wiley Prize in Economics):颁发给早期的职业经济学家,以表彰其研究成就和学术贡献,最初设立于 2013 年,由威利出版社赞助,奖金为 5000 英镑。

5. 威利心理学奖(Wiley Prize in Psychology):表彰在心理学领域获得终身成就的杰出国际学者(在奇数年)。该奖项是与威利出版社合作颁发的,最初创设于 2009 年,奖金为 5000 英镑。

6. 英国科学院奖章(The British Academy Medal):每年颁发一次,旨在表彰学者在特定学科或研究领域的杰出成就,于 2013 年首次颁发。

7. 爱德华·乌伦道夫奖章(Edward Ullendorff Medal):每年颁发一次,表彰在闪族语言和埃塞俄比亚研究领域的学术成就。该勋章旨在纪念爱德华·乌伦道夫教授,他于 1965 年当选为英国科学院院士,该奖于 2012 年首次颁发。

8. 格雷厄姆·克拉克奖章(Grahame Clark Medal):每年颁发一次,以表彰学者对史前考古学前沿研究取得的杰出成就,于 1993 年首次颁发。

9. 塞雷娜奖章(Serena Medal):每年颁发一次,以表彰学者对研究意大利历史、哲学或音乐、文学、艺术或经济学的杰出贡献,于 1920 年首次颁发。

10. 尼尔和萨拉斯史密斯语言学奖章(Neil and Saras Smith Medal for Linguistics):表彰学者在语言学的学术研究中的终身成就,每年颁发一次,于 2014 年首次颁发,优先考虑理论语言学家。

11. 伯基特圣经研究奖章(Burkitt Medal for Biblical Studies):每年颁发一次,以表彰对圣经研究、希伯来圣经研究(奇数年)和新约圣经研究(偶数年)的贡献,于 1952 年首次颁发。

12. 布莱恩·巴利政治学奖(Brian Barry Prize in Political Science):每年表彰在政治科学方面的卓越成就,获奖论文发表在《英国政治科学杂志》上,奖金为 500 英镑。该奖是英国国家学术院与剑桥大学出版社和《英国政治科学杂志》合作颁发,以纪念英国国家学术院的杰出研究员、《华尔街日报》的创始人布莱恩·巴利,于 2014 年首次颁发。

13. 德里克·艾伦奖(Derek Allen Prize):表彰音乐学、钱币学和凯尔特人研究方面的杰出学者,奖金为 300 英镑,于 1977 年首次颁发。

14. 景观考古奖章(Landscape Archaeology Medal):每年颁发一次,以表彰学者在景观方面的杰出成就。该奖章是根据 1978 年任职于学院的院士约翰·科尔斯(John Coles)教授的决定设立的。景观考古奖章于 2007 年首次颁发。

15. 勒沃胡姆奖(Leverhulme Prize):每三年颁发一次,以表彰学者在人文和社会科学领域的杰出贡献,奖金为 5000 英镑。第一个奖项在 2002 年颁发,以纪念学会百年诞辰。

16. 彼得·汤森奖(Peter Townsend Prize):每两年颁发一次,奖金为 2000 英镑,于 2011 年首次颁发,由布里斯托大学出版社支持。

17. 罗斯·玛丽·克劳西奖(Rose Mary Crawshay Prize):每年颁发一次,表彰在英国文学领域做出杰出贡献的学者,奖金为 500 英镑。罗斯·玛丽·克劳西奖项于 1888 年 4 月由罗斯·玛丽·克劳西(Rose Mary Crawshay)女士设立,名为"拜伦、雪莱、济慈的纪念组织年度奖励基金"。在她去世后数年,慈善事务专员将奖金的管理权交给了英国国家学术院。该奖项于 1916 年首次颁发。

18. 肯扬奖章(Kenyon Medal):由弗雷德里克·凯尼恩爵士授予,每年颁发一次,以表彰古典研究和考古领域的工作,于 1957 年首次颁发。

2020 年英国皇家历史学会颁发
的科研成果奖励项目

1. 惠特菲尔德专著奖(Whitfield Prize):每年颁发,奖励 1000 英镑,以奖励英国或爱尔兰历史学的一部专著。惠特菲尔德专著奖已成为早期历史学家最追捧的专著奖之一。它是由皇家历史学会于 1976 年应阿奇博尔德·斯坦顿·惠特菲尔德教授的遗赠建立的,该教授从 1916 年 6 月一直担任学会会员,直到 1974 年去世。

2. 格拉德斯通奖(Gladstone Prize):每年颁发,奖励 1000 英镑,以奖励不涉及英国历史的专著。为了纪念威廉·格拉德斯通(William Gladstone)对历史研究的重视,格拉德斯通纪念基金会(Gladstone Memorial Trust)在格拉德斯通逝世一百周年之际于 1998 年推出该奖。

3. 大卫·贝里奖(David Berry Prize):奖励关于苏格兰历史最好的论文,奖金为 250 英镑。该奖项由大卫·安德森·贝里(David Anderson-Berry)颁发,以纪念他的牧师父亲大卫·贝里(David Berry)。

4. 德国历史学会奖(German History Society Prize):主要奖励有关德国历史的论文。该奖面向德国历史学会与英国皇家历史学会中,有关德国历史的、以德语为母语的人的历史文章,同样欢迎主要采用批评、方法论或理论的论文。获奖论文的作者将获得 500 英镑的奖金,并可以在《德国历史》杂志上发表该论文。

5. 里斯·戴维斯奖(Rees Davies Prize):旨在表彰硕士研究生在硕士论文方面的成果。该奖为了纪念前皇家历史学会主席、杰出的中世纪学者里斯·戴维斯爵士(1938—2005 年),他被授予由英国高等教育机构颁发的最佳硕士学位论文。获奖者将获得 250 英镑的奖金，并被邀请根据论文提交一篇论文，以考虑在学会会刊上发表。

6. 亚历山大奖（Alexander Prize）：面向博士候选人或早期职业历史学家的杰出论文。亚历山大奖于 1897 年由协会秘书 L. C. 亚历山大（LC Alexander）于 1868 年捐赠授予，最初的捐赠是"每年提供一枚金牌"，称为"亚历山大奖章"。金牌后来改为银牌，现在改为 250 英镑的奖金。该奖项是根据博士候选人或最近获得博士学位的、基于原始材料展开历史研究的论文，并发表在期刊或论文集上。皇家历史学会邀请获奖者在获奖后的 9 个月内向文学总监提交另一篇论文，该论文有可能在皇家历史学会会刊上发表。

2020 年英国皇家化学学会颁发
的科研成果奖励项目

1. 普通化学奖。（1）百周年纪念奖（Centenary Prizes）：成立于 1947 年，以纪念化学学会成立一百周年。该奖项颁给来自海外的杰出化学家，他们也应是杰出的交流者，他们可以在不列颠群岛进行演讲。（2）科迪-摩根奖（Corday-Morgan Prizes）：授予化学领域最有价值的贡献成果，每年颁发，获奖者将获得 5000 英镑的奖金、一枚奖牌和一张证书。（3）哈里森-梅多拉纪念奖（Harrison-Meldola Memorial Prizes）：授予最杰出和最有前途的化学原始研究成果，每年颁发，获奖者将获得 5000 英镑的奖金、一枚奖牌和一张证书。（4）跨学科奖（Interdisciplinary Prizes）奖励在化学和其他学科之间的交叉性跨学科研究成果，每年颁发，获奖者将获得 5000 英镑的奖金、一枚奖牌和一张证书。（5）刘易斯勋爵奖（Lord Lewis Prize）：表彰独特的化学或科学成就，以及对化学科学政策发展做出的重大贡献，每年颁发，获奖者将获得 5000 英镑的奖金、一枚奖牌和一张证书。（6）RSC/SCF 化学联合讲座(RSC/SCF Joint Lectureship in Chemical Sciences)：奖励独特和杰出的化学或科技成果，与科学发展的政策显著联系在一起，每两年举办一次，获奖者将获得奖金 1000 欧元和证书。该奖项由英国皇家化学学会(Royal Society of Chemistry)连年颁发，法国兴业银行(SCF)则在奇数年颁发。(7)蒂尔登奖(Tilden Prizes)：设立于 1939 年，旨在表彰化学方面的进步，每年颁发，获奖者将获得奖金 5000 英镑、奖牌和证书。

2. 分析化学奖。工业分析科学奖(Industrial Analytical Science Award)：奖励工业分析科学家的工作和在工业分析技术或方法方面的杰出贡献。该奖项每年颁发，奖金为 2000 英镑。

3. 化学生物奖。(1)杰里米·诺尔斯奖(Jeremy Knowles Prize)：旨在表彰和促进化学与生命科学之间的跨学科研究及其重要研究成果。该奖项每年颁发，获奖者可以获得 2000 英镑的奖金、一张证书和一块奖牌。(2)诺曼·希特利奖(Norman Heatley Prize)：旨在奖励通过独立的工作来认识和促进化学与生命科学之间跨学科研究的重要成果。获奖者将获得 2000 英镑的奖金、一张证书和一块奖牌。

4. 无机化学奖。(1)约瑟夫·查特奖(Joseph Chatt Award)：旨在表彰无机化学和生物化学领域中杰出的跨学科研究。该奖每两年举办一次，获奖者将获得 2000 英镑的奖金、一张证书和一块奖牌。(2)杰弗里·威尔金森爵士奖(Sir Geoffrey Wilkinson Award)：奖励对有机金属化学或应用研究做出杰出贡献的成果。该奖每两年举办一次，获奖者将获得 2000 英镑的奖金、一张证书和一块奖牌。目前该奖项已停办。

5. 有机化学奖。(1)生物有机化学奖(Bioorganic Chemistry Award)：旨在表彰生物有机化学在任何领域的卓越表现。该奖每两年举办一次，获奖者将获得 2000 英镑的奖金、一张证书和一块奖牌。(2)查尔斯·里斯奖(Charles Rees Award)：旨在奖励杂环化学领域的卓越成就，包括所有类型杂环化合物的合成、性质和应用。该奖每两年举办一次，获奖者将获得

2000 英镑的奖金、一张证书和一块奖牌。

6. 材料化学奖。（1）吉布森—福塞特奖（Gibson-Fawcett Award）：旨在表彰对材料化学的原创和独立贡献。该奖每两年举办一次，获奖者将获得 2000 英镑的奖金、一张证书和一块奖牌。（2）斯蒂芬妮·克鲁沃克奖（Stephanie L Kwolek Award）：斯蒂芬妮·克鲁沃克奖旨在表彰英国以外的科学家在材料化学领域做出的杰出贡献。该奖每两年举办一次，获奖者将获得 2000 英镑的奖金、一张证书和一块奖牌。

2020 年澳大利亚国家科学院颁发的科研成果奖励项目

1. 早期职业奖。（1）安东·霍尔斯奖（Anton Hales Medal）：表彰地球科学领域的研究。霍尔斯教授是澳大利亚国立大学地球科学研究学院的创办人。该奖项是为了表彰他对地球科学研究的杰出贡献，它授予在提名当年获得博士学位不超过 10 年的研究人员，除非其研究生涯出现重大中断。安东·霍尔斯奖每年颁发一次，仅限于通常居住在澳大利亚的候选人以及主要在澳大利亚进行的研究。（2）克里斯托弗·海德奖（Christopher Heyde Medal）：是为了纪念已故的克里斯托弗·查尔斯·海德教授对数学领域的贡献。该奖项在以下领域轮流颁发：2021 年——纯数学、应用数学、计算数学和金融数学；2022 年——概率论、统计方法及其应用；2023 年——纯数学、应用数学、计算数学和金融数学；2024 年——纯数学、应用数学、计算数学和金融数学；2025 年——纯数学、应用数学、计算数学和金融数学；2026 年——概率论、统计方法及其应用。克里斯托弗·海德奖的目的是表彰在提名当年获得博士学位不超过 10 年的研究人员在数学科学方面的杰出研究，除非其研究生涯出现重大中断。该奖项每年颁发一次，奖金为 6000 澳元，仅限于通常居住在澳大利亚的候选人。（3）多萝西·希尔奖

(Dorothy Hill Medal)：表彰已故的多萝西·希尔教授对澳大利亚地球科学的贡献以及她在向妇女开放高等科学教育方面的工作。该奖项由澳大利亚地质学会、昆士兰大学、布里斯班女子文法学校、澳大利亚古生物学家协会、力拓公司和伍德赛德能源公司慷慨赞助。多萝西·希尔奖支持地球科学领域的研究，表彰在提名当年获得博士学位不超过 10 年的研究人员，除非其研究生涯出现重大中断。该奖项提供 3000 澳元的奖金，每年颁发一次。它只限于通常居住在澳大利亚并且有潜力为更好地理解澳大利亚地球科学做出贡献的候选人。(4)芬纳奖(Fenner Medal)：是为了纪念已故的 F·J·芬纳教授对科学的杰出贡献。其目的是表彰在提名当年获得博士学位不超过 10 年的研究人员在生物学(不包括生物医学科学)方面的杰出研究，除非其研究生涯出现重大中断。该奖项每年颁发一次，仅限于通常居住在澳大利亚并主要在澳大利亚进行研究的候选人。芬纳奖不得授予学院院士。(5)戈特沙尔克奖(Gottschalk Medal)：是为了纪念已故的教授阿·戈特沙尔克·法阿对科学的贡献。其目的是表彰在提名当年获得博士学位不超过 10 年的研究人员在生物医学科学领域的杰出研究，除非其研究生涯出现重大中断。获奖者可能不是学院的研究员。该奖项每年颁发一次，仅限于通常居住在澳大利亚并主要在澳大利亚进行研究的候选人。(6)约翰·布克奖(John Booker Medal)。表彰工程力学领域的杰出研究，该领域致力于解决工程和应用数学学科中物理系统的静态和动态响应问题。该奖每年最多 3000 澳元的奖金，表彰提名当年获得博士学位不超过 10 年的研究人员，除非其研究生涯出现重大中断。它仅限于通常居住在澳大利亚并且主要在澳大利亚进行研究的候选人。(7)莫兰奖(Moran Medal)：是为了纪念已故的美国联邦航空局的莫兰对科学的贡献。其目的是表彰在提名年度内取得博士学位长达 10 年的科学家在应用概率学、生物统计学、数学遗传学、心理测量学和统计学等一个或多个领域的杰出研究，但在研究生涯中出现重大中断的情况除外。该奖项通常每两年颁发一次，主要授予在澳大利亚开展的研究。(8)帕夫西奖(Pawsey Medal):是为了纪念已故的J·L.帕夫西博士对澳大利亚科学的贡献。它的目的是表彰科学家在获得提名的日历年中在物理学领域长达10年的杰出研究,除非其研究生涯出现重大中断。该奖项每年颁发一次,仅限于通常居住在澳大利亚并主要在澳大利亚进行研究的候选人。(9)弗雷德里克·怀特奖(Frederick White Medal):表彰已故的弗雷德里克·怀特爵士对澳大利亚科学的贡献。它承认澳大利亚科学家的成就,他们从事具有内在科学价值的研究,对社区利益、农村或工业进步或对理解影响人们生活的自然现象做出了实际或潜在的贡献。相关的研究领域有物理学、天文学、化学以及地球和行星科学。它最高有3000澳元的奖金,每两年颁发一次,授予在被提名的日历年内获得博士学位不超过10年的研究人员,除非其研究生涯出现重大中断。该奖项仅限于主要在澳大利亚进行的研究。

2. 中期职业奖。(1)雅克·米勒实验生物医学奖(Jacques Miller Medal):为了表彰雅克·米勒教授对科学的贡献,包括发现胸腺的功能和在哺乳动物物种中识别淋巴细胞的两个主要亚群及其功能。该奖项向在提名年度获得博士学位8~15年的实验生物医学研究人员开放,除非其研究生涯出现重大中断。该奖项从2015年起每年颁发一次,从2019年起每两年颁发一次,并且仅限于通常居住在澳大利亚以及主要在澳大利亚进行研究的候选人。(2)南希·米里斯奖(The Nancy Millis Medal):为了表彰已故的南希·米里斯教授对科学做出的贡献,并承认她作为研究领导者的女性榜样的重要性。该奖项向职业生涯中期的女性研究人员开放,获奖者在提名的当年已获得博士学位有8~5年的时间,除非其在物理和生物科学的任何分支的研究生涯出现重大中断。接受者将建立一个独立的研究项目,并表现出卓越的领导能力。该奖项仅限于通常居住在澳大利亚并且主要在澳大利亚进行研究的候选人。(3)古斯塔夫·诺萨尔全球健康奖(Gustav Nossal Medal):为了表彰古斯塔夫·诺萨尔爵士在细胞免疫学、抗体形成和耐受性以及疫苗研究科学领域做出的贡献。该奖项面向全球卫生研究人员,授予在提名的日历年内 8~15 年的博士后,除了研究职业生涯被严重中断的情况外,该奖项包括但不限于传染病、营养和疫苗开发等领域。古斯塔夫·诺萨尔全球健康奖从 2015 年开始每年颁发一次,从 2018 年开始每两年颁发一次,仅限于居住在澳大利亚的候选人。

3. 终身职业奖。(1)大卫·克雷格奖和讲座(David Craig Medal and Lecture):是对已故的荣誉退休教授大卫·克雷格·奥化学研究杰出贡献的职业奖励。它的目的是认可活跃的研究人员对任何化学分支的高水平贡献。获奖者会在澳大利亚各城市举办几次公开讲座。该奖项每年颁发一次,授予通常居住在澳大利亚并主要在澳大利亚进行研究的候选人。该奖从 2021 年开始颁奖,颁奖典礼和讲座会在获奖人所在的州首府举行的晚宴上进行。(2)汉南奖(Hannan Medal):是一个职业成就奖项,表彰在统计科学、纯数学、应用数学和计算数学领域的杰出研究,每两年颁发一次。(3)耶格奖(Jaeger Medal):是为纪念已故的约翰·康拉德·耶格教授对澳大利亚地球科学的贡献而颁发的职业奖。耶格奖授予在澳大利亚对固体地球或其海洋进行高级研究或与澳大利亚地球科学有某种联系的科学家。耶格奖通常每两年颁发一次。(4)马修·福林达斯奖和讲座(Matthew Flinders Medal and Lecture):是一个职业成就奖项,它承认在物理科学中最高地位的科学研究,该奖项的提名只邀请学院研究员参加,提名的候选人通常应居住在澳大利亚。(5)鲁比·佩恩—斯科特科学女性奖和讲座(Ruby Payne-Scott Medal and Lecture):表彰在物理和/或生物科学领域中最高地位的研究人员,该奖项每年颁发一次,仅限于通常居住在澳大利亚的女性研究人员和主要在澳大利亚进行研究的人员。(6)苏珊娜·科里奖(Suzanne Cory Medal):表彰所有生物科学领域的杰出研究,2020 年首次颁奖,采用提名制。(7)托马斯·兰肯·莱尔奖(Thomas Ranken Lyle Medal):是一个职业成就奖项,是为了纪念托马斯·兰肯·莱尔爵士对澳大利亚科学和工业的贡献,特别是对物理和数学领域的贡献。该奖章的目的是表彰澳大利亚科学家在数学或物理研究方面的杰出成就。托马斯·兰肯·莱尔奖两年颁发一次,采用提名制。(8)哈顿·弗雷斯特·金奖(Haddon Forrester King Medal):是为了纪念已故的哈顿·弗雷斯特·金,他将地质学和相关科学在澳大利亚和其他地方应用于寻找矿藏。哈顿·弗雷斯特·金奖授予居住在澳大利亚或海外的科学家,通常每两年颁发一次。它承认对地球的发现、评价和开发矿藏(包括碳氢化合物)特别相关的科学的最初和持续的贡献。除了颁奖晚宴外,这个奖项还包括 3000 澳元的奖金,以及最高 7000 澳元的短期巡回演讲,以突出他们的发现、研究和成就。(9)伊恩·沃克奖和讲座(Ian Wark Medal and Lecture):是纪念已故的伊恩·威廉·沃克爵士对澳大利亚科学和工业的贡献。该奖项旨在表彰为澳大利亚的繁荣做出贡献的研究,澳大利亚的繁荣是通过科学知识的进步或其应用,或两者兼有来实现的。伊恩沃克奖和讲座通常每两年颁发一次,奖励 3000 澳元的奖金,颁奖仪式和讲座在获奖人所在的州首府举行的晚宴上进行。(10)麦克法兰布尔内特奖和讲座(MacFarlane Burnet Medal and Lecture):表彰生物科学中最高水平的科学研究。该奖项的提名只邀请学院研究员参加,提名的候选人通常应居住在澳大利亚。(11)莫森奖和讲座(Mawson Medal and Lecture):表彰澳大利亚对地球科学的杰出贡献,并纪念已故的地质学家、南极探险家道格拉斯·莫森爵士。该奖项通常授予居住在澳大利亚的科学家,其工作要与澳大利亚相关。